表1-4 进口汽车标志

奥迪	阿斯顿马丁	阿尔法-罗密欧	保时捷	宾利
本田	标致	布加迪	通用别克	宝马
梅赛德斯-奔驰	道奇	大众	菲亚特	丰田
法拉利	福特	悍马	吉普	捷豹
Smart	克莱斯勒	通用凯迪拉克	兰博基尼	路虎
劳斯莱斯	铃木	雷克萨斯	雷诺	林肯
莲花汽车	玛莎拉蒂	日本马自达	宝马Mini	迈巴赫

 欧宝	讴歌	起亚汽车	日产	 日本三菱
双龙汽车	斯巴鲁	萨博	斯柯达	通用汽车
沃尔沃	现代汽车	通用雪佛兰	雪铁龙	英菲尼迪

表1-5 中外合资汽车标志

一汽大众奥迪	上海通用别克	北京奔驰	华晨宝马	 广汽本田
东风本田	东风标致	一汽大众	上海大众	广汽丰田
长安福特	南京菲亚特	北京吉普	北京奔驰克莱斯勒	上海通用凯迪拉克
长安铃木/昌河铃木	青年莲花	上海通用雪佛兰	一汽马自达/长安马自达	北京现代

表1-6 国产汽车标志

图4.5　行政辖区内临时行驶使用的临时行驶车号牌

图4.6　跨行政辖区临时移动使用的临时行驶车号牌

图4.7 试验用机动车的临时行驶车号牌

图4.8 特型机动车的临时行驶车号牌

图4.9 适用于参加有组织的旅游、比赛以及其他交往活动的临时入境汽车号牌

 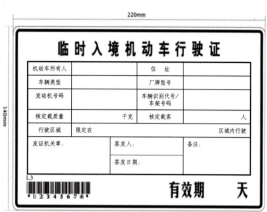

图4.10　适用于在边境地区频繁入出境的临时汽车号牌

 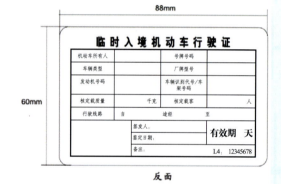

图4.11　适用于参加有组织的旅游、比赛以及其他交往活动的临时入境摩托车号牌

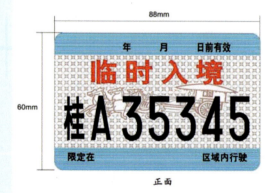 

图4.12　适用于在边境地区频繁入出境的临时摩托车号牌

高等院校汽车类创新型应用人才培养规划教材

二手车鉴定与评估

主　编　卢　伟　韩　平
副主编　姚　嘉　马丽丽
主　审　韩　印

内 容 简 介

本书以二手车的鉴定与评估为主要内容,概括地介绍了汽车及二手车的相关基础知识,系统地介绍了二手车鉴定评估的过程和相关方法。全书共分为7章,包括汽车基础知识、二手车及二手车市场、二手车的鉴定评估基础、二手车鉴定、二手车评估、二手车鉴定评估流程及二手车交易流程的相关知识。

本书可以作为高等院校和职业院校汽车工程专业的教材,也可以作为从事二手车鉴定评估的专业人员的培训教材。

图书在版编目(CIP)数据

二手车鉴定与评估/卢伟,韩平主编. —北京:北京大学出版社,2012.8
高等院校汽车类创新型应用人才培养规划教材
ISBN 978-7-301-21291-2

Ⅰ. ①二… Ⅱ. ①卢…②韩… Ⅲ. ①汽车—鉴定—高等学校—教材②汽车—价格评估—高等学校—教材 Ⅳ. ①U472.9②F766

中国版本图书馆 CIP 数据核字(2012)第 227604 号

书 名:	二手车鉴定与评估
著作责任者:	卢 伟 韩 平 主编
策 划 编 辑:	童君鑫
责 任 编 辑:	童君鑫 黄红珍
标 准 书 号:	ISBN 978-7-301-21291-2/U·0085
出 版 者:	北京大学出版社
地 址:	北京市海淀区成府路 205 号 100871
网 址:	http://www.pup.cn http://www.pup6.cn
电 话:	邮购部 010-62752015 发行部 010-62750672 编辑部 010-62750667
电 子 邮 箱:	pup_6@163.com
印 刷 者:	北京虎彩文化传播有限公司
发 行 者:	北京大学出版社
经 销 者:	新华书店
	787 毫米×1092 毫米 16 开本 17.75 印张 彩插3 407 千字
	2012 年 8 月第 1 版 2023 年 6 月第 6 次印刷
定 价:	45.00 元

未经许可,不得以任何方式复制或抄袭本书之部分或全部内容。
版权所有,侵权必究 举报电话:010-62752024
电子邮箱:fd@pup.pku.edu.cn

前　言

近年来，我国汽车工业高速发展，2009年我国汽车产、销量双双超过1 000万辆，跃居世界第一位。随着轿车进入普通家庭，汽车的保有量大幅增加，使得汽车及相关产业的经济活动越来越活跃，特别是二手车交易呈现出旺盛增长的趋势。伴随国家《二手车流通管理办法》等政策的出台，我国二手车交易更是高速发展，二手车鉴定评估行业也凸显出其必要性和重要性。由于二手车的性价比比新车高，喜欢购买二手车的人越来越多，特别是初次购车者，因此如何挑选和评估二手车也成为人们讨论的热门话题。

二手车鉴定、评估及交易工作涉及的知识面广，要求二手车鉴定评估师既要了解汽车的构造与原理，又要掌握各种二手车的鉴定方法，还要具备一定的市场经济学知识。

本书主要从二手车的鉴定、评估及交易入手，概括地介绍了汽车的基础知识，详细地介绍了二手车鉴定评估的过程和相关方法。本书主要内容包括汽车基础知识、二手车及二手车市场、二手车的鉴定评估基础、二手车鉴定、二手车评估、二手车鉴定评估流程、二手车交易流程的相关知识。全书内容翔实，理论与实践并重，案例真实，通俗易懂，趣味性强，便于理解和掌握，具有一定的实战性和指导性。本书可以作为高等院校和职业院校汽车工程专业的教材，也可以作为二手车鉴定评估专业人员的培训教材和二手车爱好者的参考读物。

本书由佳木斯大学卢伟、韩平主编，上海理工大学韩印教授主审。全书共7章，具体分工如下：第1~3章由佳木斯大学卢伟编写，第4章由佳木斯大学马丽丽编写，第5章、第6章由佳木斯大学姚嘉编写，第7章和附录由佳木斯大学韩平编写。另外，牡丹江大学马静波、黑龙江工程学院张毅、沈阳市交通局房轶、大庆石油管理局耿广武及赵越也参加了本书部分章节的编写工作，佳木斯大学的曹务园同学在本书编写过程中做了大量的辅助工作。在本书的编写过程中，参考了大量已出版的相关图书和文献资料以及汽车网的资料，在此致谢。

由于编者水平有限，书中的疏漏之处在所难免，殷切希望广大读者对书中误漏之处予以批评指正，对全书内容提出宝贵意见和建议，请致信于lujunqi2001@163.com，以便我们加以完善，特此感谢。

编　者
2012年7月

目 录

第1章 汽车基础知识 … 1
1.1 汽车分类、型号与标志 … 2
1.1.1 汽车分类 … 2
1.1.2 汽车型号 … 7
1.1.3 汽车标志 … 8
1.2 车辆识别代码 … 8
1.2.1 车辆识别代码(VIN)的含义 … 8
1.2.2 车辆识别代码(VIN)的作用 … 9
1.2.3 车辆识别代码(VIN)组成部分和基本内容 … 9
1.3 汽车基本构造 … 13
1.3.1 发动机 … 14
1.3.2 底盘 … 23
1.3.3 车身 … 25
1.3.4 电气设备 … 26
1.4 汽车的主要性能指标和技术参数 … 26
1.4.1 汽车的主要性能指标 … 26
1.4.2 汽车的主要技术参数 … 28
1.5 汽车的使用寿命 … 30
1.5.1 汽车损耗 … 30
1.5.2 汽车使用寿命的定义及分类 … 32
1.5.3 汽车经济使用寿命的量标与估算 … 33
1.6 汽车报废标准 … 39
习题 … 40

第2章 二手车及二手车市场 … 42
2.1 二手车 … 43
2.1.1 二手车的定义 … 43
2.1.2 二手车产生的原因 … 44
2.2 二手车市场概述 … 45
2.2.1 二手车交易市场 … 45
2.2.2 二手车经营主体 … 46
2.2.3 二手车经营行为 … 46
2.3 二手车市场的发展 … 46
2.3.1 国外二手车市场的发展 … 46
2.3.2 国内二手车市场的发展 … 50
2.4 二手车在汽车后市场中的地位 … 54
2.4.1 汽车后市场分类 … 54
2.4.2 二手车业务在汽车后市场中的地位分析 … 54
习题 … 54

第3章 二手车的鉴定评估基础 … 55
3.1 二手车鉴定评估概述 … 56
3.1.1 二手车鉴定评估的特点 … 56
3.1.2 二手车鉴定评估的主体 … 57
3.1.3 二手车鉴定评估的客体 … 58
3.1.4 二手车鉴定评估的目的 … 58
3.1.5 二手车鉴定评估的程序 … 60
3.1.6 二手车鉴定评估的依据 … 61
3.1.7 二手车鉴定评估的原则 … 62
3.1.8 二手车鉴定评估的方法 … 63
3.1.9 二手车鉴定评估的业务类型 … 64
3.2 二手车鉴定评估机构的特征、职能和地位 … 69
3.2.1 二手车鉴定评估机构的特征 … 69
3.2.2 二手车鉴定评估机构的职能 … 70
3.2.3 二手车鉴定评估机构的地位 … 70
3.3 二手车鉴定评估师的执业资格认证 … 71

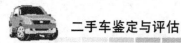

　　3.3.1　二手车鉴定评估师的执业
　　　　　准入 …………………… 71
　　3.3.2　二手车鉴定评估师的申报
　　　　　条件 …………………… 72
　　3.3.3　二手车鉴定评估师的职业
　　　　　要求 …………………… 73
习题 …………………………………… 77

第4章　二手车鉴定 ……………… 78

4.1　二手车手续检查 ………………… 79
　　4.1.1　二手车交易的证件 ……… 79
　　4.1.2　二手车交易的税费
　　　　　缴讫证 ………………… 85
　　4.1.3　二手车手续检查的基本
　　　　　内容 …………………… 88
4.2　二手车技术状况鉴定 …………… 89
　　4.2.1　静态检查 ………………… 89
　　4.2.2　动态检查 ……………… 101
　　4.2.3　二手车技术状况的仪器
　　　　　检查 ………………… 106
　　4.2.4　事故车的检查与判断 …… 119
4.3　二手车鉴定案例 ……………… 122
习题 ………………………………… 124

第5章　二手车评估 …………… 127

5.1　重置成本法 …………………… 128
　　5.1.1　定义、特点、影响因素和
　　　　　适用范围 …………… 128
　　5.1.2　重置成本法的计算
　　　　　公式 ………………… 129
　　5.1.3　重置成本的确定方法 …… 130
　　5.1.4　陈旧性贬值的估算 …… 133
　　5.1.5　成新率的估算 ………… 137
　　5.1.6　评估实例 ……………… 145
5.2　现行市价法 …………………… 148
　　5.2.1　定义、特点、影响因素和
　　　　　适用范围 …………… 148
　　5.2.2　评估方法及计算公式 …… 149
　　5.2.3　评估实例 ……………… 153
5.3　收益现值法 …………………… 157

　　5.3.1　定义、特点、影响因素和
　　　　　适用范围 …………… 157
　　5.3.2　评估方法及计算公式 …… 157
　　5.3.3　评估实例 ……………… 161
5.4　清算价格法 …………………… 163
　　5.4.1　定义、特点、影响因素和
　　　　　适用范围 …………… 163
　　5.4.2　评估方法及计算公式 …… 164
　　5.4.3　清算价格法的评估
　　　　　步骤 ………………… 164
　　5.4.4　评估实例 ……………… 165
5.5　成本折旧法 …………………… 165
　　5.5.1　定义、特点、影响因素和
　　　　　适用范围 …………… 165
　　5.5.2　评估方法及计算公式 …… 166
　　5.5.3　评估实例 ……………… 167
5.6　二手车评估方法的选择 ……… 168
习题 ………………………………… 170

第6章　二手车鉴定评估流程 …… 173

6.1　二手车鉴定评估工作流程 …… 174
6.2　前期准备工作 ………………… 175
　　6.2.1　业务洽谈 ……………… 175
　　6.2.2　实地考察 ……………… 175
　　6.2.3　签订二手车鉴定评估
　　　　　委托书 ……………… 175
　　6.2.4　拟定鉴定评估作业
　　　　　方案 ………………… 176
6.3　现场鉴定工作 ………………… 178
　　6.3.1　检查核对证件 ………… 178
　　6.3.2　鉴定二手车技术状况 …… 178
　　6.3.3　车辆拍照 ……………… 179
6.4　评定估算工作 ………………… 181
6.5　撰写鉴定评估报告 …………… 182
　　6.5.1　二手车鉴定评估报告(书)的
　　　　　概念与作用 ………… 182
　　6.5.2　撰写二手车鉴定评估
　　　　　报告书的基本要求 …… 183
　　6.5.3　二手车鉴定评估报告书的
　　　　　基本内容 …………… 183

6.5.4 编制二手车鉴定评估报告书的步骤及注意事项 …… 188
6.6 业务案例分析 …………… 191
习题 ………………………… 202

第7章 二手车交易流程 …… 203

7.1 常见二手车交易类型 …… 204
　　7.1.1 二手车交易类型 …… 204
　　7.1.2 二手车交易者类型 … 206
　　7.1.3 二手车交易的相关规定 ……………………… 207
7.2 常见二手车交易流程 …… 207
　　7.2.1 直接交易的流程 …… 208
　　7.2.2 二手车销售交易的流程 ……………………… 209
　　7.2.3 二手车拍卖交易的流程 ……………………… 209
7.3 办理交易过户业务 ……… 210
7.4 办理车辆转移登记手续 … 213
　　7.4.1 二手车办理转移登记所需的手续及证件 …… 214
　　7.4.2 同城车辆所有权转移登记 ……………………… 214
　　7.4.3 异地车辆所有权转移登记 ……………………… 217
7.5 办理其他税、证变更 …… 220
　　7.5.1 车辆购置税的变更 … 220
　　7.5.2 车辆保险合同的变更 … 221
7.6 二手车交易合同 ………… 222
　　7.6.1 订立二手车交易合同的基本准则 …………… 222

　　7.6.2 交易合同的主体 …… 222
　　7.6.3 交易合同的内容 …… 223
　　7.6.4 交易合同的变更和解除 …………………… 223
　　7.6.5 违约责任 …………… 223
　　7.6.6 合同纠纷的处理方式 … 224
　　7.6.7 二手车交易合同的种类 …………………… 225
7.7 二手车质量保证 ………… 225
　　7.7.1 二手车质量保证的意义 …………………… 225
　　7.7.2 二手车质量保证的前提及质量保证期 …… 226
　　7.7.3 二手车的售后服务 … 227
习题 ………………………… 227

附录一 汽车报废标准 ……… 229

附录二 二手车流通管理办法 … 235

附录三 二手车交易规范 …… 239

附录四 机动车登记规定 …… 244

附录五 汽车贸易政策 ……… 257

附录六 二手车买卖合同 …… 262

附录七 二手车居间合同 …… 266

参考文献 …………………… 271

第 1 章 汽车基础知识

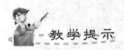 教学提示

本章简明扼要地介绍了汽车的相关知识,为非本专业的读者奠定了一些基础,教师可以有选择地讲授或让学生自学阅读。

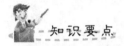 知识要点

本章介绍的汽车基础知识主要有以下几个方面。
1. 汽车分类、型号与标志;
2. 车辆识别代码含义、作用、组成部分和基本内容;
3. 汽车的构造:发动机、底盘、车身、电气设备;
4. 汽车的主要性能指标和技术参数;
5. 汽车的使用寿命定义及分类;
6. 汽车报废标准。

导入案例

汽车的诞生

1885年，德国工程师卡尔·本茨制成了世界上第一辆三轮汽车，并于1886年1月29日获得了发明专利，所以，1886年1月29日被公认为汽车的诞生日。几乎同时，德国工程师戈特利布·戴姆勒也成功研制成一辆公认的以内燃机为动力的四轮汽车。所以，卡尔·本茨与戈特利布·戴姆勒被并称为"汽车之父"。

三轮汽车　　　　　　　　　　　　　　四轮汽车

1.1 汽车分类、型号与标志

1.1.1 汽车分类

了解汽车分类，对于正确评估二手车非常重要。只有对汽车进行准确的分类，才能对汽车的车辆类型进行准确的定性，才能对汽车的特性进行准确的分析，才能对汽车进行有效的管理，从而对车辆进行正确的评估。汽车的种类繁多，对汽车的分类也是多种多样的，根据汽车不同的规格、结构、燃料、用途和型号等可以进行不同的分类，不同的领域对汽车分类有不同的标准和要求。

> **汽车的定义**
>
> 美国汽车工程师学会标准 SAE J687C 中对汽车的定义是：由本身动力驱动，装有驾驶装置，能在固定轨道以外的道路或地域上运送客货或牵引车辆的车辆。
>
> 日本工业标准 JIS K 0101 中对汽车的定义是：自身装有发动机和操纵装置，不依靠固定轨道和架线，能在陆上行驶的车辆。
>
> 我国国家标准《汽车和挂车类型的术语和定义》（GB/T 3730.1—2001）中对汽车的定义是：由动力驱动，具有4个或4个以上车轮的非轨道承载的车辆。主要用于：

载运人员和(或)货物、牵引载运人员和(或)货物的车辆、特殊用途。本术语还包括①与电力线相连的车辆，如无轨电车；②整车整备质量超过400kg的三轮车辆。

汽车通常被用作载运客、货和牵引客、货挂车，也有为完成特定运输任务或作业任务而将其改装或经装配了专用设备成为专用车辆，但不包括专供农业使用的机械。全挂车和半挂车并无自带动力装置，它们与牵引汽车组成汽车列车时才属于汽车范畴。有些进行特种作业的轮式机械以及农田作业用的轮式拖拉机等，在少数国家被列入专用汽车，而在我国则分别被列入工程机械和农用机械之中。

1. 我国汽车分类

1) 根据我国国家标准分类

按照国家最新标准 GB/T 3730.1—2001《汽车和挂车类型的术语和定义》，把汽车分为乘用车和商用车。

(1) 乘用车(passenger car)。在其设计和技术特性上主要用于载运乘客及其随身行李和(或)临时物品的汽车，包括驾驶员座位在内最多不超过9个座位。它也可牵引一辆挂车。乘用车分为普通乘用车、活顶乘用车、高级乘用车、小型乘用车、敞篷车、仓背乘用车、旅行车、多用途乘用车、短头乘用车、越野乘用车和专用乘用车11类。

(2) 商用车(commercial vehicle)。在设计和技术特性上用于运送人员和货物的汽车，并且可以牵引挂车。乘用车不包括在内。商用车分为客车、货车和半挂牵引车3类。客车细分为小型客车、城市客车、长途客车、旅游客车、铰接客车、无轨客车、越野客车和专用客车。货车细分为普通货车、多用途货车、全挂牵引车、越野货车、专用作业车和专用货车。

2) 按用途分类

按用途分类，可以把汽车分为运输汽车和特种用途汽车。

(1) 运输汽车。运输汽车可分为轿车、客车和货车，并按照汽车的主要特征参数分级，即轿车按照发动机工作容积(总排量)、客车按照车辆总长度、货车按照汽车的总质量分级，详见表1-1。

表1-1 运输汽车的分级

轿车		客车		货车	
级别	总排量 V/L	级别	总长度 L/m	级别	总质量 G_a/t
微型车	$V \leqslant 1$	微型客车	$L \leqslant 3.5$	微型货车	$G_a \leqslant 1.8$
普通级轿车	$1 < V \leqslant 1.6$	轻型客车	$3.5 < L \leqslant 7$	轻型货车	$1.8 < G_a \leqslant 6$
中级轿车	$1.6 < V \leqslant 2.5$	中型客车	$7 < L \leqslant 10$	中型货车	$6 < G_a \leqslant 14$
中高级轿车	$2.5 < V \leqslant 4$	大型客车	$10 < L \leqslant 12$	重型货车	$G_a > 14$
高级轿车	$V > 4$	特大型客车	铰接客车和双层客车		

(2) 特种用途汽车。这种车辆根据特殊要求设计或改装而成，主要执行运输以外的任务。配备有装甲或武器的军用作战车辆不属于此类。

① 特种作业车：在汽车上安装专用设备进行特种作业的汽车，如商业售货车、医疗救护车、公安消防车、环卫作业车、市政建设工程车、农牧副渔作业车、石油地质作业车和机场作业车等。

② 竞赛汽车：按照特定的竞赛规范而设计或改装的汽车。在进行竞赛时，竞赛汽车的各种零部件都将受到极其严峻的考验，因而竞赛汽车上往往集中使用了大量高新科技。举办汽车竞赛对促进汽车科技发展具有重要的作用，也是各制造厂及赞助商进行广告宣传的好时机。

③ 娱乐汽车：随着人民生活水平的提高，要求汽车不仅要满足运输需要，而且还要满足精神生活的需要，如装备卧具和炊具的旅游汽车、高尔夫球场专用汽车、海滩游玩汽车等。

3) 按动力装置类型分类

(1) 活塞式发动机汽车。

① 按燃料分类。

汽油机汽车：用汽油作为燃料的汽车。

柴油机汽车：用柴油作为燃料的汽车。

代用燃料汽车：用天然气、液化石油气、醇类、氢等作为燃料的汽车。

② 按活塞的运动方式分类。

往复活塞式发动机汽车：用往复式活塞发动机作为动力装置的汽车。

旋转活塞式发动机汽车：用旋转式活塞发动机作为动力装置的汽车。

(2) 电动汽车。

按电能组合方式可以分为以下两种。

① 纯电动汽车：用蓄电池作为能量源的汽车。

② 混合动力电动汽车：用蓄电池和发动机作为能量源的汽车。

4) 按行驶机构的特征分类

(1) 轮式汽车。通常可分为非全轮驱动汽车与全轮驱动汽车两种类型。汽车的驱动方式一般用符号"$n \times m$"表示，其中 n 表示车轮总数（一个轮毂上安装双轮辋和轮胎仍算一个车轮），m 表示驱动轮数。例如，普通轿车一般属于 4×2 型，北京 BJ2020 越野汽车属于 4×4 型。

(2) 其他类型车辆。比如履带式车辆、雪橇式车辆、气垫式车辆、步行机构式车辆等。

5) 按发动机位置和驱动方式分类

(1) 前置前驱动(FF)汽车：发动机前置、前轮驱动的汽车，如图 1.1 所示。

(2) 前置后驱动(FR)汽车：发动机前置、后轮驱动的汽车，如图 1.2 所示。

(3) 后置后驱动(RR)汽车：发动机后置、后轮驱动的汽车，如图 1.3 所示。

(4) 中置后驱动(MR)汽车：发动机中置、后轮驱动的汽车，如图 1.4 所示。

6) 按有无车架分类

(1) 有车架汽车：在构成车辆底盘的骨架上安装了悬架、车桥、发动机和车身等总成的汽车，如图 1.5 所示。

(2) 无车架汽车：没有骨架，底盘和车身成为一体并具有一定强度的汽车，如图 1.6 所示。

图 1.1　前置前驱动汽车

图 1.2　前置后驱动汽车

图 1.3　后置后驱动汽车

图 1.4　中置后驱动汽车

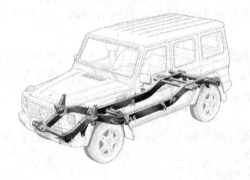
图 1.5　车架结构

图 1.6　无车架的车身结构

2. 世界汽车分类

1）欧系轿车分类

欧系轿车分类可以以德国车为例。按照德国汽车分级标准，其等级划分主要依据轴距、排量、重量等参数，分为A00、A0、A、B、C、D等级别。字母顺序越后，该级别车的轴距越长、排量和重量越大，轿车的豪华程度也越高。具体分类形式见表1-2。

表1-2 德国轿车分类

级别		分类标准	
		轴距/m	排量/L
A00	小型轿车	2～2.2	<1
A0		2.2～2.3	1～1.3
A		2.3～2.45	1.3～1.6
B	中档轿车	2.45～2.6	1.6～2.4
C	高档轿车	2.6～2.8	2.4～3.0
D	豪华轿车	>2.8	>3.0

A00级轿车，例如奥拓；A0级轿车比较典型的是两厢夏利轿车；一汽大众的捷达、上海大众的POLO轿车都算得上是A级车中的明星；近年来，B级车市场逐渐成为国内汽车企业拼杀的主战场，奥迪A4、帕萨特、中华、东方之子等众多车型均属于B级轿车阵营；国内名气最大的C级高档轿车非奥迪A6莫属；D级豪华轿车大多外形气派，车内空间极为宽敞，发动机动力也非常强劲，目前常见的D级轿车有奔驰S系列、宝马7系、奥迪A8、劳斯莱斯和宾利等几个品牌的车型。

当然，随着车型的增加以及价格、款式、配置选择越来越多样化，A级、B级、C级车的交集也会越来越多。例如，有些车型轴距属于A级车范围，而排量与价格却与B级车相差无几。因此，轿车分级不应过于僵化死板，需灵活处理。

2）美系轿车分类

以通用汽车公司的分类标准为例，通用公司一般将轿车分为6级，是综合考虑了车型尺寸、发动机排量、装备和售价之后得出的分类。

(1) Mini级：Mini级一般指排量1L以下的轿车。

(2) Small级：Small级一般是排量1.0～1.3L的轿车，处于我国普通轿车级别的低端。

(3) Low-med级：Low-med级一般是排量1.3～1.6L的轿车。

(4) Interm级：Interm级和德国的低端B级轿车基本吻合。

(5) Upp-med级：Upp-med级涵盖B级轿车的高端和C级轿车的低端。

(6) Large/Lux级：Large/Lux级和国内的高级轿车相对应，涵盖C级车的高端和D级车。

3）日系汽车的分类

日本是汽车生产大国，但它的汽车分类比较简单，仅有3类，即轻型车、小型车和标准车型。

1.1.2 汽车型号

1. 我国汽车的编号规则

为了在生产、管理、使用、维修中便于识别不同的国产汽车，我国对国产汽车规定了统一的型号编制规则。GB/T 9417—1988《汽车产品编号规则》规定汽车产品型号由企业名称代号、车辆类别代号、主参数代号、产品序号组成。必要时附加企业自定代号。对于专用汽车及专用挂车还应增加专用汽车分类代号。

2. 汽车型号的构成

汽车型号应能表明汽车的厂牌、类型和主要特征参数等，如图1.7所示。国家标准规定，国产汽车型号均应由汉语拼音字母和阿拉伯数字组成。汽车型号包括以下5部分。

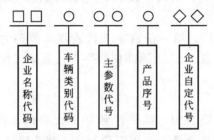

图 1.7 汽车型号构成

1) 企业名称代号

企业名称代号用汉语拼音字母表示，如 CA（第一汽车制造厂）、EQ（第二汽车制造厂）、BJ（北京汽车制造厂）等。

2) 车辆类别代号

车辆类别代号用一位阿拉伯数字表示，见表 1-3。

表 1-3 车辆类别代号

车辆类别	代号	车辆类别	代号	车辆类别	代号
载货汽车	1	牵引汽车	4	轿车	7
越野汽车	2	专用汽车	5	—	8
自卸汽车	3	客车	6	挂车	9

3) 主参数代号

各类汽车的主参数代号位于产品型号的第三部分，用两位阿拉伯数字表示。

（1）车辆类别代号为1~5类的汽车及半挂车以汽车的总质量(t)为主参数代号；总质量为100t以上时，允许用3位主参数代号表示。

（2）客车以汽车的总长度(m)为主参数代号，当车长不足10m时，应精确到小数点后一位，并以长度值的10倍数值表示。

（3）轿车以发动机总排量(L)为主参数代号，精确到小数点后一位，以其值的10倍数表示。

（4）主参数不足规定位数时，在参数前以"0"占位。

4）产品序号

产品序号用阿拉伯数字0、1、2…表示。0——第一代产品；1——第二代产品；以此类推。

5）企业自定代号

企业自定代号可用汉语拼音字母和阿拉伯数字表示，位数由企业自定，在同一种汽车结构略有变化而需要区别时采用。如汽油机与柴油机、单排座与双排座、长轴距与短轴距等。

3. 举例

1）CA1091

CA代表第一汽车制造厂，第一位数字1代表汽车类型为载货汽车，第二位、第三位数字09表示主参数为总质量9t，第四位数字1代表第二代产品。

2）TJ7131U

TJ代表天津市微型汽车厂，第一位数字7代表汽车类型为轿车，第二位、第三位数字13代表主参数为发动机排量1.3L，第四位数字1代表第二代产品，第五位字母U为厂家自定义。

3）BJ1041

BJ代表北京轻型汽车有限公司，第一位数字1代表汽车类型为载货汽车，第二位、第三位数字04代表主参数为总质量4t，第四位数字1代表第二代产品。

4）EQ2080

EQ代表第二汽车制造厂，第一位数字2代表越野车，第二位、第三位数字08代表主参数为总质量8t，第四位数字0代表第一代产品。

1.1.3 汽车标志

汽车标志是指各种汽车品牌的标志，这些标志往往成为汽车企业的代表，饱含汽车企业及汽车自身的文化。表1-4～表1-6（见书前彩色插图）分别列举了主要的进口汽车、中外合资汽车和国产汽车标志。

1.2 车辆识别代码

在二手车鉴定交易过程中，除了首先要了解车型信息，还有一个重要的环节就是要了解查验车辆识别代码，通过识别代码来鉴定车辆的合法来源与车辆出厂年份、产地、配置类型等要素。勘验车辆识别代码不仅是二手车鉴定评估的必要环节，也是在二手车过户更名过程中交通管理部门必须掌握的一个重要信息与执行程序。

1.2.1 车辆识别代码(VIN)的含义

车辆识别代码也是通常所说的车架号、底盘号（俗称大架号），通常用英文VIN(Vehicle Identification Number)来表示。根据国际标准规定，VIN码由17位字符（包括字母和数字组成），俗称十七位码。它包含了车辆的生产厂家、年代、车型、车身形式及代码、发动机代码及组装地点等信息。17位识别编码也可以说是"汽车身份证"。全世界每一辆汽车都有其独一无二的VIN码，具有唯一性，并贯穿一辆车从出厂到报废的整个过程。

VIN的历史可以追溯到1949年，但直到1981年之前，标准一直处于变换中，比如1965～1969年的VIN有9位，当生产量超过100万之后采用10位；1970～1980年的VIN则固定为10位。现行的17位汽车识别代码始于1981年，我国于1996年底颁布相关标准，并于1997年开始实施车辆识别代码制度。在实际操作中，1999年1月1日以后初次登记的车辆必须拥有车辆识别代码。17位代号编码经过排列组合的结果可以使生产车型在30年之内不会发生重号现象。

1.2.2 车辆识别代码(VIN)的作用

汽车研究及管理部门有相应规定的标准，各国机动车辆管理部门办理牌照时可以将其输入计算机存储，以备需要时调用，如处理交通事故、保险索赔、查获被盗车辆、报案等。有的国家规定没有17位识别代码的汽车不准进口，而有的国家客户在买车时发现车辆没有17位识别代码就不购买，因此没有识别代码的汽车是无法销售的。

由于汽车修理逐步实行计算机管理和故障分析诊断，在各种测试仪表和维修设备中都存储有17位VIN的数据，以作为修理的依据。17位识别代码在汽车配件经营管理上也起着重要作用，在查找零件目录中的汽车零件号之前，首先要确认17位识别代码的车型年款，否则会产生误购、错装等现象。

VIN一般以标牌的形式装贴在汽车的不同部位。利用VIN数据规定还可以鉴别出拼装车、走私车，因为拼装的进口汽车一般是不按VIN规定进行组装的。

随着车型年款的不同和汽车生产国家的不同(各国政府对VIN有不同的规定)，VIN规定会有所不同。有的按公司各车分部进行规定(如美国GM)，而有的直接按系列车型或车名进行规定(如日本雷克萨斯汽车)。在实用中，一般要由两种VIN规定才可验证出一辆车的型号和车型参数，因此大量积累这方面的信息具有重要的意义。随着年款的变化，今后还会陆续制定出各种VIN规定。

1.2.3 车辆识别代码(VIN)组成部分和基本内容

车辆识别代码(VIN)共17位，其中"方框"内可填写一个大写的拉丁字母或阿拉伯数字，"圆形框"内只能填写阿拉伯数字，如图1.8所示。

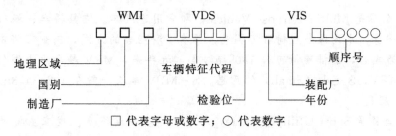

图1.8 车辆识别代码(VIN)的组成部分和位置

车辆识别代码(VIN)依据其各自代表的含义分为3个部分。

1. 世界制造厂识别代码(WMI)

世界制造厂识别代码(WMI)为车辆识别代码的第1～第3位，用以说明车辆的生产厂家、品牌等。

(1) 世界制造厂识别代码的第 1 位代码是标明一个地理区域的字母或数字(表 1-7);第 2 位是标明一个特定地区内的一个国家(地区)的字母或数字。第 1 位、第 2 位代码的组合将能保证国家(地区)识别标志的唯一性。

表 1-7 首位代码与国家(地区)对应关系

国家(地区)	代码	国家(地区)	代码	国家(地区)	代码	国家(地区)	代码
美国	1,4	巴西	9	中国台湾	R	德国	W
加拿大	2	日本	J	英国	S	瑞典	Y
墨西哥	3	韩国	K	瑞士	T	意大利	Z
澳大利亚	6	中国	L	法国	V		

(2) 世界制造厂识别代码的第 3 位代码是标明某个特定的制造厂的字母或数字。第 1 位、第 2 位、第 3 位代码的组合能保证制造厂识别标志的唯一性。

(3) 对于年产量≥500 辆的制造厂,世界制造厂识别代码由 3 位代码组成。对于年产量<500 辆的制造厂,世界制造厂识别代码的第 3 位代码为数字 9。此时,车辆指示部分的第 3 位、第 4 位、第 5 位代码将与第一部分的 3 位代码一起作为世界制造厂识别代码。

2. 车辆说明部分(VDS)

车辆说明部分(VDS)为车辆识别代码的第 4~第 8 位,用以说明车辆的特征,即车辆种类、车身类型、发动机类型、底盘类型等内容。

(1) 轿车:种类、系列、车身类型、发动机类型及约束系统类型。

(2) MPV:种类、系列、车身类型、发动机类型及车辆额定总重。

(3) 载货车:型号或种类、系列、底盘、驾驶室类型、发动机类型、制动系统及额定总重。

(4) 客车:型号或种类、系列、车身类型、发动机类型及制动系统。

 小知识:

MPV:全称是 Multi-Purpose Vehicle,即多用途汽车。它集轿车、旅行车和厢式货车的功能于一身,车内每个座椅都可调整,并有多种组合的方式,例如可将中排座椅靠背翻下即可变为桌台,前排座椅可作 180°旋转等。近年来,MPV 趋向于小型化,并出现了所谓的 S-MPV,S 是小 (Small) 的意思。S-MPV 车长一般在 4.2~4.3m,车身紧凑,一般为 5~7 座。

SUV:全称是 Sport Utility Vehicle,即运动型多用途汽车。现在主要是指那些设计前卫、造型新颖的四轮驱动越野车。SUV 前悬架一般是轿车型的独立悬架,后悬架是非独立悬架,离地间隙较大,在一定程度上既有轿车的舒适性又有越野车的越野性能。由于带有 MPV 式的座椅多组合功能,使车辆既可载人又可载货,适用范围广。

RV:全称是 Recreational Vehicle,即娱乐、休闲汽车。它最早起源于美国,主要是为了适应美国家庭用车追求个性、休闲的需求,多为家庭的第二辆车。在国外,RV 并没有什么明确具体的定义和分类标准，多是指一些轻型的运动型汽车。

3. 车辆指示部分(VIS)

车辆指示部分(VIS)为车辆识别代码的第9～第17位。这一部分有两位代码对于识别"套牌"及盗抢车辆特别重要。首先是第9位校验位，它与身份证号码中的校验位一样，其目的是提供校验 VIN 编码正确性的方式，通过它核定整个 VIN 码是否正确，它在车辆识别中起着重要作用。如果有人故意涂改其中一个或几个 VIN 码，通过车辆代码识别软件，经过对校验位的一系列计算，就能判定该 VIN 码为非法代码，从而帮助稽查人员判断车辆的合法性。第10位为车型年份，即厂家规定的型年(Model Year)，不一定是实际生产的年份，但一般与实际生产的年份之差不超过1年，它可以辅助认定车辆行驶证注册日期的真实性，表1-8为车型年份与指示字母的对应关系。第12～第17位是顺序号，一般情况下汽车召回都是针对某一顺序号范围内的车辆，即某一批次的车辆。

表1-8 车型年份与指示字母的对应关系

代码	年份	代码	年份	代码	年份	代码	年份
B	1981	K	1989	V	1997	5	2005
C	1982	L	1990	W	1998	6	2006
D	1983	M	1991	X	1999	7	2007
E	1984	N	1992	Y	2000	8	2008
F	1985	P	1993	1	2001	9	2009
G	1986	R	1994	2	2002	A	2010
H	1987	S	1995	3	2003	B	2011
J	1988	T	1996	4	2004	C	2012

需特别指出的是：

(1) 根据规定，车辆识别代码不得使用 I、O、Q 这3个英文字母。如果发现 VIN 字迹不清，有手工打刻痕迹，或出现字母 I、O、Q，则说明这辆车的车辆识别代码已被涂改或伪造。可以断定，该车有盗抢嫌疑。

(2) 车辆识别代码的最后4位应是阿拉伯数字。若不是阿拉伯数字，则该识别代码一定为伪造，该车也有盗抢嫌疑。

WVWDB4505LK005678 是一个17位的 VIN 码，表1-9列出了每一位字母或数字代表的含义。

表1-9 VIN 码编码示例的含义

VIN 码	位数	意义
W	1	生产国别代码(W——德国)
V	2	制造厂家代码(V——大众汽车公司)
W	3	汽车类型代码(W——轿车)

(续)

VIN 码	位数	意义
D	4	车型系列(D——两门旅行型)
B	5	发动机型号(B——四缸 102/123hps 汽油机)
4	6	安全保护装置(电控被动式及手动式)
5	7	车型代码(Corrado)
0	8	
5	9	VIN 检验代码
L	10	车型年款代码
K	11	总装工厂代码
0	12	
0	13	
5	14	出厂顺序号代码
6	15	
7	16	
8	17	

不同国家或汽车生产厂家的 VIN 码含义有细微的不同(第 2～第 8 位)

德国奔驰汽车公司轿车 VIN
第 2～第 3 位：生产厂家代码
第 4 位：车身及底盘系列代码
第 5 位：发动机类型代码
第 6～第 7 位：车型代码
第 8 位：乘员安全保护装置代码

德国宝马汽车公司轿车 VIN
第 2 位：生产厂家代码
第 3 位：车型及种类代码
第 4～第 6 位：车型代码
第 7 位：发动机型号代码
第 8 位：乘员安全保护装置代码

美国福特汽车公司轿车 VIN
第 2 位：生产或归口部门代码
第 3 位：车型类别代码
第 4 位：乘员安全保护装置代码
第 5 位：车型系列代码
第 6～第 7 位：车身类型代码
第 8 位：发动机型号代码

日本丰田汽车公司轿车 VIN
第 2 位：生产厂家代码
第 3 位：车型类别代码
第 4 位：发动机型号代码
第 5 位：车型代码
第 6 位：车型与型号代码
第 7 位：系列/级别代码
第 8 位：车身类型代码

4. VIN 码的查找

除挂车和摩托车外，VIN 标牌应固定在门铰链柱、门锁柱或与门锁柱接合的门边之一的柱子上，接近于驾驶员座位的地方；如果没有这样的地方可利用，则固定在仪表板的左侧。如果那里也不能利用，则固定在车门内侧靠近驾驶员座位的地方。VIN 标牌的位置应当是除了外面的车门外，不移动车辆的任何零件就可以容易读出的地方。我国轿车的 VIN 码大多可以在仪表板左侧、风窗玻璃下面找到。

根据国家《车辆识别代码(VIN)管理规则》，车辆的 VIN 码应在机动车的以下位置。

(1) 国产轿车的 VIN 码大多在仪表板左侧、风窗玻璃下面(图 1.9)。

(2) 机动车行驶证上，新的行驶证在"车架号"一栏一般都打印 VIN 码(图 1.10)。

图 1.9　风窗玻璃下面 VIN 码的位置

图 1.10　机动车行驶证上的 VIN 码

(3) 其他地方，如保险单上、发动机舱内的各种铭牌上、驾驶员侧车门柱上、悬架上等(图 1.11、图 1.12)。

图 1.11　标致 307 右前悬架上的 VIN 码

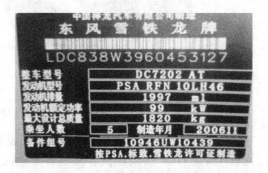

图 1.12　汽车铭牌上的 VIN 码

最后，对车辆识别代码的印刻也有要求：若直接打印在汽车和挂车(车架、车身等部件)上，字码高度至少应为 7mm，其他情况至少应为 4mm。在任何情况下，字码都应是字迹清楚、坚固、耐久和不易替换的。车辆识别代码在文件上表示时应写成一行，且不能有空格；打印在车辆上或车辆标牌上时也应标示在一行。特殊情况下，由于技术上的原因必须标示在两行上时，两行之间不应有间隙，每行的开始与终止处应选用一个分隔符表示。分隔符必须是不同于车辆识别代码所用的任何字码，且不易与车辆识别代码中的字码相混淆。

1.3　汽车基本构造

汽车是由各种机构和装置所组成的，通常分为发动机、底盘、车身和电气设备四大部分。

发动机——使供入其中的燃料燃烧产生动力,是汽车行驶的动力源泉。

底盘——接受发动机的动力,使汽车正常行驶。由传动系统、行驶系统、转向系统和制动系统组成。

车身——用以安置驾驶员、乘客或货物。客车和轿车大多是整体车身;普通货车车身由驾驶室和货箱组成。

电气设备——汽车的电气设备用于发动机的起动、点火、照明、灯光信号及仪表等监控装置,由电源和用电设备组成。

1.3.1 发动机

发动机是将某种形式的能量转变为机械能的机器。借助工质的状态变化将燃料燃烧产生的热能转变为机械能。发动机是汽车的心脏,为汽车行走提供动力。

1. 发动机的分类

(1) 根据工作循环的活塞行程数分类:二冲程发动机、四冲程发动机,如图 1.13 所示。

(a) 二冲程发动机　　　(b) 四冲程发动机

图 1.13　二冲程发动机和四冲程发动机

(2) 根据所用燃料种类进行分类:汽油发动机、柴油发动机、CNG(压缩天然气)发动机、LPG(液化石油气)发动机、双燃料发动机,如图 1.14 所示。

(a) 汽油发动机　　　(b) 柴油发动机

图 1.14　各种燃料发动机

(c) CNG发动机　　　　　　　(d) LPG发动机　　　　　　　(e) 双燃料发动机

图 1.14　各种燃料发动机(续)

(3) 根据冷却方式分类：水冷式发动机、风冷式发动机，如图 1.15 所示。

(a) 水冷式发动机　　　　　　　　　　　(b) 风冷式发动机

图 1.15　水冷式发动机和风冷式发动机

(4) 发动机还可以按气缸数分类，仅有一个气缸的称为单缸发动机、有两个以上的称为多缸发动机，如图 1.16 所示。

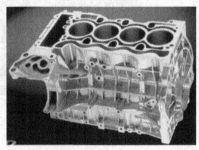 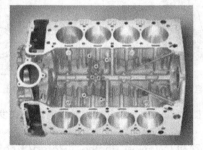

(a) 四缸发动机　　　　　　　　　　　(b) 八缸发动机

图 1.16　多缸发动机

(5) 多缸发动机按气缸排列方式分为直列(单列)式发动机、V 型式发动机、对置式发动机等形式，如图 1.17 所示。

直列式气缸结构简单，加工容易，长度和高度大。

 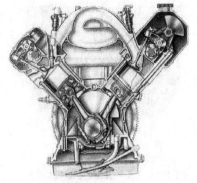 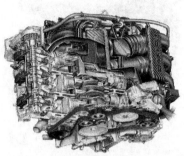

(a) 直列式发动机　　　　　(b) V型式发动机　　　　　(c) 对置式发动机

图1.17　各种气缸排列方式的发动机

V型式发动机的气缸缩短了发动机的长度和高度，刚度好，但加大了宽度，形状复杂，加工困难。

对置式发动机比其他形式的发动机小得多，一般用在风冷式发动机上。

(6) 按照进气系统是否采用增压方式分类：自然吸气（非增压）式发动机和增压式发动机，如图1.18所示。

(7) 按照活塞的工作方式分类：往复活塞式发动机与转子活塞式发动机（图1.19）。

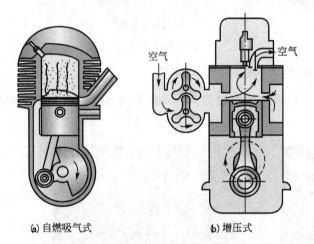 

(a) 自燃吸气式　　　　(b) 增压式

图1.18　自然吸气式发动机与增压式发动机　　　　图1.19　转子活塞式发动机

转子发动机（Wankel Engine、Rotary Engine）

　　三角活塞旋转式发动机，也就是转子发动机。这种发动机是由德国人菲加士·汪克尔（Felix Wankel，1902～1988）所发明的，1951年，菲加士·汪克尔与德国NSU公司签订了关于合作开发转子发动机的合约。1954年4月13日，NSU公司研制成功第一台转子发动机。1963年，NSU公司在法兰克福车展上展出了装备汪克尔转子发动机的新车型。1964年，NSU公司和雪铁龙在日内瓦组建合资企业COMOBIL公司，首次把转子发动机装在轿车上成为正式产品。1967年，日本东洋工业公司也将转子发动机装在马自达轿车上开始成批生产。由于从生产装配到维护修理，转子发动机都与传统的发动机大不一样，开发成本大。现唯有马自达一家公司在研发此类发动机。

转子发动机的运动特点是：三角转子的中心绕输出轴中心公转的同时，三角转子本身又绕其中心自转。在三角转子转动时，以三角转子中心为中心的内齿圈与以输出轴中心为中心的齿轮啮合，齿轮固定在缸体上不转动，内齿圈与齿轮的齿数之比为3∶2。上述运动关系使得三角转子顶点的运动轨迹（即气缸壁的形状）似"8"字形。三角转子把气缸分成3个独立空间，3个空间各自先后完成进气、压缩、做功和排气，三角转子自转一周，发动机点火做功3次。由于以上运动关系，输出轴的转速是转子自转速度的3倍，这与往复运动式发动机的活塞与曲轴1∶1的运动关系完全不同。

2. 发动机的总体构造

大多数汽车都采用往复活塞式发动机，它一般是由机体组、曲柄连杆机构、配气机构、燃料供给系统、冷却系统、润滑系统、点火系统（汽油发动机采用）、起动系统等部分组成的。

1) 机体组

汽车发动机机体组是构成发动机的骨架，是发动机各机构和各系统的安装基础，其内、外安装着发动机的所有主要零件和附件，承受各种载荷。因此，机体必须要有足够的强度和刚度。机体组主要由气缸体、曲轴箱、气缸盖和气缸垫等零件组成（图1.20）。

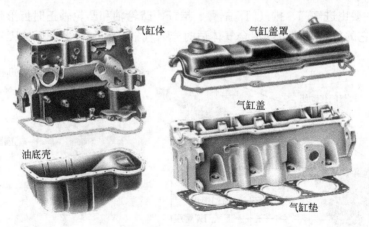

图1.20 发动机机体组

2) 曲柄连杆机构

曲柄连杆机构是往复式内燃机中的动力传递系统。曲柄连杆机构是发动机实现工作循环，完成能量转换的主要运动部分。在做功行程中，它将燃料燃烧产生的热能作用于活塞，使活塞往复运动，再由曲轴旋转运动转变为机械能，对外输出动力；在其他行程中，则依靠曲柄和飞轮的转动惯性，通过连杆带动活塞上下运动，为下一次做功创造条件。曲柄连杆机构由活塞连杆组、曲轴飞轮组两部分组成，如图1.21所示。

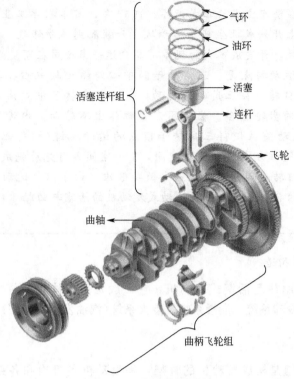

图 1.21 曲柄连杆机构

3) 配气机构

配气机构主要由进气门、排气门、摇臂、推杆、凸轮轴和凸轮轴正时齿形带轮等组成,如图 1.22 所示。它的作用是使可燃混合气体适时充入气缸并及时将燃烧后的废气从气缸排出。

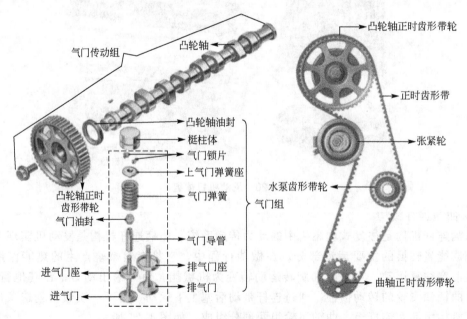

图 1.22 配气机构组成

4）冷却系统

冷却系统有水冷式和风冷式两种。水冷式主要由散热器、风扇、水泵、水套和节温器等组成，如图 1.23 所示。风冷式主要由风扇、散热片等组成。冷却系统的作用是将机件多余的热量散发到大气中，以保持发动机正常的工作温度。

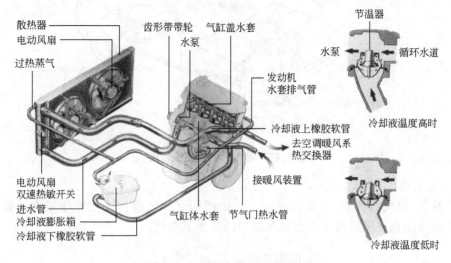

图 1.23　水冷式发动机的冷却系统

5）润滑系统

润滑系统主要由机油泵、集滤器、限压阀、机油滤清器等组成，如图 1.24 所示。它的作用是减小摩擦力，减缓机件磨损，并部分地冷却机件和清洗机件表面。

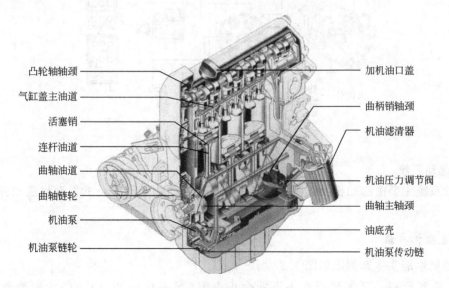

图 1.24　润滑系统的组成

6）燃料供给系统

汽油机必须按需要向气缸内供给已配好的可燃混合气；柴油机则要向气缸内供给纯空气，并在规定时刻向气缸内喷入燃油。燃料供给系统的组成如图 1.25 所示。

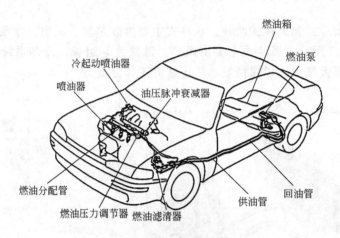

图1.25 燃料供给系统的组成

7) 点火系统

点火系统(仅汽油机有)主要由电源、点火线圈、分电器和火花塞等组成,如图1.26所示。它的作用是在压缩终了时点燃气缸中的可燃混合气。

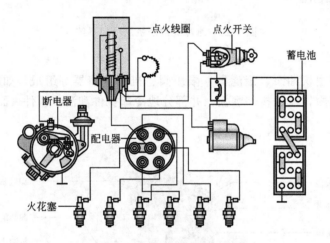

图1.26 点火系统的组成

8) 起动系统

起动系统主要由起动机及其附属装置组成。它的作用是使静止的发动机起动并转入自行运转。

3. 发动机术语

发动机术语实体解剖图如图1.27所示。

(1) 活塞行程:活塞运行在上下两个止点间(即上止点和下止点)的距离称为活塞行程。它等于曲轴到连杆轴部分旋转直径的长度,对应一个活塞行程,曲轴旋转180°。

(2) 上止点:活塞在气缸里作往复直线运动时,活塞顶部距离曲轴旋转中心最远的极限位置,称为上止点。

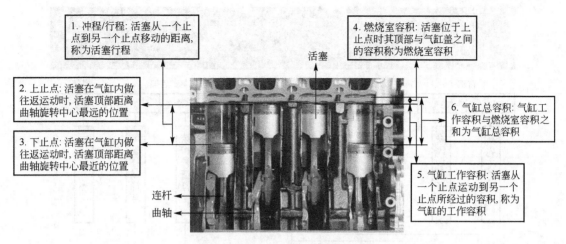

图 1.27 发动机术语实体解剖图

(3) 下止点：活塞在气缸里作往复直线运动时，活塞顶部距离曲轴旋转中心最近的极限位置，称为下止点。

(4) 燃烧室容积：活塞位于上止点时，其顶部与气缸盖之间的容积称为燃烧室容积。

(5) 气缸工作容积：活塞在从一个止点运动到另一个止点（上止点和下止点）间所扫过的容积称为气缸工作容积。

(6) 气缸总容积：活塞位于下止点时，活塞顶部上方整个空间的容积称为气缸总容积。它等于气缸工作容积与燃烧室容积之和。

(7) 排量：所有气缸工作容积之和称为发动机排量。

(8) 压缩比：压缩前气缸中气体的最大容积（气缸总容积）与压缩后的最小容积（燃烧室容积）之比。

(9) 空燃比：表示空气和燃料质量的混合比，用来表征混合气的浓度。

(10) 最大功率：发动机从曲轴端输出的最大功率，用马力(PS)或千瓦(kW)表示。

(11) 最大转矩：发动机从曲轴端输出的力矩，单位是 N·m。

4. 发动机的型号

为了便于内燃机的生产管理和使用，GB 725—2008《内燃机产品名称和型号编制规则》中对内燃机的名称和型号进行了统一规定。

1) 内燃机的名称和型号

内燃机名称均按所使用的主要燃料命名，例如汽油机、柴油机、天然气机等。

内燃机型号的排列顺序及符号所代表的意义如图 1.28 所示。

2) 举例

(1) 汽油机。

① 1E65F：表示单缸，二冲程，缸径 65mm，风冷通用型。

② 4100Q：表示四缸，四冲程，缸径 100mm，水冷车用。

③ 4100Q-4：表示四缸，四冲程，缸径 100mm，水冷车用，第四种变型产品。

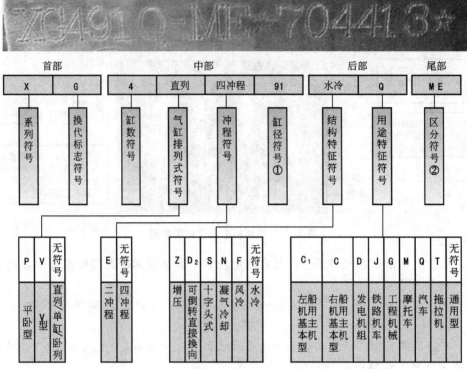

图1.28 内燃机型号的排列顺序及符号所代表的意义

④ CA6102：表示六缸，四冲程，缸径102mm，水冷通用型，CA表示系列符号。

⑤ 8V100：表示八缸，四冲程，缸径100mm，V型，水冷通用型。

⑥ TJ376Q：表示三缸，四冲程，缸径76mm，水冷车用，TJ表示系列符号。

⑦ CA488：表示四缸，四冲程，缸径88mm，水冷通用型，CA表示系列符号。

(2) 柴油机。

① 195：表示单缸，四冲程，缸径95mm，水冷通用型。

② 165F：表示单缸，四冲程，缸径65mm，风冷通用型。

③ 495Q：表示四缸，四冲程，缸径95mm，水冷车用。

④ 6135Q：表示六缸，四冲程，缸径135mm，水冷车用。

⑤ X4105：表示四缸，四冲程，缸径105mm，水冷通用型，X表示系列符号。

小知识：

国外发动机(康明斯柴油机)编号规则

康明斯柴油机的型号由以下6个部分组成。

(1) 柴油机系列：用字母B、C、N、V、K等表示发动机系列。其中B、C系列须加上气缸数，如4B、6C。

(2) 吸气方式：用字母组表示，T为增压、TA为增压并中冷、TT为两级增压、TTA为两级增压并中冷。无字母组者为自然吸气。

(3) 工作总容量(总排量)：柴油机工作总容积用数字表示，单位为L。

(4) 应用符号：用字母表示柴油机的用途，A为农业，B为公共汽车，C为工程，F为消防、G为发电机组、G0为连续发电机组、GS为备用发电机组、L为机车、N为船舶、P为发电站。

(5) 额定功率：用数字表示。

(6) 特殊符号：用字母表示特殊汽车的特征。

1.3.2 底盘

汽车底盘接受发动机的动力，使汽车产生运动，并保证汽车按照驾驶员的操纵正常行驶。底盘由传动系统、行驶系统、转向系统和制动系统等部分组成，如图1.29所示。

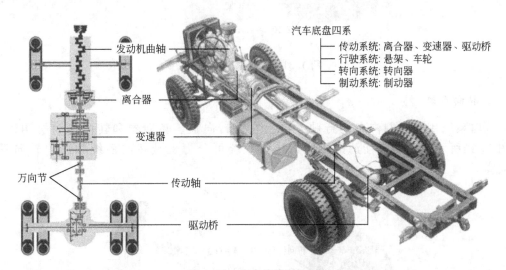

图1.29 汽车底盘的组成

1. 传动系统

传动系统是指将发动机的动力传递到车轮上的全部动力传动装置，并能实现动力的接通与切断、起步、变速、倒车等功能。它由离合器、变速器、传动轴、驱动桥(主减速器和差速器)等部件组成，如图1.30所示。

2. 行驶系统

汽车的车架、车桥、车轮和悬架等组成了行驶系统，如图1.31所示。行驶系统的功用是：接受传动系统的动力，通过驱动轮与路面的作用产生牵引力，使汽车正常行驶；承受汽车的总重量和地面的反力；缓和不平路面对车身造成的冲击，衰减汽车行驶中的振动，保持行驶的平顺性；与转向系统配合，保证汽车操纵稳定性。

图1.30 传动系统的组成

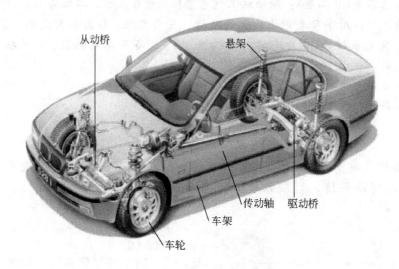

图 1.31 行驶系统的组成

3. 转向系统

转向系统用来控制汽车的行驶方向。它由转向盘、转向器和转向传动机构组成，如图 1.32 所示。按转向能源的不同，转向系统可分为机械转向系统和动力转向系统两大类。

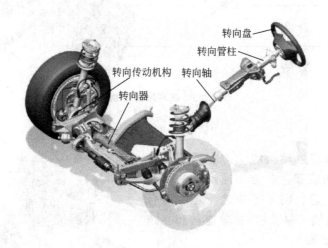

图 1.32 转向系统的组成

4. 制动系统

制动系统使行驶中的汽车按照驾驶员的要求进行强制减速甚至停车；使已停驶的汽车在各种道路条件下(包括在坡道上)稳定驻车；使下坡行驶的汽车速度保持稳定。它由制动器(图 1.33)、制动传动机构等部件组成。一般汽车制动系统至少有两套各自独立的制动装置，即行车制动装置和驻车制动装置。

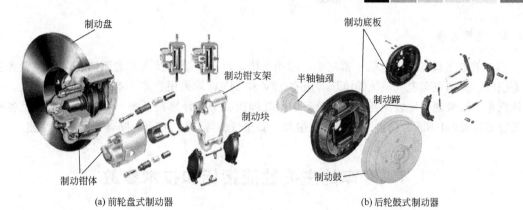

(a) 前轮盘式制动器　　　　　　　　　(b) 后轮鼓式制动器

图1.33　桑塔纳轿车制动器

1.3.3　车身

汽车的车身是驾驶员工作的场所，也是装载乘客和货物的场所。车身应为驾驶员提供方便的操作条件，为乘员提供舒适的乘坐条件，保护他们免受汽车行驶时的振动、噪声、废气的侵袭以及外界恶劣气候的影响，并保证完好无损地运载货物且装卸方便。汽车车身上的一些结构措施和设备还有助于安全行车和减轻事故的后果。

车身应保证汽车具有合理的外部形状，在汽车行驶时能有效地引导周围的气流，以减少空气阻力和燃料消耗。此外，车身还应有助于提高汽车行驶稳定性和改善发动机的冷却条件，并保证车身内部良好的通风。

汽车车身是一件精致的综合艺术品，应以其明晰的雕塑形体、优雅的装饰件和内部覆饰材料以及悦目的色彩使人获得美的感受，点缀人们的生活环境。

车身又分为非承载式车身和承载式车身两类。

非承载式车身的汽车有一刚性车架，又称底盘大梁架。在非承载式车身中发动机、传动系统的一部分、车身等总成部件固定在车架上，车架通过前后悬架装置与车轮连接。非承载式车身比较笨重、质量大、高度高，一般用在货车、客车和越野车上，也有部分高级轿车使用，因为它具有较好的平稳性和安全性。

承载式车身的汽车没有刚性车架，只是加强了车头、侧围、车尾、底板等部位，发动机、前后悬架、传动系统的一部分等总成部件装配在车身上设计要求的位置，车身负载通过悬架装置传给车轮。承载式车身除了其固有的乘载功能外，还要直接承受各种负荷力的作用。承载式车身不论在安全性还是在稳定性方面都有很大的提高，它具有质量小、高度低、装配容易等优点，大部分轿车采用这种车身结构，如图1.34所示。

图1.34　轿车的车身

1.3.4 电气设备

汽车的电气设备由发电机、蓄电池、起动系统、点火系统以及汽车的照明、信号装置和仪表等组成。我国汽车电气系统的电压等级有12V和24V，均采用直流、单线制和负极搭铁。在现代汽车上越来越多地装用各种电子设备：微处理机、中央计算机系统、卫星导航系统及各种人工智能装置（自诊断、防盗、巡航、防抱死、安全气囊等）等，显著地提高了汽车的性能。

1.4 汽车的主要性能指标和技术参数

1.4.1 汽车的主要性能指标

1. 汽车的动力性

汽车的动力性是指汽车在良好路面上直线行驶时由汽车受到的纵向外力决定的、所能达到的平均行驶速度。

汽车作为一种高效率的运输工具，其运输效率的高低在很大程度上取决于汽车的动力性。汽车的动力性是汽车各种性能中最基本、最重要的性能。

汽车的动力性可以由以下3个指标来衡量。

1）汽车的最高车速

汽车的最高车速是指汽车满载时在水平良好的路面（混凝土或沥青）上所能达到的最高行驶车速。

2）汽车的加速时间

汽车的加速时间表示汽车的加速能力，它对平均行驶车速有很大影响，特别是轿车，对加速时间更为重视。常用原地起步加速时间与超车加速时间来表明汽车的加速能力。原地起步加速时间指汽车由Ⅰ挡或Ⅱ挡起步，并以最大的加速强度（包括选择恰当的换挡时机）逐步换至最高挡后到某一预定的距离或车速所需的时间。轿车常用0～100km/h所需的时间来表明加速能力，也可用加速过程曲线即车速-时间关系曲线全面反映加速能力。

3）汽车的最大爬坡度

汽车的上坡能力是用最大爬坡度表示的。最大爬坡度是指汽车满载时用变速器最低挡位在良好路面上等速行驶所能克服的最大道路坡度。轿车最高车速大，加速时间短，经常在较好的道路上行驶，一般不强调它的爬坡能力；但为了保证其良好的加速能力，发动机功率应较大，故其爬坡能力自然较强。货车要在各种地区的各种道路上行驶，所以必须具有足够的爬坡能力，一般在30%，即16.7°左右。越野汽车要在坏路或无路条件下行驶，因而爬坡能力是它一个很重要的指标，它的最大爬坡度可达60%，即31°左右。

2. 汽车的燃油经济性

在保证动力性的条件下，汽车以尽量少的燃油消耗量完成运输工作的能力，称为汽车的燃油经济性。在汽车运输成本中，燃油费用占有一定比例。燃油经济性好，可以降低汽车的使用费用。

汽车的燃油经济性常用一定运行工况下汽车行驶百公里的燃油消耗量或一定燃油量能

使汽车行驶的里程来衡量。

在我国及欧洲，燃油经济性指标的单位为 L/100km，即汽车每行驶 100km 所消耗的燃油升数。其数值越大，表明汽车的燃油经济性越差。如相同载质(客)量的汽车，百公里油耗数字越小，说明该车的燃油经济性越好。

3. 汽车的制动性

汽车的制动性是汽车的主要性能之一，它直接关系到交通安全。制动时发生的严重侧滑或跑偏、制动距离过长或下长坡时制动稳定性差等常常会造成重大的交通事故。良好的汽车制动性是汽车安全行驶的重要保障。

汽车的制动性是指强制汽车在短距离内减速、停车、控制下坡速度且维持行驶方向的稳定性和保证汽车较长时间停放在斜坡上的能力。前者为汽车的行车制动性能，后者为汽车的驻车制动性能。

汽车的制动性主要由下列 3 方面的指标来评价。

1) 制动效能

制动效能包括汽车的制动距离、制动减速度和制动力。它是指汽车在良好的路面上以一定初速度制动到停车所驶过的距离、制动时汽车的减速度或制动力的大小，是制动性能最基本的评价指标。

2) 制动效能的恒定性

制动效能的恒定性主要是指汽车制动器的抗衰退性能，包括抗热衰退性能和抗水衰退性能。抗热衰退性能是指汽车高速行驶情况下制动或下长坡连续制动时，制动效能保持的程度。因为制动过程实质上是把汽车行驶的动能通过制动器吸收转换为热能，所以造成制动器温度升高，摩擦副摩擦系数下降，摩擦力矩下降，制动力降低，难以保持在冷状态时的制动效能。抗水衰退性能是指汽车在潮湿的情况下或涉水行驶后，制动效能保持的程度。在此情况下，由于制动器表面水膜的作用，造成摩擦系数降低，制动力减小。

3) 制动时汽车行驶的方向稳定性

制动时汽车行驶的方向稳定性是指制动时汽车按给定路径行驶的能力。若制动时发生跑偏、侧滑或失去转向能力，则汽车将偏离原来的路径。

4. 汽车的操纵稳定性

汽车的操纵稳定性是指在驾驶者不感到过分紧张、疲劳的条件下，汽车能遵循驾驶者通过转向系统及转向车轮给定的方向行驶，且当遭遇外界干扰时，汽车能抵抗干扰而保持稳定行驶的能力。

汽车的操纵稳定性包括两个相互关联的部分，即操纵性和稳定性。操纵性是指汽车能够确切地响应驾驶员指令的能力。稳定性是指汽车抵抗改变其行驶方向的各种外界干扰（路面扰动或风扰动），并保持稳定行驶而不失去控制，甚至翻车或侧滑的能力。

5. 汽车的行驶平顺性

汽车的行驶平顺性是指汽车能吸收行驶时所产生的各种冲击和振动的能力，保持汽车在行驶过程中产生的振动和冲击环境对乘员舒适性的影响在一定界限之内。它是评价汽车使用性能的一项重要指标。由于平顺性主要是根据驾驶员的舒适程度来评价的，所以它有时又称为乘坐舒适性。

6. 汽车的通过性

汽车的通过性是指汽车能以足够高的平均车速通过各种无路和坏路地带(如松软地面、凹凸不平地面等)及各种障碍(如陡坡、侧坡、壕沟、台阶、灌木丛、水障等)的能力。根据地面对汽车通过性影响的原因,它又分为支承通过性和几何通过性。

7. 汽车的排放污染物

汽车排放污染主要有3个排放源:一是由发动机排气管排出的发动机燃烧废气,汽油车的主要污染物成分是一氧化碳(CO)、碳氢化合物(HC)、氮氧化合物(NO_x),而柴油车除了这3种有害物外,还排放大量的颗粒物;二是曲轴箱排放物,由发动机在压缩及燃烧过程中未燃的碳氢化合物从燃烧室漏向曲轴箱再排向大气而产生,主要是碳氢化合物;三是燃料蒸发排放物,主要由燃油箱的燃料蒸发而产生。在未加控制时曲轴箱和燃料蒸发排放的碳氢化合物各约占HC总排放量的1/4。

8. 汽车的噪声

随着汽车工业和城市交通的发展,城市汽车拥有量日益增加。各种调查和测量结果表明,城市交通噪声是目前城市环境中最主要的噪声源。因此,在汽车设计和使用中,不仅追求其动力性、经济性等性能,而且也把噪声作为一个重要指标。

与发动机转速有关的噪声源主要有进气噪声、排气噪声、冷却系统风扇噪声和发动机表面辐射噪声。用发动机带动旋转的各种发动机附件(如空气压缩机、发电机等)的噪声,也属此类。与车速有关的噪声源包括传动噪声(变速器、传动轴等)、轮胎噪声和车体产生的空气动力噪声。

为了有效地控制城市交通噪声,我国制定了各种机动车辆的噪声标准,规定了机动车辆的车外、车内噪声的测量方法及限值标准。

1.4.2 汽车的主要技术参数

1. 质量参数

1) 汽车总质量

汽车总质量是指装备齐全时的汽车自身质量与按规定装满客(包括驾驶员)、货时的载质量之和,也称满载质量。

2) 载质量

汽车载质量是指在硬质良好路面上行驶时所允许的额定载质量。当汽车在碎石路面上行驶时,载质量应有所减少。越野汽车的载质量是指越野行驶或土路上行驶的载质量。轿车的载质量以座位数表示。城市客车的载质量等于座位数并包括站立乘客数(一般按人计)。长途客车和旅游客车的载质量等于座位数。

3) 轴荷

轴荷是指汽车满载时各车轴对地面的垂直载荷。

2. 尺寸参数(图1.35~图1.37)

1) 车长

车长是指垂直于车辆纵向对称平面,并分别抵靠在汽车前、后最外端突出部位的两垂面之间的距离。

我国公路车辆的极限尺寸规定的汽车总长为：货车（包括越野车）不大于12m，一般客车不大于12m，铰接式客车不大于18m，牵引车拖带半挂车不大于16.5m，汽车拖带挂车不大于20m。

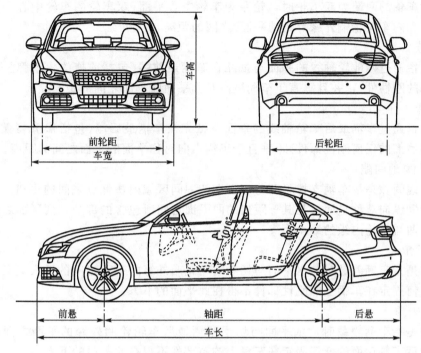

图1.35 汽车的尺寸参数

图1.36 汽车的最小离地间隙

图1.37 接近角和离去角

2）车宽

车宽是指平行于车辆纵向对称平面，并分别抵靠车辆两侧固定突出部位（除后视镜、侧面标志灯、转向指示灯、挠性挡泥板、折叠式踏板、防滑链及轮胎与地面接触部分的变形外）的两平面之间的距离。我国公路车辆的极限尺寸规定车辆总宽不大于2.5m。

3）车高

车高是指车辆没有装载且处于可运行状态时，车辆支撑平面与车辆最高突出部位相抵靠的水平面之间的距离。我国公路车辆的极限尺寸规定车辆总高不大于4m。

4）轴距

轴距是指通过车辆同一侧相邻两车轮的中点，并垂直于车辆纵向对称平面的两垂线之间的距离，对于三轴以上的车辆，其轴距由从最前面至最后面的相邻两车轮之间的轴距分别表示。

5）轮距

汽车车轴的两端为单车轮时，轮距为车轮在车辆支撑平面上留下的轨迹中心线之间的距离。汽车车轴的两端为双车轮时，轮距为车轮中心平面（双车轮的车轮中心平面指外车轮轮辋内缘和内车轮轮辋外缘等距的平面）之间的距离。

6）前悬

前悬是指通过两前轮轴线的垂面与抵靠在车辆最前端（包括前拖钩、车牌及任何固定在车辆前部的刚性件），并且垂直于车辆纵向对称平面的垂面之间的距离。

7）后悬

后悬是指通过车辆最后车轮轴线的垂面与抵靠在车辆最后端（包括牵引装置、车牌及固定在车辆后部的任何刚性部件），垂直于车辆纵向对称平面的垂面之间的距离。

8）最小离地间隙

最小离地间隙是指车辆支撑平面与车辆上的中间区域内最低点之间的距离。中间区域为平行于车辆纵向对称平面且与其等距离的两平面之间所包含的部分，两平面之间的距离为同一轴上两端车轮内缘的最小距离。

9）接近角

接近角是指车辆静载时，水平面与切于前轮轮胎外缘的平面之间的最大夹角。位于前轴前面的任何固定在车辆上的刚性部件不得在此平面的下方。

10）离去角

离去角是指车辆静载时，水平面与切于车辆最后车轮轮胎外缘的平面之间的最大夹角。位于最后车轴后面的任何固定在车辆上的零部件不得在此平面的下方。

11）最小转弯直径

最小转弯直径是指当转向盘转到极限位置时，内、外转向轮的中心平面在车辆支撑平面上的轨迹圆直径。由于转向轮的左右极限转角一般不相等，故有最小左转弯直径与最小右转弯直径之分。

1.5　汽车的使用寿命

汽车在使用或存放闲置的过程中，会逐渐发生损耗而降低其原始价值。汽车在使用中，由于磨损、疲劳、腐蚀、老化等多种原因，其使用性能随着使用年限或行驶里程的增加而逐渐下降，排放污染物则不断上升，到了一定期限后就应报废，这是自然规律。为了提高工作效率，降低使用费用，减少排放污染，必须研究汽车的使用寿命，及时更新现有劣化的车辆，所以，汽车的使用寿命对汽车的鉴定评估工作也具有重要意义。

1.5.1　汽车损耗

汽车的损耗是指汽车在使用或闲置的过程中，由于磨损、疲劳、腐蚀、老化以及政策变化、技术进步等多种原因发生各种损耗而降低价值。汽车的损耗有两种形式，即有形损耗和无形损耗。

1. 汽车的有形损耗

汽车的有形损耗是指其本身实物形态上的损耗，又称物质损耗。它是汽车在存放和使用过程中，由于物理和化学原因而导致车辆实体发生的价值损耗，也即因为自然力的作用而发生的损耗。有形损耗的发生有两种情况。

第一种情况，汽车在使用过程中，由于零部件发生摩擦、冲击、振动、腐蚀、疲劳和日照老化等现象而产生的损耗。这种有形损耗通常表现为汽车零部件的原始尺寸、间隙发生变化，公差配合性质和精度降低；零部件变形，产生裂纹，以致断裂损坏等。这种有形损耗具有一定的规律性，大致可分为3个阶段，如图1.38所示。

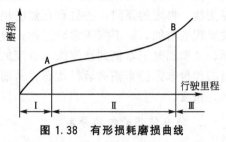

图1.38　有形损耗磨损曲线

第Ⅰ阶段为初期磨损（磨合）期。在这个阶段，汽车的行驶速度不能太高，最好不要满载运行。因为汽车的零部件在加工装配过程中，其相对运动的表面不可避免地具有一定的粗糙度，当相互配合做相对运动时，表面上的凸峰由于摩擦很快被磨平，配合间隙适中。汽车磨合期的长短，各汽车公司都有严格的规定。使用中，要按汽车厂家的规定，跑到磨合期的里程数，必须按时进行首次保养，更换机油，清洗空气滤清器，调整间隙等，使汽车处于最佳状态。

第Ⅱ阶段为正常磨损期。经过磨合后，各零部件配合表面粗糙度提高，润滑油形成油膜的能力增强。磨损量基本随行驶里程的增加而缓慢均匀地增加，也称为自然磨损。这个阶段车主应严格按汽车制造厂家在使用手册中规定的技术要求使用汽车，也就是通常所说的正常使用，尽可能延长其正常磨损阶段。

第Ⅲ阶段是极限磨损期。汽车在行驶过程中，零部件配合副的间隙不断增加，在极限的情况下继续使用，配合副之间产生冲击负荷，油膜不易形成。同时漏油增加，润滑油压力降低，润滑条件恶化，磨损急剧增加。零部件配合间隙很快加大，产生杂声或敲击声，动力性、经济性明显下降，甚至容易出现事故。

第二种情况，汽车在存放闲置过程中，由于自然力的作用而使汽车受到腐蚀、老化或由于管理不善和缺乏必要的养护而使其自然丧失精度和工作能力。这种损耗与闲置时间和保管条件有关。例如，起动用蓄电池在长期闲置中，没有定期进行养护，会使其丧失工作能力而报废。发动机在长期的闲置中，首先应进行封存，或至少每年进行维护保养和发动一次，否则就有可能因缸内锈蚀而影响其使用寿命。

汽车存在着的上述两种损耗形式往往不是以单一形式表现出来，而是共同作用的。其损耗的后果是汽车的使用性能变差，价值降低，到一定程度可使汽车完全丧失使用价值。在经济上，显然会导致汽车使用费用不断上升，经济效益逐步下降。在有形损耗严重时，若不采取措施，会引起行车事故，从而带来极大的经济损失，甚至危及生命。

2. 汽车的无形损耗

汽车的无形损耗是指由于科学技术的进步和发展、国家政策、市场变化等原因而导致的车辆损耗和贬值，包括技术进步、劳动生产率的提高，致使汽车的生产成本下降，导致现有车辆的价值贬值，以及由于科学技术进步，新出现的车辆更加先进，而导致原有的车辆在技术上相对陈旧和落后而产生的贬值。

1.5.2 汽车使用寿命的定义及分类

1. 汽车使用寿命的定义

汽车的使用寿命是指汽车从开始投入使用到被淘汰、报废的整个事件过程。导致汽车被淘汰、报废的原因，主要有自然磨损、疲劳、老化、锈蚀等，使汽车随着使用年限或行驶里程的增加，而不能正常地工作；或因技术进步使得在用车辆的动力性能落后，排放超标，从而加速了车辆到达淘汰、报废的期限。此外，还有因不断地进行保养、维修，用高昂的代价来保持车辆的运行状态，从而使其经济性大幅下降，经济上极不合算，因而被淘汰、报废。

2. 汽车使用寿命的分类

汽车的使用寿命一般可分为自然使用寿命、技术使用寿命和经济使用寿命。其中，经济使用寿命最为人们所关注。

1) 自然使用寿命（物理寿命）

自然使用寿命是指汽车在正常使用条件下，从汽车投入使用开始，因物理和化学的原因而损耗报废的时间。所谓正常使用，是指按汽车制造厂的使用手册或使用说明书所规定的技术规范来使用，如轮胎气压，轮胎换位，发动机正常水温、油温，按规定的时间或行驶里程数保养清洗空气滤清器，不超载等。

自然使用寿命通常受有形损耗的影响。引起汽车有形损耗的原因有很多，如前述的摩擦、疲劳、腐蚀、冲击、振动、日照老化和锈蚀等。

由于汽车的结构复杂，在使用中，往往同时受到多种损耗的作用，致使汽车的主要机件达到技术极限而不能继续使用。显然，汽车的自然使用寿命主要取决于各部件、总成的设计制造水平，以及正确的使用、合理的养护和维修。汽车达到自然使用寿命时，应及时报废，其零部件也不能再做备件使用。需强调的是，不正确的使用、不良的维修和维护，会缩短汽车的自然使用寿命；反之，则可延长其自然使用寿命。

2) 技术使用寿命

技术使用寿命是指汽车从投入使用到因技术落后而被淘汰所经历的时间。前面把汽车的自然使用寿命归于受有形损耗的影响，汽车除受到有形损耗的影响外，还要受到无形损耗的影响。所以汽车的技术使用寿命主要是受无形损耗的影响。

由于科学技术的进步，汽车制造厂商们不断地生产制造出性能更先进、更完善、工作效率更高的新车型，致使原有车型的价格降低或者是生产制造同样结构和功能的车型，因设计水平、制造技术、生产工艺水平的提高，生产规模的扩大，原材料价格的降低等原因，其成本不断降低，从而引起原有车型贬值，而被淘汰出局。化油器车被淘汰，就是最好的实例。

3) 经济使用寿命

经济使用寿命是指汽车从投入使用到因继续使用不经济、成本较高而退出使用所经历的时间。经济使用寿命受到有形损耗和无形损耗的共同影响。

汽车到了自然使用寿命的后期，由于汽车的不断老化，必须支出的维修费用、能源损耗费用越来越高。根据汽车的使用费用和能耗费用等决定其更新周期，即为汽车的经济使用寿命。汽车的经济使用寿命应是汽车经济效益最佳的时期。

有关资料表明,在一辆汽车的整个使用期内,汽车的制造费用平均约占其整个使用费用的15%左右,而汽车的使用、维修费用则占总费用的85%左右。业内人士认为,若购买一辆10万元的汽车,将该车使用到报废,则还需要花费至少20万元的费用。所以,现代汽车经济使用寿命的长短,很重要一点是在汽车设计制造时,就应充分考虑到今后可能达到的使用维修费用。如果汽车能在整个使用期间内,保持使用费用、维修费用较低,则其经济使用寿命就较长,否则,就要缩短。

1.5.3 汽车经济使用寿命的量标与估算

1. 汽车经济使用寿命的量标

汽车是否能够继续使用或需及时更新应以经济使用寿命为依据。

1) 规定使用年限

规定使用年限是指从汽车投入运行到报废的年数。用其作为经济使用寿命的量标,除考虑了运行的时间外,还考虑了汽车停驶闲置期间的自然损耗。这种计量方法虽然较简单,但未真实反映出汽车的使用强度和使用条件对寿命的影响,造成同年限的汽车差异较大。例如,两辆同型号的汽车,一辆每天运行8小时,另一辆每天只运行2小时,其使用强度相差很大,但规定使用年限是一样的。

2) 行驶里程

行驶里程是指汽车从开始投入运行到报废,这期间累计行驶的里程数。用其作为汽车使用寿命的量标,比较客观地反映了汽车的使用强度,但它也不能反映汽车使用条件的影响,也未考虑停驶闲置期间的自然损耗。例如,有的汽车常年在大、中城市行驶,道路全为铺设路面,而有的汽车则长期在山区、边远地区行驶,道路条件较差。使用行驶里程这个量标,就没有考虑这种差异。

应该说,汽车累计行驶里程数是考核汽车各项技术性能指标的重要参数,是一个很实用、很实际的量标,充分反映了汽车使用强度的大小。汽车使用性质不同,同年限的汽车其累计行驶里程数相差是很大的。一般来说,同年限的专业运输车辆,行驶里程数较大。

在二手车的评估中,车主往往在里程表上做手脚,把行驶里程数改小,以便卖个好价钱,这在国内外都是屡见不鲜的。所以,行驶里程数的可信度受到质疑。鉴定评估人员应结合车况和使用年限作出正确的判断,防止上当受骗,不让消费者吃亏,这是鉴定评估师的职责。

3) 使用(折算)年限

使用年限是把汽车总的行驶里程数除以年平均行驶里程数所得的年限数,其计算公式为:

$$T_{折} = L_{总} / L_{年} \tag{1-1}$$

式中　$T_{折}$——折算年限(年);

　　　$L_{总}$——总的累计行驶里程(km);

　　　$L_{年}$——年平均行驶里程(km)。

利用式(1-1)计算出来的使用年限既反映了车辆的使用情况、使用强度,又包括了运行条件和某些停驶闲置较长汽车的自然损耗,还反映了管理水平、维护水平等,是一个很好的量标。

年平均行驶里程是用统计方法确定的,与汽车的使用性质和技术状况等因素有关。根据有关资料介绍,我国城市和市郊运输车辆年平均行驶里程一般在4万km左右;长途货运车辆为5万km左右;个体运输车辆则约为3万km;私家生活用车约2万km,公务、商务用车约为3.5万km;出租车高的达12万km,低的也有9万km,平均约为10万km。

对于营运车辆在使用过程中,由于车辆的技术状况、平均技术速度和道路条件等因素的不同,年平均行驶里程的差异较大,但车辆的年平均使用强度基本相同。因此,按折算年限基本上可以在全国范围内取得统一指标。这对于社会专业运输和社会零散使用车辆也是适用的。但由于使用强度相差太大,年平均行驶里程也不相同,其使用年限也不相同。社会零散车辆的管理水平、使用水平、维修水平一般都比较低,所以这些车辆又不能按专业运输车辆的指标要求,应相对于专业运输企业车辆的使用寿命进行适当的修正。

对我国来说,采用使用年限这个量标比采用行驶里程更为合理些,因为我国地域辽阔,幅员广大,地理、气候、道路条件差异较大,管理水平也有高有低。有些省市,即使是相同的年限,而车辆总行驶里程有长有短,车辆技术状况也大不相同,为此采用使用年限作为主要考核指标更为确切。

4) 大修次数

一些专业运输部门除了使用行驶里程这个量标外,还用大修次数作为量标。大修是指汽车在使用中,当动力性和经济性指标下降到一定程度后,已无法用正常的维修和小修的办法使其恢复正常的技术情况时,就要进行大修。在我国,汽车大修有严格的报修标准,未达到大修标准的,不得随意进行大修。相反,已达到大修标准的汽车,必须进行大修,以防发生交通事故,造成人员的生命和财产的损失。

从经济使用寿命来衡量,汽车报废前,截止到第几次大修最为经济,这就要权衡买新车的费用,加旧车未折旧完的损失和本次大修的费用,再加上经营费用的损失,来预测截止到该次大修最为经济合算。否则,就应报废更新车辆。

2. 汽车经济使用寿命的估算

汽车是一种十分复杂的产品,由许多结构、材料不同的零部件组成,这些不同的零部件在使用中,所受到的作用力、循环应力、工作温度、振动、冲击等都不一样。存在着相对运动的零部件,会有疲劳损伤,就受疲劳寿命的影响;处于高温状态下工作的零部件,就要受到蠕变寿命的影响。总之,情况比较复杂,不能一个零件一个零件来计算其经济寿命,而应讨论整个汽车的经济使用寿命。

在评估中,对经济使用寿命的估算,目前有两种观点。一种认为经济使用寿命期是指汽车从开始使用到其年平均费用最小的年限,使用年限超过这个年限,年使用平均费用又将上升。所以,把平均使用费用最小的那个年限,定为经济使用寿命期。汽车使用到经济使用寿命期的年限进行更新最为经济。

另一种观点认为,经济使用寿命期的长短不能单看平均使用寿命的高低,而是要以使用时获得总收益的大小来定。也就是要根据获得年均最大收益的时间来决定其经济使用寿命期。

根据上述两种观点,均可以求出汽车经济使用寿命。常用的方法有最大收益法,最小平均费用法和低劣化数值法。由于最大收益法在计算上较复杂,为实用起见,现只介绍最小平均费用法和低劣化数值法。

1) 最小平均费用法

平均费用即平均使用成本或开支,一般由年均维修费用和年均折旧费用组成。计算公式如下。

$$C_T = \frac{\Sigma V + \Sigma B}{T} \tag{1-2}$$

式中　C_T——T 年的平均费用,即 T 年的年均使用成本(元);

　　　ΣV——累计运行中的维修费用(元);

　　　ΣB——累计折旧费用(元);

　　　T——使用年数(年)。

汽车每年的平均费用,在一般情况下,随着使用年限的增长,年均维修费用增加,而年均折旧费用下降。可把平均费用 C_T 最小的那个年份作为最佳的更新期,也就是汽车的经济使用寿命。

【例 1-1】　现购得一微型轿车,原值 4.0 万元。每年的运行维修费用和折旧后的每年净值见表 1-10。试计算其最佳更新期,即经济使用寿命期。

表 1-10　该车年运行维修费用和折旧后的年净值

费用/万元＼使用年数 T/年	1	2	3	4	5	6	7	8	9	10
运行维修费用	0.5	0.6	0.7	0.8	0.9	1.2	1.4	1.6	1.8	2
净值	3	2.2	1.6	1.2	0.8	0.6	0.4	0.2	0.1	0

根据表 1-10 数据按最小平均费用法进行计算,结果见表 1-11。

表 1-11　按最小平均费用法计算使用寿命期

费用/万元＼使用年数 T/年	1	2	3	4	5	6	7	8	9	10
累计维修费用 ΣV	0.5	1.1	1.8	2.6	3.5	4.7	6.1	7.7	9.5	11.5
累计折旧费用 ΣB	1.0	1.8	2.4	2.8	3.2	3.4	3.6	3.8	3.9	4.0
总使用成本 $\Sigma V + \Sigma B$	1.5	2.9	4.2	5.4	6.7	8.1	9.7	11.5	13.4	15.5
年均费用 C_T	1.5	1.45	1.4	1.35	1.34	1.35	1.38	1.43	1.49	1.55

从表 1-11 的计算结果可以看出,平均使用费用最低为 C_5 = 1.34 万元。故这辆汽车最佳使用期限为 5 年。若再继续使用下去平均费用 C_T 就又上升了。若使用到 7 年以上,就很不经济了。所以,其更新的最佳期限是 5 年,退一步讲,最好不要超过 7 年。工业发达国家一般 5 年左右更新一代车是有一定道理的。

2) 低劣化数值法

汽车随着使用年限的增长,有形损耗和无形损耗都不断加剧,运行维修费用应相应加大,这就是汽车运行成本低劣化现象。若能按统计资料预测到这种低劣化程度,则可能在汽车使用早期就可预测其最佳更新期。

假定汽车的原始价值为 K，其使用年限为 T，则每年费用为 K/T。由于使用中，汽车性能逐年低劣化，从而导致运行费用每年以 λ 的数值增加。T 年后其残值为 Q。则汽车最佳使用期计算如下。

因低劣化值在汽车使用的第一年末为 λ，第二年末为 2λ，……，第 T 年末为 $T\lambda$。逐年低劣化值为 λ 的等差级数。其 T 年的平均低劣化值为：

$$\frac{\lambda+2\lambda+\cdots+T\lambda}{T}=\frac{(T+1)\lambda}{2} \tag{1-3}$$

则年平均费用 C_T 为：

$$C_T=\frac{K-Q}{T}+\frac{(T+1)\lambda}{2} \tag{1-4}$$

对式(1-4)可用求极值的方法使年平均费用为最小，也就是将式(1-4)对时间 T 求一阶导数，并令其等于零，即可求出 $C_{T\min}$ 值。此值就为汽车的最佳更新期，也就是其经济使用寿命期。

若 Q 为常数，对式(1-4)求导，并令其等于零，即令 $\dfrac{dC}{dT}=0$，则有：

$$\frac{dC}{dT}=-\frac{K-Q}{T^2}+\frac{\lambda}{2}=0$$

解得

$$T=\sqrt{\frac{2(K-Q)}{\lambda}} \tag{1-5}$$

式中　T——汽车最佳使用年份数(年)；

　　　K——汽车原值(元)；

　　　Q——汽车使用 T 年后的残值(元)；

　　　λ——低劣化值。

若不计残值，即令 $Q=0$，则式(1-5)变化为

$$T=\sqrt{\frac{2K}{\lambda}} \tag{1-6}$$

式(1-6)就是计算汽车最佳更新期的公式。现仍用例1-1的微型轿车为例进行其经济使用寿命的估算。

【例1-2】 上例微型轿车原值 K 为4.0万元，残值 Q 为0。假设每年运行费用增加值 λ 为0.3万元，求该微型轿车最佳更新期，即经济使用寿命。

解：该车的最佳更新期用式(1-6)计算为：

$$T=\sqrt{\frac{2K}{\lambda}}=\sqrt{\frac{2\times 0.4}{0.3}}=5.16(年)$$

上述两例均未考虑各年费用的时间价值，若要考虑费用的时间价值，就需要进行折现计算，其结果较不考虑时间因素的计算结果要延长一点。

3. 影响汽车经济使用寿命的因素

1) 汽车有形损耗的使用成本

影响汽车经济使用寿命的因素很多，首先是汽车的损耗，这里仅将与有形损耗相关的汽车使用成本作出分析。

(1) 汽车使用成本的构成。汽车的使用成本主要包括燃料费用、维护小修费用、大修

费用、折旧费用、轮胎费用、驾驶员工资、管理费用、各种规费、其他费用。

(2) 汽车使用成本的计算。汽车损耗的计算公式是：

$$C = C_1 + C_2 + C_3 + C_4 + C_5 + C_6 + C_7 + C_8 + C_9 \tag{1-7}$$

式中　　C——汽车损耗；
　　　　C_1——燃料费用；
　　　　C_2——维护小修费用；
　　　　C_3——大修费用；
　　　　C_4——折旧费用；
　　　　C_5——轮胎费用；
　　　　C_6——驾驶员工资；
　　　　C_7——管理费用；
　　　　C_8——各种规费；
　　　　C_9——其他费用。

式中的 $C_5 \sim C_9$ 是与汽车经济使用寿命无关的费用因素。当政策性规定折旧年限确定后，C_4 基本上是一个常数。所以，只有 C_1、C_2、C_3 三项费用是随汽车行驶里程或使用年限的增长、技术状况的下降而增加的。故只对与汽车经济使用寿命有关的因素 C_1、C_2、C_3 进行分析。

① 燃料费用。汽车随着行驶里程的增加，磨损加剧，技术状态逐渐变差，主要性能也逐渐下降，燃料和润滑油料消耗不断上升，费用自然就会加大，经济效益变差。

② 维修费用。维修费用是指汽车在使用过程中，各级维护费用及日常小维修费用的总和，主要是维修过程中，实际消耗的工时费、材料费。维修费用也随车辆行驶里程的增加而增加，其变化关系基本上是线性关系。其数学表达式为：

$$C_2 = a + bL \tag{1-8}$$

式中　　C_2——维修费用（元）；
　　　　a——初始维修费用（元）；
　　　　b——维修费用增长强度系数；
　　　　L——累计行驶里程（km）。

对维修费用影响较大的是增长强度系数 b 的值，b 值是此直线的斜率。b 值越大，维修费用增长越快。一般来说，不同的车型和不同的使用性质，其 b 值是不相同的。b 值是确定汽车经济使用寿命的主要依据之一。

③ 大修费用。在国外，家用轿车占汽车保有量的 75%，3~5 年就更新一次，一般的小故障经保养和小修就排除了，到不了大修的程度；专门的运输车辆淘汰的频率也比较高，一般也较少大修。但在我国，汽车进行大修是一件极普通的事情。

但我国对汽车大修条件是有严格规定的，不是随意能大修的。例如，客车大修的送修标准为：以车厢为主，结合发动机达到大修条件，则可送大修。货车以发动机为主，结合车架或其他两个符合大修条件，则可送大修。各总成大修也有具体的技术条件规定。例如，发动机送大修的条件是：汽油机气缸磨损，其圆柱度达到 0.175~0.250mm（柴油机达 0.25mm），或圆柱度误差虽未到上述限值，但其圆度误差已达 0.05~0.063mm。还有，发动机最大功率较额定功率已降低 25% 以上，或缸压达不到额定缸压的 75%（在发动机走热到冷却液温度为 70℃ 以上、转速为 100～150r/min 时测量），必须送大修。燃油和机油消耗显著增加，则可送大修。私家生活用车可参考大修标准，自行决定是否进行大修。

大修的费用根据统计表明，新车第一次大修，其费用均为原车价值的 10％ 左右。以后的大修费用会逐渐增加，大修频率也会逐渐加大。

2）汽车的使用强度

汽车的使用强度与汽车的使用性质有很大关系。不同的使用性质，使用强度相差很大。一般来说私家生活用车不仅维护保养较好，而且年平均行驶里程数较小；相反，营运性车辆，年平均行驶里程数就很大，使用强度也很大；而公务、商务用车，则介于上述两者之间，使用强度一般。

汽车的使用强度与使用部门有关。交通运输部门、专门从事运输生产车辆，使用条件复杂，使用强度较大，但车辆维修水平也较高。这部分车辆主要指的是客、货运输车辆。特别是货车，为了提高劳动生产率，通常带有拖挂车，实载率较高，甚至超载。这些车辆一般很少进入二手车流通领域，运输单位通常用到报废为止。城市公共交通车辆也是从"生"到"死"常年服役，不参与二手车市场交易。

城市出租车，其使用强度极大，车辆机件磨损上升速率很快，大大影响车辆的使用寿命。而且这些车辆的管理、使用、维修水平差异很大，有少数出租车公司对于车况疏于管理，大多数出租车实行昼夜两班制。出租车进入二手车市场的不少，对于其车况，在评估中需特别注意。

还有一些机关、企事业单位的公务、商务用车，这些车辆一般没有专业的管理机构和维修基地，使用情况也存在较大差异。这些车辆进入二手车市场的较多。政府有关部门的公务用车更换后，均需进入二手车市场。评估时应注意考虑其实际技术状况，了解其使用维修情况。一般来说，这些车辆使用强度不大，车况也较好。

3）汽车的使用条件

我国地域辽阔，各地区除自然条件差别很大外，道路条件的差别也极大。道路条件对汽车使用寿命的影响较大。对汽车使用寿命有较大影响的道路条件主要是道路等级和路面情况两个因素。我国道路分为五个等级：高速公路、一级公路、二级公路、三级公路、四级公路。

高速公路具有特别的经济意义。我国高速公路发展极快，专供汽车分道高速行驶，一般时速均在 100km 以上，采用全立交、全封闭形式。一、二级公路多为大、中城市的铺设路面，或者是连接重要经济中心之间专供汽车行驶的道路。三级公路主要是用来沟通县级以上城市的干线公路。四级公路主要是为沟通县、乡、村等的支线公路。

目前，我国已经实施"社会主义新农村建设"，改善农村经济，提高其发展水平。实施"要想富，先修路"的村村通公路的规划。我国广大农村的交通条件已经得到极大改善，也给汽车使用寿命的提高带来极大的影响。

此外，一些特殊的自然、地理条件也给汽车的使用寿命带来不利影响，如高寒地区、沿海、沙漠、高原、山区等。

4）国家能源、环保政策

国家能源、环保政策的主要影响是缩短汽车的使用寿命。这些政策限制了耗能多、排放不达标的汽车的使用，或使其提前报废，也增加年检次数，提高了汽车使用成本。

1.6 汽车报废标准

为保障道路交通和人民群众生命财产安全,鼓励技术进步,加快建设资源节约型、环境友好型社会,促进汽车消费,发展我国的汽车工业。1997年,我国不但颁布了《汽车报废标准》,而且经过多次修改(见附录一)。规定根据机动车使用和安全技术、排放检验状况,国家对达到报废条件的机动车实施强制报废,对达到一定行驶里程的机动车鼓励报废。《汽车报废标准》包括两个规定指标:一是汽车累计的行驶里程数;二是规定汽车的使用年限。机动车在两个指标中达到一个指标就应该报废。

1. 强制报废的规定

凡在我国境内注册登记的机动车,属下列情况之一的应强制报废。
(1) 达到使用年限的。
(2) 经修理和调整仍不符合机动车国家安全技术标准的要求。
(3) 经修理和调整或者采用排放控制技术后,排气污染物及噪声不符合在用机动车排放国家标准的。
(4) 因故损坏,车辆发动机、车架(或承载式车身)需要更换的。
(5) 因故损坏,车辆发动机、车架(或承载式车身)之一需要更换,且变速器总成、驱动桥总成、非驱动桥总成、转向系统、前悬架、后悬架中3个或3个以上总成需要更换的。
(6) 在一个机动车安全技术检验周期内连续3次检验不合格的。
(7) 在检验合格有效期届满后,连续两个机动车安全技术检验周期内未参加检验或者未取得机动车检验合格标志的。

2. 机动车报废里程

(1) 轻、微型载货汽车(含越野型),矿山作业专用车累计行驶30万km。
(2) 重、中型载货汽车(含越野型)累计行驶40万km。
(3) 特大、大、中、轻、微型客车(含越野型)、轿车累计行驶50万km。
(4) 其他车辆累计行驶45万km。

3. 机动车规定使用年限

(1) 一般非营运9座以下(含9座)的载客汽车,规定使用年限为15年。
(2) 旅游载客汽车和9座以上的非营运性载客汽车,规定使用年限为10年。
(3) 载货汽车(不带拖挂)规定使用年限10年。
(4) 出租汽车规定使用年限为8年,但北京规定排量小于1.1L(含1.1L)的出租车、小公共汽车,规定使用年限为6年。
(5) 对于带拖挂的载货汽车、矿山专用汽车,规定使用年限为8年,不考虑延长报废的年限。

上述车辆达到报废年限后需继续使用的,必须依据国家机动车安全、污染物排放有关规定进行严格检验,检验合格后可延长使用年限。但旅游载客汽车和9座以上非营运载客汽车可延长使用年限最长不超过 10 年。对延长使用年限的车辆,应当按照公安交通管理部门和环境保护部门的规定,增加检验次数。一个检验周期内连续 3 次检验不符合要求的,应注销登记,不允许再上路行驶。汽车报废年限见表 1-12。

表 1-12 汽车报废年限表

车型		报废年限	可否延缓	最高可延	强制报废年限	依据
非营运客车	9 座以下(含)	15	可	不限		《关于调整汽车报废标准若干规定的通知》(国经贸资源〔2000〕1202 号)
	9 座以上	10	可	10	20 年	
旅游客车		10	可	10	20 年	
营运(非出租)客车		10	可	5	15 年	汽车报废标准(1997 年修订)(国经贸经〔1997〕456 号)
轻型载货汽车,重型载货汽车		10	可	5	15 年	
微型载货汽车、19 座以下出租车		8	否	—	8 年	《关于调整轻型载货汽车报废标准的通知》(国经贸经〔1998〕407 号)
20 座以上出租车		8	可	4	12 年	

4. 关于汽车报废标准的新规定

为保障道路交通安全,鼓励技术进步,加快建设资源节约型、环境友好型社会,根据《中华人民共和国道路交通安全法》及其实施条例、《中华人民共和国大气污染防治法》、《中华人民共和国环境噪声污染防治法》,2011 年,商务部制定了《机动车强制报废标准规定(征求意见稿)》,具体内容见附录一(四)。

习 题

一、选择题

1. 捷达轿车装用 1.6L 发动机,它属于( )。
   A. 中级轿车　　　B. 中高级轿车　　　C. 微型轿车　　　D. 普通级轿车
2. 4×2 型汽车的驱动轮数为( )。
   A. 6　　　　　　B. 2　　　　　　　C. 8　　　　　　D. 4
3. 一辆轿车的 VIN 代码是 JNKRA25D6YW113728,其年款代码表示的年份是( )。
   A. 1999 年　　　B. 1997 年　　　　C. 2000 年　　　D. 1998 年
4. 某汽车型号 CA1091,其车辆类别代号和主参数的含义为( )。
   A. 货车总质量 9 吨　　　　　　　　B. 货车载重量 9 吨
   C. 越野车自重 9 吨　　　　　　　　D. 越野车总质量 9 吨
5. 汽车的经济使用寿命的量标——规定使用年限是汽车从投入运行到报废的年数,没有考虑( )。
   A. 使用条件和使用强度　　　　　　B. 使用状况
   C. 运行时间　　　　　　　　　　　D. 闲置时间的自然损耗
6. 二手车的技术状态受使用强度的直接影响,一般来说,下列哪种使用性质的车辆,

使用强度较大。（　　）

  A. 单位员工班车　　B. 私人生活用车　　C. 公务用车　　D. 专业货运车辆

7. 根据我国政府有关部门颁布的《汽车报废标准》，9座以下（含9座）的私人生活用车，使用年限为(　　)。

  A. 10年　　　　　B. 15年　　　　　C. 12年　　　　　D. 8年

8. 发动机四行程中产生动力的行程是(　　)行程。

  A. 做功　　　　　B. 进气　　　　　C. 压缩　　　　　D. 排气

9. 体现发动机经济性能指标的是(　　)。

  A. 燃油消耗率 g/kw·h　　　　　B. 百公里耗油 L/100km

  C. 耗油量 kg/h　　　　　　　　D. 百公里耗油和耗油量

参考答案：1. D；2. B；3. C；4. A；5. A；6. D；7. B；8. A；9. A。

二、问答题

1. 什么是汽车的有形损耗和无形损耗？
2. 简述汽车的主要性能指标。
3. 汽车内燃机的总体结构由哪些部分组成？
4. 简述曲柄连杆机构的功能及组成。
5. 简述润滑系统的基本功能和组成。
6. 简述汽车底盘的功能和组成。
7. 简述汽车机械传动系统的功能和组成。
8. 简述汽车行驶系统的功能和组成。

第 2 章
二手车及二手车市场

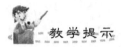 教学提示

本章简明扼要地介绍了二手车及二手车市场的相关基础知识,为后面的学习奠定一定基础,本章作为一般了解内容。

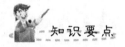 知识要点

本章介绍了二手车及二手市场的相关基础知识,主要包括以下几个方面。
1. 二手车的定义;
2. 二手车市场概述;
3. 二手车市场的发展;
4. 二手车在汽车后市场中的地位。

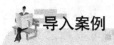

导入案例

CarMax 公司简介

CarMax 是美国最大的二手车零售连锁公司，作为一种全新的商业模式，创立于 1993 年。在 CarMax 每一家零售店里（大店，标准店及卫星店），人们都可以找到许多不同的车型和款式，它们明码标价、带有车辆认证的身份证以及可供多种选择的车辆质保，"就像走进任何一个沃尔玛、星巴克或麦当劳，每个 CarMax 店给人们的感受都是一样的：其模式、方法、布置和服务如出一辙"。一般的旧车经纪商只有 30 辆车的库存，而 CarMax 的营业场所有 1 500 辆。这样，顾客就很容易比较厂牌和车型。近几年来，在美国这个汽车饱和甚至销量下降的国度，CarMax 仍保持了每年 15% 的增长量，店面数量在 2009 年创纪录地达到了 100 家。CarMax 在 2008 年卖出了 39 万辆车，销售额高达 82 亿美元，作为世界唯一的一个二手车流通企业跻身美国财富 500 强。

巴菲特自 2007 年第三季度开始买入该公司股票并达到了 15%，这是 CarMax 所允许的最大持股限额。据称，这是巴菲特在全球汽车及汽车流通相关领域唯一的一笔投资。

巴菲特

2.1 二 手 车

2.1.1 二手车的定义

二手车，英文为"second hand vehicle"，意为"第二手的汽车"，在中国原来称为"旧机动车"，在日本常称为"中古车"。二手车的定义直接关系到所涉及车辆的范围，在某种程度上也关系到二手车评估体系的科学性和市场交易的规范性，所以有必要给出明确的定义。

2005 年 10 月 1 日，由商务部、公安部、工商总局、税务总局联合发布的《二手车流通管理办法》（见附录二）的第二条给出了二手车的定义。所谓二手车，是指从办理完注册登记手续到达到国家强制报废标准之前进行交易且转移所有权的汽车(包括三轮汽车、低速载货汽车，即原农用运输车)、挂车和摩托车。

《二手车流通管理办法》取代了 1998 年出台的《机动车交易管理办法》，在《二手车流通管理办法》出台之前，国家的正式文件上一直没有出现过"二手车"的字样，有的只是"旧机动车"。虽然它们的内涵基本相同，只是提法上的差异，但"旧机动车"让人感觉车辆很破旧，从而在一定程度上影响人们的消费情绪，实际上现在很多七八成新的汽车也流入二手车市场，所以"二手车"在提法上更中性、更通俗易懂，同时也与国际惯例接轨。

所以，二手车并不一定是旧车。从二手车定义方面的剖析可以发现，其本质上强调的是一种所有权的关系，只要所有权发生转移或将要转移，此时的车辆都可以称之为二手车，而与车辆本身的新旧等状况无关。

> **新车也能成为二手车**
>
> 在国外，不少国家对新车销售年限有严格的规定，比如国外生产600万辆新车，卖掉了500万辆，剩下的100万辆，过了规定的一两年销售时间就不能再进入新车的渠道销售，这些车就进入拍卖市场，也就归入二手车一族了，但这一点在我国法律法规中并没有相应的规定。

2.1.2 二手车产生的原因

任何事物的发展，除了内在的需求，都需要一个庞大的外界环境做基础，二手车的发展也不例外，车源充足，消费者需求旺盛是二手车市场兴旺发达的最主要的条件。现时除去主要原因，还有一些其他情况的存在。

1. 消费心理——喜新厌旧

阿尔弗雷德·斯隆（Alfred P. Sloan，1875～1966年）是美国企业家，通用汽车公司的第八任总裁，提出了著名的"销售四原则"，即"分期付款、旧车折价、年年换代、密封车身"4条销售原则。斯隆"销售四原则"中的"年年换代"其实是为了满足消费者喜新厌旧的消费心理。

二手车交易市场买卖双方的需求不同，心理动机自然也不一样，他们都有各自的生活、经济背景，作为卖者，为满足自尊和显耀心理，肯定要换成档次更高的名牌车，以象征自己的名誉、地位和个人能力。而二手车的买家，则是要求实用、方便、便宜等，因此更加重视车辆的物美价廉。双方心理虽然各有不同，但有一点是相同的，即汽车不再是一种单纯的交通运输工具，同时还是人们地位与财富的象征。并且，那种超前消费，今天花明天甚至后天的钱的观念，越来越被广大百姓所接受，再加上方便的车贷服务，都对汽车消费市场起了"推波助澜"的作用。

进入21世纪后，我国人均收入不断地增长，富裕人群增多。在深圳、广州、上海、北京、浙江等城市和地区，形成了一个较大的高收入阶层，他们已经成为稳定的汽车消费群体，从而推动我国换车消费逐年升温。

2. 消费观念——不太成熟

尽管经历了长时间的市场经济，尽管消费者的理性消费程度有所提升，但总体来讲还不太成熟，总有一部分人过分的自尊，求新或显耀心理作祟，过分追求时髦、盲目攀比，购车时考虑不周，对车辆缺乏全面了解，冲动消费。结果在使用后，发现乘坐并不舒适，存在车内空间小、动力不足、提速慢、油耗高等问题，就想处置现有车辆，从而就将该车流入了二手车市场。或者看到同学、同事或邻居都买了新车，不想比人差，结果产生了买一辆更高档的车的想法。但殊不知，车的档次越高，使用费用也越高，即便不用，车辆也会存在贬值。

3. 车主收支——失去平衡

无论是国内还是国外，许多车主都是通过银行贷款购车。由于各种原因，如车辆的档次较高，车价高，每月还贷超出车主的实际承受能力，难于还贷；或者车主买车时，只考虑到买车的钱，未考虑使用过程中各项规费及维护保养等各项支出，使用中，发现超出自己的支付能力，这样手中的车就可能成为欲出售的二手车。

4. 汽车产权——发生变动

在企业或公司进行合并、合资、合作、兼并、联营、企业分设、企业出售、股份经营、租赁、破产时，也有可能产生欲出售的车辆，这些欲出售的机动车辆也是二手车的重要来源。此外，国家各政府部门配备的公务用车数量较大，均为中、高档车。由于各种原因，需要更换的时候，这些公务用车也进入二手车市场，但多半以拍卖的方式出售。或者当个人由于资金困难的时候，需要将"爱车"抵押或典当来进行融资。当抵押人不能履行合同的义务时，抵押权人有权将抵押车辆根据合同的有关条款，在法律允许范围内，将抵押车辆变卖，从变卖的价款中优先受偿。而这些欲变卖的车辆，也是二手车的一个重要来源。

2.2 二手车市场概述

二手车市场，广义上讲，就是指整个二手车产业，包括二手车流通过程中的经营行为、交易方式、数据统计、整体发展形势与汽车产业乃至整个经济发展的关系等方面。狭义上讲，二手车市场是机动车商品二次流动的场所，即二手车交易市场，它具有中介服务商和商品经营者的双重属性。

2.2.1 二手车交易市场

《二手车流通管理办法》指出二手车交易是指买主和卖主进行二手车商品交换和产权交易。由于政府对机动车实行严格的管理，二手车产权只能在二手车交易市场中进行交易、转换。因而，为满足二手车的产权流动而建立的二手车产权交易市场，其主要业务就是接受产权交易双方委托并撮合成交，以及对二手车交易及产权转换的合法性进行审查。我国各大中城市都有很多个满足这样需求的二手车交易市场，例如北京的花乡二手车市场、上海的曹安路二手车市场、长春的华港二手车市场等。

具体而言，二手车交易市场的功能有：二手车鉴定评估、收购、销售、寄售、代购代销、租赁、置换、拍卖、检测维修、配件供应、美容装饰、售后服务，以及为客户提供过户、转籍、上牌、保险等服务。此外，二手车交易市场还应严格按国家有关法律、法规审查二手车交易的合法性，坚决杜绝盗抢车、走私车、非法拼装车和证照与税费凭证不全的车辆上市交易。

随着二手车交易市场的发展，目前在我国已经有多种二手车交易市场形式，常见的有二手车交易市场、二手车经营公司、二手车置换公司、二手车经纪公司和经纪人等。但二手车经纪公司和经纪人只能在二手车交易市场中进行二手车的撮合成交。

2.2.2 二手车经营主体

《二手车流通管理办法》中总则的第三条规定，二手车经营主体是指经工商行政管理部门依法登记，从事二手车经销、拍卖、经纪、鉴定评估的企业。

在这一界定之前，二手车交易主体只有经国家审批合格的二手车交易市场，经营主体单一，这样就人为地造成了新车市场与二手车市场的相互分离，从而影响和制约了二手车及新车市场的发展。新的《二手车流通管理办法》实现了二手车经营主体的多元化，对拓展流通渠道，扩大二手车市场将起到积极的促进作用。引入新的经营主体有助于促进二手车交易市场规范运作，形成竞争格局，提高服务水平。

2.2.3 二手车经营行为

《二手车流通管理办法》对二手车经营行为相关概念进行了如下界定。

（1）二手车经营行为：二手车经销、拍卖、经纪、鉴定评估等。

（2）二手车经销：二手车经销企业收购、销售二手车的经营活动。

（3）二手车拍卖：二手车拍卖企业以公开竞价的形式将二手车转让给最高应价者的经营活动。

（4）二手车经纪：二手车经纪机构以收取佣金为目的，为促成他人交易二手车而从事居间、行纪或者代理等经营活动。

（5）二手车鉴定评估：二手车鉴定评估机构对二手车技术状况及其价值进行鉴定评估的经营活动。

居间是指居间人向委托人报告订立合同的机会或者提供订立合同的媒介服务，委托人支付报酬的一种制度。居间人是为委托人与第三人进行民事法律行为报告信息机会或提供媒介联系的中间人。

行纪（hang ji）是指经纪机构受委托人的委托，以自己的名义与第三方进行交易，并承担规定的法律责任的商业行为。

2.3 二手车市场的发展

2.3.1 国外二手车市场的发展

国外一些发达国家由于汽车工业发展水平高，汽车贸易起步早，使得车辆的更新率较高，这就使得二手车贸易也相应地起步较早，在一些国家，二手车贸易的发展已经较为成熟。其中，美国、德国、日本这些国家的二手车交易量较大，相关政策法规也已较健全、完善。另外，澳大利亚、新西兰这两个国家的二手车贸易也相当普遍。他们的二手车经销企业的资格审批由政府部门来管理，对于进口二手车都有严格的质量标准和修复行驶的标准及具体的检测措施。在这些国家二手车贸易十分活跃，办理手续简便快捷，有很强的售后服务理念，并且交通法、车辆管理法、道路安全法等法律法规都比较完善。所以，国外的二手车市场的信息不对称度已处在了一个适度的范畴中，形成了一种良性的发展状况。

国外二手车市场比新车市场活跃，在经营理念、经营方式以及经营管理上都比我国先进。我国二手车交易在税收、估价、置换、检测等方面与国外存在着较大的差距。

1. 美国二手车市场的发展概况

美国过去十年里二手车的年销量高达4 000万辆以上，是新车年平均销量（约为1 600万辆）的2～3倍。美国二手车市场经过数十年的发展已经相当成熟，这是其新车市场在多年发展后积累形成的。换句话说美国路上的车辆多数是二手车，发达的二手车市场给了消费者多种的选择，同时也促进了新车的销售。

美国二手车市场的法规比较完善，与国内一年/2万 km 的保修不同，美国至少提供5年/10万 km 保修，还免费提供替换车，或是接送，服务到位。美国的二手车市场总体上是一个独立的市场，并且具有很强的自我规范能力，故美国政府在市场的运作、车辆渠道、销售流通等环节的干预力度非常有限。

美国二手车流通途径主要通过品牌二手车汽车经销商。多数的汽车经销商同时经营新车和二手车业务，并且二手车的车型很宽，并不受专卖车型的限制，可以销售所有品牌的二手车。由于这些特许经销商的信誉比较好，规模也够大，对本品牌车辆的车型、性能更熟悉，有零部件储备和维修售后的优势，所以有不少二手车客户愿意到这里买个放心。还有就是二手车连锁店，其中规模较大的二手车连锁店比较常见，并形成了一定的影响，是美国二手车销售的一个重要渠道。最后就是私人交易，私人出售的二手车多以在报纸和杂志上刊登广告，但由于很难辨别和缺乏保障，在小范围可以，并不能形成大量的销售。购买二手车的人群一般也是低收入者或者是追求实惠的消费者，尤其是刚来美国的外国人，留学生的第一辆车多数都是二手车。因为市场渠道的成熟，除了很少部分是熟人的私下交易，多数是通过市场交易完成的。

美国《二手车法规》中规定的买车指南，就是政府强制规定二手车经销商必须增加其透明度，美国的二手车评估方法主要是由行业协会和大公司等权威机构定期发放各种车型车价信息范围，著名二手车交易公司如 CarMax 可以用它3 000多万的交易数据定期更新价格指数。同时全美也形成了几家权威的认证机构，遍布全国的网店可以根据顾客需求来提供评估检测报告。CarMax 也可以对经销商车辆检测、评估并代客人修理。如果客户购买后发现有重大差异，可以提起诉讼，来解决在二手车交易过程中二手车买卖双方信息不对称的问题。

2. 日本二手车市场的发展概况

在日本，交易市场的规模较大并且其交易体制完善。日本的认证标准虽然并不统一，但是检测项目规范透明，不同二手车公司采用不同的认证形式打分。有的标准是十分制检测，有的标准是百分制检测。日本的拍卖促成了二手车在经销商之间的流通。日本的二手车没有统一的认证标准，最主要的是几个较大的二手车公司的第三方认证标准，如 Gulliver 公司的监价标准、Aucnet 公司的 AIS 认证检测等。日产、丰田、本田等汽车公司都认可并使用 AIS。虽然各个公司的认证标准自成一家，但经过充分的市场竞争和长期的发展，都得到了社会的认同和信赖。

一般在经销店里受过专门训练的评估人员在收车后，将二手车情况如实记录，传输给其加盟的二手车公司，很快就能够得到一个检测证明和根据目前市场状况对该车的基本估价。如果这个价格得到卖车人的认可，该经销商就可以出售这辆车了。无论怎样流通交易，经销店里的二手车都要经过检测，被贴上认证标签。

拍卖会是日本二手车流通的一个重要的方式，并且以会员制的形式组成。日本二手车市场最大的特点是已形成一张分布均匀且分布全国的交易网。日本是一个成熟的二手车市场，交易过程充满了诚信。在日本，经过检测的二手车已经详细注明车况，不会存在水分，篡改车辆信息事情很少发生，一旦发生就会公示，并会遭到十分严厉的处罚。这种用制度来约束二手车交易行为是管理中的重要手段。多年的充分竞争和淘汰制度造就了日本二手车十分诚信的市场。在日本，虽然不同地区的认证、评估价标准不同，但同一辆车的交易价非常相近。售出的车辆根据车型和车况，在规定时间和里程数内会有保修。东京CAA二手车公司的现场拍卖大厅有500个终端，每个终端可以有两个人同时参加拍卖。二手车以基本价起拍，由于经销商比较专业，二手车一般不会被拍出天价，因而单车交易速度特别快，通常20秒钟内就会结束，每天有上千辆的交易量。但如果价格没有达到卖主的期望，控制中心的工作人员就会将该车流拍。远程拍卖在家里或经销店就可以参加。同样，未加盟二手车公司的经销商是不能得到终端设备参加拍卖的。在举行拍卖的特定时间里，只要看好了，北海道的经销商也能得到东京的二手车。这就是远程拍卖的好处——资源共享。无论远程还是现场，拍卖结束后，车辆的交付在两个经销商之间进行即可，负责组织拍卖的二手车公司只是一个流通的渠道，最后将成交车辆的信息发送给买车的经销商，B to B交易就完成了。

除了拍卖，很多汽车企业也建立了自己的汽车生活店，也可以经营二手车，为二手车市场的壮大打下了基础，也让消费者能够买到更如意的二手车。比如，日产建设了兼备新车和二手车销售以及零部件采购中心的综合汽车店。Carest就是这样的二手车和新车的汽车生活店。由car和rest组成，表示车及休息的意思，就是说顾客可以在充满创意环境里享受汽车生活。位于东京城以东的Carest，室内外总面积超过60 000 m^2，超过50台新车、1 000台二手车以及约40 000件汽车精品供顾客挑选。另外，一条长达700m的跑道供顾客试乘各款新车及二手车。

除了以上所提到的项目，Carest还有购物中心、儿童游戏区及舒适的咖啡茶座，一家老少皆宜。维修车间拥有38个维修位置，同时提供最方便的自助洗车服务，最后，专业的评估区域可以让顾客以满意的价格购入心仪的车辆。这种多元化的汽车公园，相信不久也会在国内出现，周末到这种全面的汽车公园里闲逛，说不定还可以选定一辆价廉物美的二手车。

其实，像Carest这样的二手车或者汽车用品超市，值得国内汽车业进行尝试。目前，日产、福特和通用等在华的公司都开展了4S店的二手车业务。当然，更重要的还是培育健全的二手车法规和相关评估体系，这是国内二手车市场最迫切的任务，因为随着国内汽车产销量的提高，未来很快就会形成庞大的二手车市场。日本汽车市场经过多年的发展，激烈的竞争使市场非常成熟、规范、可信，二手车的交易简单、透明，是一个完全开放的市场行为。

3．瑞士、意大利二手车市场的发展概况

瑞士、意大利二手车市场与新车销售市场相比更加活跃，在某种程度上促进了新车的销售。这两个国家的二手车经营和管理有如下特点：

(1) 经济发达国家二手车市场比新车市场活跃。以在瑞士日内瓦宝马汽车制造商设在瑞士的销售中心多尔斯夫宝马汽车销售公司为例，瑞士首都日内瓦大约有 165 万人口，一般情况有 26 万辆二手车在市场上流通，新车年销售量约为 28 万辆，二手车的销售量为 56 万辆，二手车的销售量是新车销售量的两倍。意大利波查诺市人口为 45 万人，毗邻德国、奥地利，汽车拥有量为 12 万辆，新车销售量每年在 1.2 万～1.8 万辆，二手车交易量是新车的 1.3 倍。二手车的利润在 18％～20％，而新车的利润只有 9％。

(2) 二手车的使用年限以技术检测为主要依据。在瑞士，新车 5 年之内免检，5 年之后，3 年年检一次，以后每年检验一次。在意大利，新车行驶 4 年之后，每两年检验一次。一般情况车辆行驶 8 年就会进行处理。如果超过 10 年直接有指定的拆解企业进行回收。这两个国家都是以技术检测为依据来确定车的使用时期的。

(3) 二手车经营不受限制，比较灵活。在瑞士，二手车的经营资格不用任何部门的批准，可以在经销场所进行自由交易。宝马公司是驰名世界的汽车生产企业，其业务遍及世界 120 个国家，目前，宝马公司在全球有 15 个生产厂，产品主要有 BMW 品牌的 3、5、7、Z、M、X 等系列汽车。多尔斯夫宝马汽车销售公司是宝马公司在瑞士的最大销售商，销售宝马 180 个品种，年销售量为 600～700 辆。同时也销售宝马的二手车，年销量为 200～300 辆。二手车的主要经营形式是置换、收购、代销等，大致与我国相同。从经营理念上，销售商看好二手车市场，认为二手车市场灵活，二手车利润大于新车，二手车的买主是新车潜在的市场，所以销售商把二手车摆在车展的最好的位置来吸引消费者。同时他们还有一种经营理念，凡是购买宝马车的客户可以随时到该公司更换宝马最新款式的新车，以满足追车族的愿望。

(4) 建立了较科学、较完善、较权威的二手车评估体系。在瑞士有一个较科学的二手车评估系统，即优诺泰斯评估系统，这个系统由二手车协会来制定，任何二手车的估价必须遵循这一套较科学的评估系统来确定。一辆二手车的销售价格制定，首先要经过技术检测部门的技术人员进行测定，列出测试清单，然后做出此车的估价，销售商根据二手车的估价和原销售价格，最终确定二手车的实际销售价格。多尔斯夫宝马汽车销售公司利用自己的展地，不定期地举办二手车的展销，凡参加二手车展销的销售商都要执行二手车协会制定的二手车评估办法和评估价格。

(5) 建立了一套较完善的二手车的销售服务体系。在瑞士，凡是购买二手车的车主都可以得到一张保修单，享受两年的保修期，这种承诺不仅在瑞士有保证，而且在全欧洲都有保证，如果两年之内车主转卖，保修期还可以随车主的更换转移给另一个车主。这样解决了车主购买二手车的后顾之忧，在某种程度上促进了二手车的销售。

(6) 鼓励汽车更新，建立较完善的汽车拆解体系。意大利市政府为了鼓励汽车更新，对不符合环保要求的车辆报废，每辆车奖励 3 000～5 000 马克。同时要求及时送到政府指定的拆解企业进行拆解，拆解下来的零部件只允许汽车销售商经销。

4. 德国二手车市场的发展概况

首先，德国存在很多行业组织，如德国机动车行业总会，它们的主要形式是：采取会员制，吸收机动车销售、维修、进口、零部件销售企业作为成员，分支机构在全德国 15 个州有分会，成员数量有 44 200 家，主要工作内容包括参与政策法律的制定；参与工资谈判；维护行业服务价格的稳定；参与标准的制定，如年检的标准；提供成员企业的信息；

成员内部沟通；举行汽车销售员和汽车咨询员的职称考试并制定考试规则等。

与欧洲其他国家二手车的市场相比，德国的市场总量最大，二手车销量已经超过新车销量的一倍以上，可见开辟二手车市场意义重大。

德国二手车交易有多种形式，没有市场准入制度，但是相应的法律制度很健全，可以从一定程度上保护消费者的利益，同时，存在较权威的评估机构对二手车的价格及质量出具报告作为交易的基础。

2.3.2 国内二手车市场的发展

1. 国内二手车市场发展的必要性

汽车行业一致认为，汽车平均置换周期为5~6年，2003年前后我国汽车销量特别是私家车拥有量急剧攀升，2002~2003年市场销售的国产与进口新车共计799万辆。据统计，2007年我国二手车的销量已占到新车销量的1/4，但是这个比例并不高，发达国家品牌经销商二手车销售量占到市场总量的1/3以上，而经销商二手车销售量在我国仅占很小一部分，这说明我国二手车发展空间还十分广阔。2008年，全国共交易二手车273.73万辆，2010年交易385万辆，2011年全国二手车累计交易量达433万辆。业内分析指出，虽然大环境对二手车的交易带来了一定影响，但随着汽车保有量的增多以及用车成本的持续上涨，二手车的优势将越来越凸显。专家估计，随着市场环境的改善、消费者消费观念的变化，以及汽车保有量的巨量积累，二手车市场火爆场面将为期不远。

2. 制约我国二手车市场发展的因素及对策

近年来我国二手车市场虽然取得了较快的发展，但作为新车流通的延伸，发展相对滞后，与汽车工业发达国家相比，差距十分明显。分析其原因，主要存在以下几个制约因素。

1）二手车经营主体尚未发育成熟，二手车行业亟待整合

中国二手车行业存在时间很长，但真正的发展是从2004年开始的，现在大多数的二手车经营商只是小农作业，自产自销，不是在为行业服务。而且，在我国取得二手车经营资格的准入门槛也比较低，国家并没有对经营者的具体经营内容与方法进行细致的规定，10万元的资本就能取得二手车经营资格，这就导致了二手车市场长期鱼龙混杂，一些根本不具备经营资格的二手车贩也有机会钻空捡漏。据统计，国内二手车市场中，95%的份额被小经销商占据，这些经销商不在乎诚信，对二手车市场的发展十分不利。

建立真正规范的二手车交易体系势在必行。所以，权威机构有必要引导消费，建立流通企业的准入制度和评级制度，发展真正意义上的二手车经销商，并由此达到行业整合的目的。

2）二手车交易的税收标准不统一

据调查，各地对二手车交易中的税收基本上都按当地有关政策，因此各地税收的种类和标准都不一样，有的按增值税，有的按营业税征收，最高的为17%，最低的为2%，税率高低相差悬殊，造成了一些地区二手车的成本过高，经营二手车的企业利润微薄，一些地区采用交易不过户来逃税，场外交易、私下交易、非法交易，扰乱了二手车交易秩序，可以说二手车交易税收问题制约着二手车市场的发展，税费成为二手车市场发展的瓶颈。

3）落后的二手车售后服务理念

通过对北京、上海、广州、成都四地车主的调查显示，因为担心经常维修以及害怕安

全隐患，二手车的购买比例并不高，其中最重要的一个原因就是二手车的售后服务难以保证。

在汽车业发达的国家，新车的保修期普遍达 6 年以上，而这些国家的二手车流通又很快，大部分二手车在交易时，还在厂家承诺的保修期以内，可以继续享受与新车同样的售后服务。而在我国，目前最长的保修期为 3 年/10 万 km，同时，汽车置换的速度不快，大部分二手车在流入市场时，已过了厂家的保修期，如果要享受售后服务，就需要由二手车经销商来提供。然而，由于我国目前二手车的车况十分复杂，同时，二手车鉴定评估水平还比较低，普通的评估难以找到车辆全部的问题。这使得二手车经营企业不敢轻易承诺售后服务。即使是一些品牌二手车和 4S 店的置换车辆，对于能享受售后服务的二手车都有严格的限制。建立一套完善的二手车售后服务体系是必然趋势，只有解除二手车消费者的后顾之忧，二手车市场才能真正兴旺起来，人们才能轻松地迎接换车时代的到来。只有通过相关法律政策，规范二手车交易，做到诚信买卖，并对二手车的售后服务进行具体规定，并加强执法监督，杜绝有法不依现象的出现。

4）开展汽车置换步履艰难

从国外情况看，通常是一家品牌专卖店，除了卖新车还负责买卖本公司品牌的二手车。这种做法有利于企业降低成本，保证企业的形象。在二手车的价格估价上，一般是不同品牌的车辆编制一本价格估价目录，这是二手车价格评估的主要依据。其次在二手车的销售中还要考虑车况的履历和保养的程度进行价格浮动。目前国内一些有眼光的品牌汽车生产厂家看好汽车置换潜在的市场，推出了一些汽车置换的办法，但在运行中，生产企业反映步履艰难，主要存在着以下问题：一是旧车收上来很难卖出。其原因是①生产企业二手车估价没有统一的标准和科学的依据，估价高影响新车销售的利润，估价低不能满足购车者的预期；②在中心城市置换下来的二手车不容易就地销售，一般流向不发达的小城市和乡镇，涉及车辆跨地区的销售过户转籍问题；③关键的问题是生产厂家没有二手车的经营权，不能就地销售。二是目前生产企业的内部管理制度制约置换业务的开展。其原因是置换的二手车卖出去需要一段时间，这部分的价值过去企业可以挂账处理，近年来企业对挂账处理比较严格，又不能出现过多的应收账款，一般企业考核业绩，应收账款是很重要的指标，所以经营者很难承受。

一汽-大众奥迪品牌启动"品荐二手车"战略

2009 年 11 月 17 日，奥迪新标准二手车展厅在苏州开业，一汽-大众奥迪品牌现场正式发布了全新的奥迪"品荐二手车"子品牌，并宣布启动"品荐二手车"战略：结合奥迪全球统一标准和中国用户需求，建设"专业、便捷、诚信"的高档二手车服务体系，打造最可信赖的高档二手车品牌。奥迪"品荐二手车"品牌通过全面整合奥迪二手车服务体系，强化了奥迪二手车的市场竞争力，进一步提升了奥迪的品牌价值。

为了确保品牌二手车始终如一的高品质，奥迪"品荐二手车"引进了全球标准的专业检测、维修和整备体系。"品荐二手车"认证标准是汽车业内最为严格、最为全面的二手车检查程序之一，所有经过"品荐二手车"认证的二手车都必须通过严格的 110 项技术检测，以符合奥迪认证在安全、外观及性能方面的标准。

5）评估缺乏标准与规范，评估行为随意性大

购买二手车，消费者最担心的就是买到事故车或买到黑车。我国二手车市场发展困难，很大程度上就是因为无法保证交易二手车的品质，二手车的专业鉴定评估是改变这一局面的关键。

二手车交易不同于其他商品交易，主要原因就是其质量状况不透明，价值不确定。二手车鉴定评估是二手车交易中不可缺少的重要环节，保证对交易车辆鉴定准确、评估客观，是对二手车鉴定评估业务的基本要求。

截至目前，国内还没有一个相对科学规范的二手车鉴定评估标准，我国的二手车鉴定评估基本上都是由评估师通过目测、检测、路试及检查证件等手段对二手车进行技术状况鉴定，从而给出二手车的价格。这种评估主要是根据评估师的专业知识和经验来进行，并通过采用重置成本法对目标车辆的残值进行评估。该评估方法随意性大，评估结果是否公正合理，取决于评估人员的经验和责任心。由于评估师之间能力相差很多，评估出的价格参差不齐。

6）二手车法规缺乏操作标准，有待进一步完善

由于我国二手车市场的发展起步较晚，目前与二手车交易相关的法律法规主要有《汽车贸易政策》（附录五）、《二手车流通管理办法》等，这些法规尽管在一些方面对二手车交易起到了规定与限制作用，但同时也缺乏具体的操作标准，可行性不强。如《二手车流通管理办法》虽然强调二手车买卖要提供售后服务承诺，但对二手车售后服务承诺的具体内容并没有作出解释，缺乏操作标准。

值得欣喜的是，2012年7月6日，《二手车鉴定评估规范（征求意见稿）》在网上征求意见，不久将会出台。它对二手车的经纪、经营及拍卖公司的面积、功能、人员、设备等有了详细的认定标准和准入规定，还提供了标准评估单（二手车技术状况表和二手车鉴定评估作业表），今后进行评估的车辆可以参考这项标准进行评估。对于不符合规定标准的现有二手车经营企业将实行限期整改，这必将引导二手车市场向健康的方向发展。

尽管我国目前的二手车市场存在许多问题，但只要有政策引导、法律控制、行业监督，这块汽车销售的细分市场必将取得快速、健康、良好的发展。

二手车首个质保行业标准出台

2012年5月8日，深圳市流通行业协会宣布出台《深圳二手车行业经营管理标准》（下称"新标准"）。这也是全国首个由行业协会出台的、专门针对二手车交易的行业标准。此个被业界定义为"史上最严格"的二手车交易标准，填补了二手车缺乏相应质保标准的空白。

据了解，深圳流通协会出台"新标准"，主要在车源检测、售后维修保养、退换服务等方面对二手车交易进行了规范。"新标准"规定，二手车经销公司须设有一个以上专门的检测工位，备两人以上的检测人员。车辆检测报告应在售车时提供给消费者。检测范围必须包括发动机系统、转向系统、传动系统、制动系统、电子装置、仪表、空调性能等。

"新标准"首次将二手车质保写入行业标准。二手车经销企业向最终用户销售使用年限在5年以内或行驶里程在10万km以内的车辆，应向用户提供不少于3个月或5 000km以上的质量保修。卖方必须提供购买7天内的退换服务。

记者走访发现,在佛山能提供售后服务的二手车经营者只有东风日产、广汽本田等4S店开展的认证二手车服务和个别二手车经营者。其中,东风日产"车易换"、广汽本田喜悦二手车提供1年或20 000km保修的服务,但提供质保的车辆仅限于认证二手车所属品牌旗下的车型。而骏威龙是佛山为数不多为二手车提供质保的经营者之一,该店对所售的所有二手车提供3个月的质保服务。

3. 国内二手车市场的发展方向和趋势

1) 重视小排量二手车

随着小排量车在大城市解禁,新车市场上一些品牌的购买力在二手车市场得到释放,小排量车也随行就市成为二手车市场新宠。尤其是国家在最近实行的小排量汽车购置税优惠政策,使得小排量汽车成为近年汽车市场的主角,随之而来的是小排量二手车的迅猛发展。

2) 大力发展高档二手车

高档二手车的交易上扬也是目前二手车交易市场的一个较大变化,在二手车交易市场就出现了专门经营高档二手车的经纪公司。目前,高档二手车货源充足、选择空间大,使得很多消费者纷纷出手,在二手车市场寻找到了他们的"最爱"。另外,由于消费税的提高,许多中小进口车商的利润空间被压缩,在无利可图的情况下转投到进口高档二手车业务上,利用境外自带政策,从国外二手车市场低价收购,批量进口。

3) 加快新车品牌经销商置换业务发展

上海通用诚信二手车、一汽大众奥迪3A二手车等厂家品牌二手车业务在2005年发展迅速。近些年又有更多的品牌厂家和经销商加大二手车的关注和投入力度,如上海通用、一汽大众、上海大众、广州本田、北京现代、路虎等国内外知名品牌的经销商均已准备开展业务,新车置换从上游渠道的挖掘将推动整个二手车交易量的提升,更有可能为二手车市场打一针"兴奋剂"。4S店内兴起的二手车置换业务具有不可比拟的优势,它可以提高交易的透明度、可信度和售后服务的保障性。而对于想尽办法增加市场占有率的汽车企业来说,开展新车置换业务也有利于企业的发展。

4) 发展多品牌、多元化的二手车交易

目前,二手车市场上品牌齐全,高中低档车辆都能找到,多品牌、多元化成为二手车市场的突出特征。

我国的汽车市场是一个巨大的潜在市场,截至2011年底,我国汽车保有量为10 578.77万辆,平均12人拥有1辆车,这与发达国家每人拥有1辆以上汽车相比还有很大的差距。随着我国经济的发展和人民生活水平的日益提高,汽车保有量将呈现加速度发展。由于轿车快速进入家庭以及消费观念的逐渐转变,使得我国的汽车消费结构发生了很大变化。汽车由纯商务消费转为多元消费,消费主体呈现多元化,家庭消费占据了重要地位。消费者的"喜新厌旧"以及汽车市场保有量的提高,都为二手车市场的繁荣提供了条件。由于二手车满足了城乡居民多档次、多品种、低价位的需求,具有较大的选择空间,已经成为一种消费时尚,因而二手车交易市场充满了活力。二手车交易量在整个汽车经营中所占的比重将逐步增加,与发达国家的差距将逐步缩小。

2.4 二手车在汽车后市场中的地位

目前中国汽车市场发展迅猛，而汽车后市场作为整车的下游产业，其发展将随着整车市场的发展同步增长。

2.4.1 汽车后市场分类

目前，可以将中国现在的汽车后市场大体上分为七大行业：汽车保险行业；汽车金融行业；汽车IT行业；汽车精品、用品、美容、快修及改装行业，又称汽车养护行业；汽车维修及配件行业；汽车文化及汽车运动行业；二手车及汽车租赁行业。

2.4.2 二手车业务在汽车后市场中的地位分析

在汽车销售商的利润来源中，售后服务占50%，汽车销售占10%，零部件销售占10%，二手车经营占20%，这说明二手车业务至少占汽车后市场的1/5。

二手车市场的不断壮大成为汽车后市场的一大亮点：2011年中国二手车累计交易量为433万辆，同比增长12.47%，累计交易额为2 108.8亿元，同比增长18.56%。其中基本型乘用车为235.48万辆，同比增长12.23%，交易额为1 180.02亿元。表2-1列出了2011年二手车交易总量中排列前10位的省市，表2-2给出了2011年不同排量二手车成交量排名前三的品牌。

表2-1 2011年二手车交易总量中排列前10位的省市

排名	1	2	3	4	5	6	7	8	9	10
省市	广东	山东	四川	上海	北京	河南	浙江	辽宁	云南	陕西

表2-2 2011年不同排量二手车成交量排名前三的品牌

排名	1.0L以下	1.0～1.6L	1.6～2.0L	2.0～2.5L	2.5～3.0L	3.0～4.0L	4.0L以上
1	奇瑞QQ3	捷达	思域	凯美瑞	宝马5系	克莱斯勒300C	大切诺基
2	奥拓	凯越	宝马3系	奥迪A6L	奔驰E级	奔驰E级	陆地巡洋舰
3	乐驰	福美来	奥迪A4	天籁	奥迪A6L	凯迪拉克	克莱斯勒300C

习 题

1. 什么是二手车和二手车市场？
2. 简述二手车产生的原因。
3. 制约我国二手车市场发展的因素主要有哪些？
4. 简述未来我国二手车市场发展的趋势。

第3章 二手车的鉴定评估基础

教学提示

本章简明地介绍了二手车鉴定评估的基础知识,是二手车鉴定评估的入门内容,教师可以趣味性地讲解或让学生自行阅读,属于一般掌握内容。

知识要点

本章介绍的二手车鉴定评估的基础知识包括以下几个方面。
1. 二手车鉴定评估的特点、要素和业务类型;
2. 二手车鉴定评估机构的特征、职能和地位;
3. 二手车鉴定评估师的执业准入和资格认证。

> **导入案例**
>
> 二手车鉴定评估师资格（已无全国证）
>
> 二手车鉴定评估师经数年国家证试点，按照国家职业资格管理规则，须下放到地方鉴定。今后，只有各地的省级人力资源和社会保障厅职业技能鉴定中心颁发省级职业资格证书（直辖市由劳动局职业技能鉴定中心颁发二手车鉴定评估师职业资格证书），将没有二手车鉴定评估师资格全国证。需要考证开业者，可在所在地劳动厅授权的培训中心咨询相关考试事宜，有能力和条件承办二手车鉴定评估师职业资格的省份，将可承办二手车鉴定评估师项目的考试。

3.1 二手车鉴定评估概述

二手车鉴定评估是指由专门的评估机构的鉴定评估人员，按照特定的目的，遵循法定的或公允的原则和程序，运用科学的方法，对二手车进行手续检查、技术鉴定和价格估算的过程。

二手车鉴定评估涉及了8个基本要素，即鉴定评估主体、鉴定评估客体、鉴定评估依据、鉴定评估目的、鉴定评估原则、鉴定评估程序、鉴定评估值和鉴定评估方法。

(1) 二手车鉴定评估的主体是指二手车鉴定评估业务的承担者（二手车评估机构及专业评估人员）。

(2) 二手车鉴定评估的客体是指被评估的车辆（二手车）。

(3) 二手车鉴定评估的目的是指二手车发生经济行为的性质。

(4) 二手车鉴定评估的程序是指二手车鉴定评估工作从开始到结束的工作程序（流程）。

(5) 二手车鉴定评估的依据是指鉴定评估采用的计价标准和规范。

(6) 二手车鉴定评估的原则是指车辆鉴定评估的行为规范，它是调节车辆评估当事人各方关系、处理鉴定评估业务的行为准则。

(7) 二手车鉴定评估的方法是指确定二手车评估值的手段和途径。

3.1.1 二手车鉴定评估的特点

汽车是属于机器设备一类的固定资产，其主要特点如下。

(1) 单位价值大，一辆汽车少则几万元，多则几百万元。

(2) 技术含量高，汽车是一个科技产品，汽车工业水平的高低反映了一个国家科技水平的高低。

(3) 使用管理严格，税费附加值高。

(4) 使用范围广，使用时间长。

(5) 使用强度、条件、维护水平差异大。

由于汽车本身具有以上特点，因此决定了二手车鉴定评估的如下特点。

1. 二手车鉴定评估要以技术鉴定为基础

汽车本身具有较强的工程技术特点，其技术含量高；汽车又是集机械、电子、自动控制和信息技术等为一身的产品，对汽车进行鉴定评估涉及对其技术状况的了解。另外，汽车在长期的使用中，由于零件的摩擦和自然力的作用，处于不断磨损的过程中。随着使用里程和使用年数的增加，车辆实体的有形损耗和无形损耗加剧，其损耗程度的大小，因使用强度、使用条件、维修水平等影响，差异很大。因此，评定车辆实物和价值状况，往往需要通过技术检测等技术手段来鉴定其损耗程度。

2. 二手车鉴定评估以单台车为评估对象

因汽车品牌型号较多，导致二手车结构差异很大，单位价值相差比较大。为了保证评估质量，对于单位价值大的车辆，一般都是分整车、分部件，逐台、逐件地进行鉴定评估。为了简化鉴定评估的工作程序，节省时间，对于以产权转让为目的、单位价值小的车辆，也不排除采取"提篮作价"的评估方式。

3. 二手车鉴定评估要考虑附加值

由于国家对车辆实行"户籍"管理；使用税费附加值高。因此，对二手车进行鉴定评估时，除了估算其实体价值以外，还要考虑由"户籍"管理手续和各种使用税费构成的价值。

3.1.2 二手车鉴定评估的主体

二手车经营主体是指经工商行政管理部门依法登记，从事二手车经销、拍卖、经纪、鉴定评估的企业，是二手车评估业务的承担者，即从事二手车评估的机构及专业评估人员。由于二手车评估直接涉及当事人双方的权益，是一项政策性和专业性都很强的工作，所以无论是对专业评估机构，还是对专业评估人员都有较高的要求。

1. 对二手车评估机构的要求

按照我国2005年颁布的《二手车流通管理办法》第九条中的规定，二手车鉴定评估机构应当具备下列条件。

(1) 是独立的中介机构。
(2) 有固定的经营场所和从事经营活动的必要设施。
(3) 有3名以上从事二手车鉴定评估业务的专业人员。
(4) 有规范的规章制度。

2. 对专业二手车评估人员的要求

(1) 二手车专业评估人员必须掌握一定的资产评估业务理论，熟悉并掌握国家颁布的与二手车交易有关的政策、法规、行业管理制度及有关的技术标准。
(2) 具有一定的二手车专业知识和实际的检测技能，能够借助必要的检测工具，对二手车的技术状况进行准确的判断和鉴定。
(3) 具有较高的收集、分析和运用信息资料的能力及一定的评估技巧。
(4) 具备经济预测、财务会计、市场、金融、物价、法律等多方面的知识。
(5) 具有良好的职业道德，遵纪守法、公正廉明，保证二手车评估质量。

此外,二手车评估的从业人员还需要经过严格的职业资格考试或考核,从事二手车评估定价的从业人员必须取得的《二手车鉴定评估(估价)师职业资格证书》,从事二手车保险评估的从业人员必须取得保监会颁发的《保险公估从业人员资格证书》。

3.1.3 二手车鉴定评估的客体

二手车鉴定评估的客体是指被评估的车辆。二手车鉴定评估的一个主要目的,就是在二手车的交易过程中准确地确定二手车价格,并以此作为买卖成交的参考价。根据《二手车流通管理办法》的规定,下列车辆禁止经销、买卖、拍卖和经纪。

(1) 已报废或者达到国家强制报废标准的车辆。
(2) 在抵押期间或者未经海关批准交易的海关监管车辆。
(3) 在人民法院、人民检察院、行政执法部门依法查封、扣押期间的车辆。
(4) 通过盗窃、抢劫、诈骗等违法犯罪手段获得的车辆。
(5) 发动机号码、车辆识别代码或者车架号码与登记号码不相符,或者有凿改迹象的车辆。
(6) 走私、非法拼(组)装的车辆。
(7) 不具有相关证明、凭证的车辆。
(8) 在本行政辖区以外的公安机关交通管理部门注册登记的车辆。
(9) 国家法律、行政法规禁止经营的车辆。

二手车交易市场经营者和二手车经营主体发现车辆具有(4)、(5)、(6)情形之一的,应当及时报告公安机关、工商行政管理部门等执法机关。

对交易违法车辆的,二手车交易市场经营者和二手车经营主体应当承担连带赔偿责任和其他相应的法律责任。

此外,车辆上市交易前,必须先到公安交通管理机关申请临时检验,经检验合格,在其行驶证上签注检验合格记录后,方可进行交易。检验被交易车辆的车架号码和发动机号码的符号、数字及各种外文字母的全部拓印,若发现不一致或改动、凿痕、锉痕、重新打刻等人为改变或毁坏的车辆一律扣留审查。

3.1.4 二手车鉴定评估的目的

二手车鉴定评估是以技术鉴定为基础的,以准确地确定二手车的现时价格,并以此作为买卖双方成交的参考价为目的,即正确确定二手车的价值量及其变动,为将要发生的经济行为提供公平的价格尺度。所以二手车鉴定评估的目的主要有下述几个方面。

1. 车辆交易

由于二手车在交易时,买卖双方对交易价格的期望是不同的。所以,需要鉴定评估人员站在公正、独立的立场,选择适宜的评估方法,对于交易车辆进行鉴定评估,以评估价格作为买卖双方成交的参考底价。

2. 法律诉讼

当事人遇到机动车辆诉讼时,可以委托鉴定评估师对车辆进行评估,有助于把握事实真相;同时,法院在判决时,可以依据鉴定评估师的结论为法院司法裁定提供现时价值依据。

3. 车辆的转籍、过户

二手车的转籍、过户可能因为交易行为，或者因为其他经济行为而发生。例如某单位或个人用机动车辆来偿还其债务，且债权债务双方对车辆的价值出现异议时，需要委托二手车鉴定评估机构对有关车辆的价值进行评定估算，否则车辆无法转籍和过户。

4. 车辆保险

在对车辆进行投保时，所缴纳的保费高低直接与车辆本身的价值大小有关。同样，当保险车辆发生保险事故时，保险公司需要对事故车辆进行理赔。为了保障保险双方的利益，需要对核保理赔的车辆进行公平合理的鉴定评估。

5. 车辆置换

车辆置换是指以二手车换新车或者以二手车换二手车的业务。车辆的置换业务直接关系到置换双方的利益，所以需要鉴定评估师对预置换的车辆进行公平合理的鉴定评估，为置换双方提供现时价值依据。

6. 抵押贷款

贷款人以机动车辆作为贷款抵押物，向银行进行贷款时，银行为了确保放贷安全，需要车辆鉴定评估机构对车辆进行准确的鉴定评估，并作为银行放贷的依据。

7. 车辆担保

车辆产权人用其拥有的机动车辆为他人或单位的经济行为进行担保时，需要二手车鉴定评估师对预担保车辆的价值进行公平评估，为担保人提供价值依据。

8. 车辆拍卖

对于符合拍卖条件的车辆，如公务车辆、执法机关罚没车辆、抵押车辆、企业清算车辆、海关获得的抵税和放弃车辆等，进行拍卖时，应先对车辆进行鉴定评估，为车辆拍卖提供拍卖底价。

9. 车辆典当

当车辆产权人要将车辆进行典当时，若典当双方对典当车辆的价值出现异议，可以委托二手车鉴定评估师对典当车辆的价值进行评估，典当行以此作为放款的依据。对于典当车辆的处理，也需要二手车鉴定评估师为典当车辆进行鉴定评估。

综上所述，可以很清晰地看出，对于同一辆车，由于不同的评估目的，其评估出来的结果会有所不同。在接受车辆评估委托时，明确车辆评估的目的十分重要。总之，对车辆的鉴定评估是一种市场价格的评估，所以对于客户提出不同的委托目的，需要有不同的评估方法。但是，对于走私车、盗抢车、非法拼装车、报废车、手续不全的车等，严禁在二手车交易市场上交易。

新车欺诈消费者获双倍赔偿

2011年6月27日，原告王女士从被告（北京市冀东通汽车有限责任公司）处购买吉普车指南者2359 9CC越野车一辆，支付购车款23.3万元，并提取车辆。王女士的朋友看车后认为该车部分漆面像重新喷过漆，前机器盖内的螺母有拧动痕迹和锈蚀现象，不像新车。王女士经多次和被告沟通，被告承认车辆有问题，但拒不承担责任。为此王女士委托有资质的鉴定机构进行鉴定，结论为"与新车车况不符"。王女士认为被告在销售过程中出售修理过的车辆，未对修理情况向消费者告知，构成欺诈。故现诉至法院，要求根据《消费者权益保护法》第四十九条之规定由被告赔偿车款一倍的损失，并为原告更换新车，赔偿各项经济损失 267 960 元。

本案双方争议的焦点，一是原告购买的车辆是否符合新车的车况标准，二是被告是否有欺诈行为。原告购买车辆后，在 24 小时之内就与被告联系车辆瑕疵事宜，主张车辆有多处漆面麻点、螺母有拧动痕迹、锈蚀现象，要求更换车辆，但被告未能给予妥善解决。为此，原告自行提供对比车辆，委托具有鉴定资质的晶实诚信公司对诉争车辆的车况进行了鉴定，结论为"与新车车况不符"。且鉴定人表示，在 24 小时内不可能完成车辆重新喷漆的修复程序。因被告不认可该鉴定结论，法院依法委托晶实诚信公司进行车况鉴定，并用被告提供的车辆作比对，对涉案车辆的车况进行鉴定，结论仍为"与新车车况不符"。因晶实诚信公司具有二手车鉴定评估机构核准证书并入选最高人民法院司法属专业机构名册，具有鉴定资质，法院对晶实诚信公司先后两次给出的涉案车辆不符合新车车况的鉴定结论予以采信。法院认定，涉案车辆在出厂后、被告出售给原告之前，曾经有过重新喷漆的修理程序。被告的行为应属于将出售的车辆以旧充新。按照国家工商管理局《欺诈消费者行为处罚办法》规定，销售以次充好的产品，属于欺诈消费者行为，而被告的"以旧充新"行为应与"以次充好"为同类情形。被告的行为误导原告以较高的车款购买了以旧充新的车辆，应认定被告的行为构成欺诈。由于被告不能为原告更换新车，由被告双倍返还车款，鉴定费和诉讼费由被告承担。

3.1.5　二手车鉴定评估的程序

汽车评估作为一个重要的专业评估领域，情况复杂、作业量大。在进行汽车评估时应分步骤、分阶段地实施相应的工作。从专业评估角度而言，汽车评估大致要经历以下几个阶段。

1. 搜集和整理有关资料

在进行评估时，主要应搜集整理以下几方面的资料。

(1) 反映待评车辆情况的资料。包括车辆的原价、折旧、净值、预计使用年限、已使用年限、车辆的型号、完好率等。

(2) 证明待评车辆合法性的有关资料。如车辆的购车发票、行驶证、号牌、运输证、准运证以及各种车辆税费、杂费的缴纳凭证等。

2. 设计评估方案

设计评估方案是对车辆评估的实施所进行的周密计划、有序安排的过程，主要包括以下内容。

(1) 整理委托方提供的有关资料，向委托方了解车辆的有关情况。

(2) 根据车主要求的评估目的，确定计价标准和评估方法。拟定具体的工作步骤和作业进度，确定评估基准日和具体的日程安排。

(3) 设计并印制评估所需要的各类表格。

3．对车辆进行现场检查和技术鉴定

由汽车评估人员和专业技术人员对汽车的技术性能、结构状况、运行维护、负荷状况和完好率等进行鉴定，结合功能性损耗、经济性损耗等因素，据以作出技术鉴定。评估人员应根据汽车的技术鉴定，尽可能在工作现场对被评估车辆作出成新率的判断。因为完成对车辆成新率的鉴定工作是完成车辆现场检查工作的一个重要标志。

4．评定与估算

一方面继续收集所欠缺的资料，另一方面要对所收集的数据资料进行整理。根据已确定的评估价格标准和评估计算方法，对车辆进行评估，确定评估结果。

5．核对评估值，撰写评估报告

对汽车评估的各主要参数及计算过程进行核对。在确认评估结果正确无误的基础上，填写评估报表，撰写评估报告。

3.1.6 二手车鉴定评估的依据

二手车评估和其他资产评估一样，在评估时，必须要有正确的科学依据。

1．理论依据

二手车鉴定估价实质上属于资产评估的范畴，因此其理论依据必然是资产评估学的有关理论和方法，其操作按国家规定的方法进行。

二手车的评估一般属于单项资产评估的范畴，它不如一个工厂、一个企业整体资产评估那么复杂。但由于汽车是一种严管商品，就单项资产来说，其价值比较高，结构也比较杂，涉及的面也比较广。虽然资产评估的一些基本理论和方法可用于二手车评估，但也有许多区别。

汽车是一种消费品，也是一种消耗品。买汽车一般不可能保值，更谈不上会增值。就像计算机一样，是一种消耗品。并且使用的时间越长，贬值就越多，最后报废，不能上路行驶，没有使用价值，就剩下报废价值了。所以，在二手车的评估中，不断地总结经验，探索一些新的、符合汽车特点的简单、实用、便捷的评估方法和理论，是广大评估师特别是高级评估师的一项义不容辞的责任。

国外二手车市场也有类似的新的评估理论和方法的应用。美国是资产评估学说应用和创建最早的国家之一。它对二手车的评估，不用任何固定的计算公式，而是根据二手车市场历年来大量交易报告的统计资料分析，得出具有代表性的参考价格，形成二手车价格指南，从而确定需要评估的二手车的价格，操作起来方便实用，并被广大二手车消费者所认同。当然，这只能在二手车市场发育比较完善的基础上才能进行。我国的二手车市场远不及美国那么完善，目前尚不能应用此方法，但业内人士在不断地研究和思考我国二手车市场的发展情况，注意总结经验，探索符合我国二手车市场的评估理论和方法。

2．政策法规依据

二手车鉴定评估工作的政策性强，依据的主要政策法规包括《国有资产评估管理办法》、《国有资产评估管理办法实施细则》、《汽车报废标准》、《二手车流通管理办法》及其他方面的政策法规等。

《二手车流通管理办法》是直接针对二手车市场的一部法规,于2005年10月1日实施。此后,一些实施细则陆续出台,这些都将对二手车市场的发展起到极大的推动作用。

3. 价格依据

二手车的价格依据有历史依据和现实依据。前者主要是二手车的账面原值、净值等资料,它具有一定的客观性,但不能作为估价的直接依据;后者在评估价值时都以评估基准日为准,即以现时价格、现时车辆功能状态等为准。

3.1.7 二手车鉴定评估的原则

二手车鉴定评估工作的原则是对二手车鉴定评估行为的规范。为了保证鉴定估价结果的真实、准确,做到公平合理,被社会承认,二手车的鉴定评估必须遵循一定的原则。

1. 公平性原则

评估人员必须不偏不倚处于中立的立场对车辆进行评估。这是鉴定估价人员应遵守的一项最基本的道德规范。目前在不规范的二手车市场中,时有鉴定估价人员和二手车经销经纪人员互相勾结损害消费者利益或私卖公高估而公卖私则低估的现象,这是严重违反职业道德的行为。

2. 独立性原则

独立性原则要求二手车评估师依据国家的有关法律和规章制度及可靠的资料数据对被评估的车辆独立地作出评定。坚持独立性原则,是保证评定结果具有客观性的基础。要坚持独立性原则,首先评估机构必须具有独立性,评估机构不应从属于和交易结果有利益关系的二手车市场,目前已不允许二手车市场建立自己的评估机构。

3. 客观性原则

客观性原则是指评估结果应以充分的事实为依据。评估工作应尊重客观实际,反映被评估车辆的真实情况,所收集的与被评估车辆相关的统计数据准确;它要求车辆技术状况的鉴定结果必须翔实可靠,只有这样才能达到对被评估车辆现值的客观评估。

4. 科学性原则

科学性原则是指在二手车的评估过程中,必须依据评估的目的,选用合理的评估方法,使评估结果准确合理。如拍卖、抵押等适用清算价格法计算;而一般的车辆交易则选用重置成本法或现行市价法。

5. 专业性原则

专业性原则要求鉴定估价人员接受国家专门的职业培训,获得国家或省市颁发的统一职业资格证书,如注册二手车(高级)鉴定估价师证、注册二手车(高级)评估师证,才能上岗。

6. 可行性原则

可行性原则也称有效性原则,要求评估人员素质是合格的,有国家注册的评估师证;

有可利用的汽车检测设备；能获得评估所需的数据资料，而且这些数据资料是真实可靠的；评估的程序和方法是合法的、科学的。

3.1.8　二手车鉴定评估的方法

从资产评估对象看，二手车属于固定资产机器设备的一类产品，所以，二手车鉴定评估的理论依据和评估方法是以资产评估学为基础的。二手车评估的方法是关于二手车评估所适用的价格标准的准则，它要求计价方法与二手车评估的业务相匹配。二手车评估的方法是二手车评估价值形式上的具体化，二手车在价值形态上的计量可以有多种类型的价格，分别从不同的角度反映二手车的价值特征。这些价格不仅在质上不同，在量上差异也较大，而二手车评估业务所要求的具体计价标准却是唯一的，否则，就失去了正确反映和提供价值尺度的功能。因此，必须根据评估的目的，弄清楚所要求的价值尺度的内涵，从而确定二手车评估业务所适用的价格类别。

根据我国资产评估管理要求，二手车评估也遵守这 4 种类型的方法，即重置成本法、现行市价法、收益现值法和清算价格法。

1. 重置成本法

重置成本是指在现时条件下，按功能重置汽车并使其处于在用状态所耗费的成本。重置成本的构成与历史成本一样，也是反映车辆的购置、运输、注册登记等过程中全部费用的价格，只不过它是按现有技术条件和价格水平计算的。重置成本法适用的前提是车辆处于在用状态。这反映了车辆已经投入使用；也反映了车辆能够继续使用，对所有者具有使用价值。决定重置成本的两个因素是重置完全成本及其损耗（或称贬值）。

2. 现行市价法

现行市价是车辆在公平市场上的售卖价格。现行市价法源于公平市场，具有如下规定：有充分的市场竞争，买卖双方没有垄断和强制，双方都有足够的时间和能力了解实情，具有独立的判断和理智的选择。决定现行市价的基本因素有基础价格、供求关系和质量因素。

（1）基础价格，即车辆的生产成本价格。一般情况下，一辆车的生产成本高低决定其价格的高低。

（2）供求关系，即车辆价格与需求量成正比关系，与供应量成反比关系。当一辆车有多个买方竟买时，车价就会上升，反之则下降。

（3）质量因素，是指车辆本身功能、指标等技术参数及损耗状况。优质优价是市场经济法则，在二手车评估中，质量因素对车辆价格的影响应予以充分考虑。

3. 收益现值法

收益现值是指根据汽车未来预期获利能力的大小，按照"将本求利"的逆向思维"以利索本"，以适应的折现率或资本化率将未来收益折成现值。可见，收益现值是指为获得二手车，以取得预期收益的权利所支付的货币总额。收益现值法适用的前提条件是车辆继续使用，同时，投资者投资的直接目的是为了获得预期的收益。

4. 清算价格法

清算价格是指在非正常市场上现值拍卖的价格。清算价格法适用的前提条件与现行市价方法的区别在于市场条件。现行市价是公平的市场价格，而清算价格则是一种拍售价格，它由于受到期限限制和买主限制，其价格一般低于现行市价。在二手车交易的实践中，二手车的拍卖均是以这种性质的价格出售。

对于二手车评估计价方法的选择，必须与汽车经济行为的发生密切结合。不同的经济行为，所要求车辆评估价值的内涵也有所不同。如果不区别车辆经济行为确定评估价值类型，就会失去评估价值的科学性。实际工作中，二手车评估的经济行为是多种多样的，要求鉴定估价师充分理解汽车评估计价方法的含义和适用前提，分析选择科学合理的计价方法。

3.1.9 二手车鉴定评估的业务类型

二手鉴定评估按照服务对象的不同，其业务类型可分为交易类业务和咨询类业务两种。

1. 交易类业务

交易类业务是服务于二手车交易市场内部的交易业务，是一种有偿服务，其服务费的收取按照《二手车流通管理办法》的规定执行。二手车交易管理费不再按评估价值的百分比来收取，而是采用定额的收费办法。根据车辆类型、排量大小或载质量大小及服务项目的多少缴纳管理服务费。改革后的收费办法，降低了小排量、经济型二手车的交易费用，从而有利于促进个体消费者之间进行二手车交易。

2. 咨询类业务

咨询类业务是服务于交易市场外部的非交易业务，是按地方物价部门对二手车评估制定的有关价格规定实行有偿服务。

二手车交易属特殊商品交易，涉及的管理部门有车辆管理、交通管理、环境管理、国有资产管理、社会治安管理、市场行为管理等方方面面。因此其政策性强、手续复杂、技术性强、价格影响因素多。评估人员要回答消费者提出的各种各样的咨询问题，这就要求评估人员在实际工作中，应注意不断地学习和积累经验。如掌握二手车市场有关的法律法规、机动车有关的技术资料及相关的金融资料，特别是机动车市场价格资料及价格变动情况、价格走向等。

二手车市场及二手车鉴定评估咨询的内容，大致可分为政策与法规咨询、技术与价格咨询和投资方案咨询3个方面。

1) 二手车交易的政策法规咨询

在二手车交易中，要正确而严格地执行国家有关的政策法规。在众多的法规条款中，影响二手车交易及交易价格的法规最为人们所关注。特别是要注意有关法规规定的某些严禁进入流通领域，不得进行交易的车辆。进入二手车市场并进行交易的二手车，必须先检验合格，并在其行驶证副页上签注检验合格记录，且在有效期内，方可进行交易，以确保行驶安全，减轻对环境的排放污染。不能进行交易和上路的车辆主要有以下几种。

（1）对于不足一年时间即将报废或是延期报废的车辆，一律不得办理过户、转籍手续。

（2）手续不全，证件不齐，各种税、费没有缴清，无有效凭证的车辆，不能进行交易。

(3) 凡属国有和集体资产的车辆，必须经有关资产管理部门批准、立项后，方可进行鉴定评估，从而才能进入交易市场交易。

(4) 军队转交地方的退役车辆，不满两年的，不能交易。

(5) 华侨、港澳同胞捐赠免税进口的汽车，只限接受单位自用，禁止转让或转卖。

(6) 对依法没收的走私汽车、摩托车经批准可办理注册登记，但其初次注册登记日的年份，一律按车辆的出厂年份登记。

(7) 2000年9月1日以后，在我国境内的右置转向盘的汽车不得上路行驶。

(8) 凡是未上机动车交通事故责任强制保险的车辆，一律不得上路行驶。

(9) 对走私、盗抢和非法拼装车辆，一经发现，一律扣留审查。

(10) 机动车的发动机号、车架号证物不符或有改动、凿痕、锉痕、重新打刻和垫支金属板块的，一律暂扣，进行审查。

2) 二手车交易的技术和价格咨询

(1) 技术咨询。在二手车的鉴定评估中，对二手车技术状态方面存在的问题或缺陷及其对价格的影响，应客观实事求是地向客户进行技术和价格方面的问题解答，让消费者自己理性地作出决断。

进行鉴定评估的二手车，应掌握清楚其目前的技术状态和主要的性能指标，特别是汽车的动力性、经济性、制动性、操纵稳定性和通过性的现实情况和存在的问题，以及这些问题对今后使用产生的影响；若要消除这些存在的技术问题，进行维护和修理大概需花费的费用，以及这部分费用在评估中是如何考虑的，评估价值中是否扣减了这部分费用。这些都应掌握清楚，使消费者心中有数，做到明明白白消费。在二手车的技术咨询中，对事故车，要向消费者讲清楚事故车存在的安全隐患和性能缺陷。对评估价格不构成影响的瑕疵，不应过度渲染，以免误导消费者，影响二手车市场的正常交易。

要做好上述咨询工作，首先要求熟练掌握和了解汽车的结构原理，各总成部件的结构、功能、基本工作原理、汽车的主要性能指标；其次还应掌握汽车一般的维护保养和维修常识，以提高评估的准确度。

(2) 价格咨询。要给二手车评估出一个合理的价格，还要了解汽车市场的情况，掌握影响二手车价格的有关因素。特别是汽车市场现行的新车、二手车的交易价格以及价格走向，配件的价格，不同时期二手车的交易价格，当时的物价指数、通货膨胀率、银行存款利息、地区差价等。

另外，二手车在交易市场交易、成交后应支付的交易服务费，过户、转籍、上牌等的管理费用开支，都是应掌握的基本知识。

3) 二手车投资技术方案的咨询

(1) 投资技术方案的咨询基础。在二手车交易中，针对投资购买二手车进行营运性经营活动的客户，在有多个供选择的车型时，对到底选择哪个车型最合算，应进行投资方案技术分析，选择合适的车型。

投资方案技术分析应考虑资金的时间价值，进行投资回报情况的分析计算。因为现在投资，在未来一段时间内才有回报。由于资金具有时间价值，一般来说，现在的一笔资金比未来一笔等额资金价值更大。两笔金额相同的资金，所处的时间不同，其价值是不相等的。

例如，现在的100元钱比若干年后的100元钱更有价值。因此，不同时点的资金没有可比性，为了使不同时点的资金具有可比性，必须将不同时间发生的资金量换算成某一相同时刻发生的资金量，然后才可以进行资金加减运算。把不同时点的资金在等值的基础上进行折算，称为等值计算。实际上就是把未来投资回报的资金，通过等值计算，达到现在投资时点的价值，又称折现。

等值计算中，发生在（或折算为）某一特定时间起点的现金流量称为现值 P；发生在（或折算为）某一特定时间序列各时间期末并且金额大小相等的现金流量，称为年金 A；若没有特殊说明，年利率或收益率一般是折现率 i；时间 n 以年来计。

以投资时点为现值，把年使用费用折算为投资时点的现值，进行运算。所以，要把年费用运用现值公式来进行折现，即已知年金 A 来求现值 P，其计算公式如下。

$$P = A \cdot \frac{(1+i)^n - 1}{i \cdot (1+i)^n} \qquad (3-1)$$

式中　P——现值（投资时点费用）；

　　　A——年金（年费用）；

　　　i——折现率（%）；

　　　n——剩余寿命期（年）。

在式（3-1）中，$\frac{(1+i)^n - 1}{i \cdot (1+i)^n}$ 称为年金现值系数。所以式（3-1）可简记为：

$$P = A \cdot (P/A, i, n)$$

在（$P/A, i, n$）这种系数符号中，括号内斜线上方的符号 P 表示需要求出的未知数，斜线下方的符号 A, i, n 表示已知的数。故上述符号表示：已知 A, i, n，求 P。

二手车投资方案技术分析就是采用数学的计算方法，为客户对可投资的几种目标车型，在进行分析、计算、比较后，选择一种最佳的车型，选购这种车型，则回报率最高。这个过程，就是投资技术方案的咨询。

（2）投资技术方案的分析方法。为客户进行投资技术方案分析，这种情况在二手车市场发育比较完善后，会经常遇到。选择投资方案的分析方法很多，这里介绍几种简单易行的方法。

① 净现值（NPV）法。净现值法是指用二手车在寿命期内，投入运营后收入的现值总额 PR 与支出的现值总额 PC 的差额，表示客户购车后投入运营的纯收益，其实质就是净收益的现值总额。

净收益现值总额＝收入的现值总额－支出的现值总额

即

$$NPV = PR - PC \qquad (3-2)$$

若计算结果 $NPV > 0$，则方案可取，说明该投资方案能获得一定的收益，即购买这种二手车在今后的运营中，能有回报，能赚钱。若计算结果 $NPV \leq 0$，则表示该方案不可取，投入运营后，可能亏本。投资者以获得最大纯经济效益为目标，各种方案中，净现值 NPV 最大的方案为最优。

② 现值成本（PC）法。从上述净现值分析中可以看出，在二手车剩余寿命期内，有收入的现值总额 PR 和支出的现值总额 PC 两项。假如在剩余寿命期内，不同方案的收入现值总额 PR 都相同，这时，只要计算每个方案（即车型）的支出现值总额 PC，就可通过比较不同方案的支出现值总额大小，决定投资方案的取舍。这种只比较支出现值总额 PC

就可决定购买哪种车型的方法,称为现值成本(PC)法。

现值成本(PC)法就是把各种方案在剩余寿命期内所耗成本(包括投资和使用费)中的一切费用,都换算成与其等值的现值成本,然后据此决定方案的取舍。现值成本法的前提条件是各方案的收益都相同。下面举例说明现值成本法的应用。

【例 3-1】 某人欲收购一辆汽车作出租营运,市场上现有 3 种同一档次但不同型号的二手车可供选择,3 种车型的投资和使用费用见表 3-1。假设折现率 $i=15\%$,剩余使用寿命的年限均为 $n=5$ 年。试问在 A、B、C 3 种车型中,选购哪种车型的二手车比较经济合理?

表 3-1 3 种二手车的有关资料   (单位:万元)

方案\项目	车辆投资	年耗油费用	年维护费	其他管理费	年费用合计
A	6.2	1.4	0.5	1.2	3.1
B	5.4	1.8	0.9	1.1	3.8
C	4.5	1.8	1.2	1.6	4.6

解:同档次 3 种不同型号的二手车,其营运的收入相同,所以只需计算各型号二手车的现值成本 PC,通过比较 3 种二手车的现值成本 PC,来决定选购哪种车型。显然,现值成本 PC 最低的车型为购买的最优车型,即最佳方案。

以投资时点为现值,这就需要把年使用费用折算为投资时点的现值,才能进行运算。所以要把年费用运用现值计算式(3-1)来进行折现,现已知年金 A 来求现值 P。

3 种不同型号二手车的现值成本分别为:

$$PC_A = 6.2 + 3.1(P/A, 15\%, 5) = 16.59(万元)$$
$$PC_B = 5.4 + 3.8(P/A, 15\%, 5) = 18.14(万元)$$
$$PC_C = 4.5 + 4.6(P/A, 15\%, 5) = 19.90(万元)$$

计算结果表明,A 车的现值成本最小,因此选购 A 车最为经济,购买 A 车为最优方案。

通过上述例子可看出,购买价格低的二手车 C,不一定省钱。因此投资(购置价)虽然低,但每年的费用开支大,使得运营成本,即营运投入反而最高,结果使总的经济效益最差。只有通过收益和投入成本的全面认真分析,才能作出正确的购车选择。

在使用式(3-1)时,若剩余使用寿命期不相等,则不满足时间上的可比性。遇此情况,可用下述分析法解决。

③ 净年金(NAW)法。在实际应用时,如果已知投资项目的收入和支出,就可用净年金(NAW)法,将收入和支出的资金都换算成等值的年金,再进行运算。对于计算结果,若净年金大于零,则说明该项投资在经济上可行,理论上讲,不会亏本,能赚钱。其中,年金最大的方案是最好的方案,为可优先考虑购买的二手车方案。

净年金 = 收入年金总额 - 支出年金总额

即 $$NAW = AR - AC \qquad (3-3)$$

式中 NAW——净年金;

AR——收入年金总额；
AC——支出年金总额。

$$A = P \cdot \frac{i \cdot (1+i)^n}{(1+i)^n - 1} \quad (3-4)$$

式(3-4)中 A、i、n、P 的含义与式(3-1)中相同，简记为 $A = P \cdot (A/P, i, n)$。系数 $\frac{i \cdot (1+i)^n}{(1+i)^n - 1}$ 或 $(A/P, i, n)$ 称为资金回收系数。

【例3-2】 有两种可供选择的二手车，其有关资料数据见表3-2。计算分析选择哪种二手车最为经济合算？

表3-2 二手车的有关数据资料　　　　　　　　　　（单位：万元）

方案	项目	投资	剩余寿命/年	年收入	年支出	折现率
车型	A	5.5	5	4.6	3.5	12%
	B	6.5	7	6.5	4.5	12%

解：根据净年金的概念，在式(3-3)中的收入和支出年金总额 AR 和 AC 进行折现后，才能进行等值计算。应用式(3-4)并进行折现后，再进行等值运算，其过程如下。

$$NAW = AR - AC = PR(A/P, i, n) - PC(A/P, i, n)$$

将 A、B 两车的有关数据输入，即可分别得到 A、B 两车的净年金。

$$NAW_A = 4.6 - 5.5(A/P, 12\%, 5) - 3.5$$
$$= 4.6 - 5.5 \times 1/3.6048 - 3.5$$
$$= -0.4279 (万元)$$
$$NAW_B = 6.5 - 6.5(A/P, 12\%, 7) - 4.5$$
$$= 6.5 - 6.5 \times 1/4.5638 - 4.5$$
$$= 0.5758 (万元)$$

计算结果表明，A、B 两种方案中，A 方案净年金小于零，表示购买 A 方案车型不仅不能赚钱，还会亏损，显然 A 方案不可行。B 方案净年金大于零，净年金值为 5758 元，表示除满足年收益率 12% 外，每年还有 5758 元的净收益。所以 B 方案可行。

④ 年成本(AC)法。年成本(AC)法是进行等值计算(折现)后的平均年成本评价方案。显然，年成本最低的方案是最佳方案，其经济收益最好。下面举例说明此方法的应用。

【例3-3】 现有可供选择的汽车购买方案 A 和 B，均能满足营运的工作要求，其数据资料见表3-3。计算分析选择哪个方案最佳？

表3-3 汽车数据资料　　　　　　　　　　（单位：万元）

方案	项目	投资	剩余寿命/年	年维修费用	折现率
	A	3	4	0.9	10%
	B	4	6	1.2	10%

解：A方案的年成本为：
$$AC_A = 0.9 + 3(A/P, 10\%, 4)$$
$$= 0.9 + 3 \times 0.3155$$
$$= 1.8465(万元)$$

B方案的年成本为：
$$AC_B = 1.2 + 4(A/P, 10\%, 6)$$
$$= 1.2 + 4 \times 0.2296$$
$$= 2.1184(万元)$$

通过比较上述计算结果，A方案在年营运中支出的成本费用低于B方案。因此，选择A方案进行营运，经济效益比B方案好。

3.2 二手车鉴定评估机构的特征、职能和地位

3.2.1 二手车鉴定评估机构的特征

1. 经济性

二手车鉴定评估机构通常需通过相关的专业技术人员，接受诸多当事人（如保险公司、车主等）的委托，处理不同类型的二手车评估业务，积累二手车评估经验，提高二手车评估水平，从而帮助当事人降低成本，提高经济效益。

2. 专业性

二手车鉴定评估机构的市场定位是向众多当事人提供专业的评估业务。由于其对特定的对象（二手车）进行评估，而汽车种类繁多，当事人的要求又千差万别，所以二手车鉴定评估机构比一般的资产评估机构在评估技术方面更专业，经验更丰富。

3. 超然性

二手车鉴定评估机构作为汽车保险市场、二手车交易市场、汽车碰撞事故双方的中介，易被双方当事人所接受，因而可以缓解当事人双方的矛盾并增大回旋余地。可以说，二手车鉴定评估机构是减少当事人之间摩擦的润滑剂。然而，二手车鉴定评估机构毕竟是以利润最大化为目标的中介组织，因此，无论评估人本身是否出于商业目的，公众及媒体不应过于强调其公正性，特别是在现阶段，二手车鉴定评估机构的法律地位完全不同于我国司法系统中的公证部门。

需要说明的是，如果二手车鉴定评估机构的工作使委托人不满意，当事人可以要求改进甚至推倒重来，毕竟结果最终还是涉及当事人的利益。由此可见，二手车鉴定评估机构因工作失误而给当事人造成的损失是极为有限的。它与其他中介人的作用有很大不同。

除了上述3个特征之外，在有些具体业务领域中，对从业人员的要求还具有严格性。二手车鉴定估价人员除应具有汽车专业技术知识外，还需财务、会计、法律、经济、金融、保险等知识。如需从事汽车保险公估业务，其从业人员必须通过保险公估资格考试，获得《保险公估资格证书》，持证上岗。

3.2.2 二手车鉴定评估机构的职能

1. 评估职能

评估即评价、估算,指对某一事物或物质进行评判和预估。评估职能是评估所应具有的作用。二手车鉴定评估机构与其他公估人一样具有一种广义的评估职能,包括评价职能、勘验职能、鉴定职能、估价职能等。二手车鉴定评估机构对二手车进行评估,得出评估结论,并说明得出结论的充分依据和推理过程,体现出其评估职能。评估职能是二手车鉴定评估机构的关键职能。

2. 公证职能

二手车鉴定评估机构对二手车评估结论给出符合实际、可以信赖的证明。二手车鉴定评估机构之所以具有公证职能,是因为以下两个原因。

(1) 二手车鉴定评估机构有丰富的二手车评估知识和技能,在判断二手车评估结论准确与否的问题上最具资格和权威性。

(2) 作为当事人之外的第三方,二手车鉴定评估机构完全站在中立、公正的立场上就事论事、科学办事。

公证职能是二手车鉴定评估机构的重要职能,并具有以下特征:第一,这种公证职能虽然不具备定论作用,但却有促成事故结案、买卖成交的作用,因为当事人双方难以找出与评估结论完全不同的原因或理由;第二,这种公证职能虽然不具备法律效力,但该结论可以接受法律的考验。这是因为二手车鉴定评估机构的评估结论确定之后,必须经当事人双方接受才能结案或买卖成交。一旦当事人双方有一方不能接受,则可选择其他途径解决,如调解协商、仲裁或诉讼。但是,二手车鉴定评估机构可以接受委托方的委托出庭辩护,甚至可被聘请为诉讼代理人出庭诉讼,本着对委托方特别是对评估报告负责的原则,促成双方接受即定结论。

3. 中介职能

二手车鉴定评估机构作为中介人,从事评估经济活动,并参与相关利益的分配,为当事人提供服务,具有鲜明的中介职能。这是因为:第一,二手车鉴定评估机构可以受托于双方当事人的任何一方;第二,二手车鉴定评估机构以当事人之外的第三方身份从事二手车评估经营活动,从当事人一方获得委托,以中间人立场执行二手车评估,并收取合理费用。这样,二手车鉴定评估机构以中间人的身份,独立地开展二手车评估,从而得出评估结论,促成双方当事人接受该结论,为当事人提供中介服务,淋漓尽致地发挥其中介职能。

3.2.3 二手车鉴定评估机构的地位

二手车鉴定评估机构的地位是独立的。主要表现在以下几个方面。

(1) 二手车鉴定评估机构执行评估业务时,既不代表双方当事人,也不受行政权力等外界因素干扰。

(2) 在开展二手车评估业务的整个进程中,汽车评估执业人员保持着独立的思维方式和判断标准。

(3) 二手车鉴定估价人员的评估分析和结论保持独立性,这一特征在二手车鉴定评估机构所出具的评估报告中得以充分体现。

(4) 二手车鉴定估价人员具有知识密集性和技术密集性的特征,在二手车评估领域具有一定的权威地位,但从法律的角度看,这种权威地位是相对的。从市场地位而言,二手车鉴定估价人员必须坚持独立的立场,无论针对哪一方委托的事务都应作出客观、公平的评判。

3.3 二手车鉴定评估师的执业资格认证

二手车鉴定评估师是从事二手车技术鉴定及价格评估的一种职业资格,是国务院规范我国资产评估行业后设置的6类评估专业之一。其所从事的工作范围是围绕二手车的车况鉴定与价格评估,其工作模式类似于律师、会计师一类的职业,属于6类资产评估人员之一。

目前,二手车鉴定评估是一个技术性比较强的工种,如果直接从事二手车的鉴定与估价工作,不仅需要很扎实的理论基础,还需要多年的经验积累,更需要了解市场,才能真正做好二手车评估师。目前考取二手车鉴定评估师资格的人员,多半在从事二手车置换、收购、拍卖、经纪等经营,而非纯粹从事二手车鉴定估价业务,而实际上,前者的业务范畴与市场容量更大。

二手车交易中最重要的一环是价格评估。由于二手车价格构成有一定特殊性,需要有一套科学、统一的鉴定估价标准和方法来客观反映二手车的现时价格。按照国家相关部委规定,为提高二手车鉴定估价人员的素质,统一鉴定估价职业标准,规范二手车鉴定估价行为,要对二手车鉴定估价人员进行职业技能鉴定,实行职业资格证书制度。根据国家劳动法,从事资产价值鉴定职业的,必须持有国家劳动部门颁发的职业资格证书。二手车鉴定评估师就是在这样的时代背景下,依据国家劳动法律法规、相关管理条例和政策而推出的,旨在推动二手车市场规范经营、健康发展的职业资格考评体系。

3.3.1 二手车鉴定评估师的执业准入

根据《二手车评估师》职业标准中的职业定义,二手车评估师是运用目测、路试及借助相关仪器设备对二手车的技术状况进行综合检验和检测,结合车辆相关文件资料对二手车的技术状况进行鉴定,并根据评估的特定目的,选择适用的评估标准和方法进行二手车价格评估工作的专业汽车评估人员和管理人员。

目前,我国二手车鉴定评估还处于萌芽状态,2005年《二手车流通管理办法》实施后,给二手车流通领域带来了很多变化。除了规范二手车的评估鉴定工作外,更重要的是国家对二手车鉴定评估师实行了职业资格制度:从事二手车鉴定评估经营活动的人员必须通过统一等级考试,取得劳动和社会保障部门颁发的二手车鉴定评估师等级职业资格证书。未取得二手车鉴定评估师等级职业资格证书的人员不得从事二手车鉴定评估经营活动。

要成为一名优秀的二手车评估师,应该涵盖15~20年车型的全面知识,对近5年的车型更要有详尽的了解,并且对各种车型的碰撞、事故情况都有相当程度的了解和判断。

一般来说,二手车评估师是一项看重经验的职业,从事相关行业的人员才有机会通过学习培训成为一名专业的评估师。有汽车营销、汽车商务、市场营销、汽车运用、汽车维修与检测、汽车运用技术、汽车工程、企业管理等相关专业背景,有二手车交易、二手车拍卖、汽车贸易、汽车销售、汽车服务(提供汽车金融、汽车保险、汽车租赁及汽车市场需求信息服务)、汽车运用、汽车维修、汽车检测、汽车制造等行业从业经验的人员都可以成为二手车评估师。

持有二手车鉴定评估师职业资格证书是合法从事二手车鉴定与估价工作的前提,其工作范围包含二手车的鉴定与估价。今后,随着二手车市场的进一步发展和规范,二手车鉴定评估师职业资格证书将成为进入二手车经营领域的入场券和通行证,其作用不可低估。

(1) 国家劳动法及《二手汽车流通管理办法》都明确规定,二手车估价实行职业资格准入制度,只有持有二手车鉴定评估师、二手车鉴定估价师职业资格证书者,才能合法从事二手车估价职业。

(2) 注册二手车鉴定公司、二手车评估机构等,需至少持有3张二手车鉴定评估师职业资格证书,地方工商局才受理核发营业执照。

(3) 上述注册的公司在年检、核查时或产生法律纠纷取证时,二手车鉴定评估师职业资格都可作为有效合法的证明和依据。

3.3.2 二手车鉴定评估师的申报条件

二手车鉴定评估师的职业资格分为二手车鉴定评估师、高级二手车鉴定评估师两个等级。

1. 二手车鉴定评估师的申报条件

二手车鉴定评估师需同时具备的条件如下。

(1) 文化程度具备以下条件之一。

① 高中毕业,从事本行业工作5年以上。

② 中等专科学校毕业,非汽车专业,从事本行业工作4年以上;汽车专业,从事本行业工作2年以上。

③ 大专以上,非汽车专业,从事本行业工作2年以上;汽车专业,从事本行业工作1年以上。

(2) 会驾驶汽车并考取驾驶证。

(3) 具有一定的车辆性能判断能力。

(4) 具有一定的汽车营销知识。

2. 高级二手车鉴定评估师的申报条件

高级二手车鉴定评估师需同时具备的条件如下。

(1) 文化程度具备以下条件之一。

① 高中毕业,从事本行业工作8年以上。

② 中等专科学校毕业,非汽车专业,从事本行业工作6年以上;汽车专业,从事本行业工作4年以上。

③ 大学专科以上,非汽车专业,从事本行业工作5年以上;汽车专业,从事本行业

工作3年以上。

(2) 具有汽车驾驶证,驾龄不低于3年。

(3) 具有较强的汽车性能判断能力。

(4) 具有丰富的汽车营销知识和经验。

二手车鉴定评估师证书

职业资格证书分中级和高级两个级别。每本证书上盖有3个章(全国证)。

(1) 中华人民共和国劳动和社会保障部。

(2) 劳动和社会保障部培训就业司。

(3) 劳动和社会保障部职业技能鉴定中心。

由地方劳动保障部门颁发的二手车鉴定评估师(二手车鉴定估价师)证书(图3.1)的钢印和红章是"某省/市劳动和社会保障厅(局)职业技能鉴定中心"。

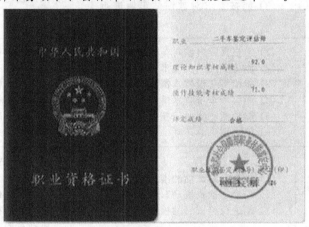

图3.1 二手车鉴定评估师职业资格证书

3.3.3 二手车鉴定评估师的职业要求

1. 基本要求

1) 职业道德要求

热爱本职工作,遵守职业道德,具有较高的政治素质和法制观念,从事业务保证公正、公平、公开,不得利用职业之便损害国家、集体和个人利益。

2) 基础知识要求

二手车鉴定评估师应具备以下基础知识:机动车结构和原理知识、二手车价格及营销知识、机动车驾驶技术、国家关于二手车管理的政策及法规。

2. 二手车鉴定评估师的技能要求

对二手车鉴定评估师和高级二手车鉴定评估师的技能要求是不同的,根据2007年国家职业标准的规定,二手车鉴定评估师职业标准见表3-4,高级二手车鉴定评估师职业标准见表3-5。

表3-4 二手车鉴定评估师职业标准

职业技能	工作内容	技能要求	相关知识
一、评估准备	（一）接受委托	（1）能介绍二手车鉴定评估程序 （2）能介绍二手车鉴定评估方法 （3）能签订二手车鉴定评估委托合同	（1）社交礼仪 （2）二手车鉴定评估委托合同使用方法
	（二）核查证件税费	（1）能确认被评估车辆及评估委托人的机动车来历凭证、机动车行驶证、机动车登记证书等是否合法有效 （2）能核实被评估车辆税费缴纳情况 （3）能按要求对被评估车辆进行拍照	（1）机动车证件类型 （2）机动车证件识别方法 （3）车辆税费种类 （4）车辆税费凭证识别办法 （5）拍照技巧
二、技术状况鉴定	（一）静态检查	（1）能根据资料核对车辆基本情况 （2）能检测发动机技术情况 （3）能检测底盘技术情况 （4）能检测车身技术情况 （5）能检测电器电子技术情况 （6）能识别事故车辆	（1）机动车识伪检查方法 （2）发动机静态检查方法 （3）底盘静态检查方法 （4）车身静态检查方法 （5）电器电子静态检查方法 （6）事故车静态检查方法
	（二）动态路试检查	（1）能进行路试前的准备工作 （2）能动态检查机动车性能 （3）能进行路试后的检查工作	（1）机动车制动性能检查方法 （2）机动车动力性能检查方法 （3）机动车操作性能检查方法 （4）机动车滑行性能检查方法 （5）机动车噪声与废气检查方法
	（三）技术状况综合评定	（1）能分析二手车的技术状况 （2）能提出机动车检测建议 （3）能识读机动车综合检测报告	（1）机动车技术等级标准 （2）机动车技术状况分析方法 （3）机动车技术状况检测项目和内容
三、价值评估	（一）选择评估方法	（1）能区分评估类型 （2）能根据评估目的选择评估方法	（1）评估类型分类 （2）评估方法分类
	（二）评估计算	（1）能用重置成本法评估二手车鉴定评估报告 （2）能用现行市价法评估二手车鉴定评估报告 （3）能用收益现值法评估二手车鉴定评估报告 （4）能用清算市价法评估二手车鉴定评估报告	（1）重置成本法的计算模型和估算方法 （2）二手车贬值及其估算 （3）成新率确定方法 （4）现行市价法评估流程和计算方法 （5）收益现值法评估流程和计算方法 （6）清算市价法
	（三）撰写二手车鉴定评估报告	（1）能与委托方交流，确认鉴定评估结论 （2）能编写二手车鉴定评估报告 （3）能归档二手车鉴定评估报告	（1）二手车鉴定评估报告要求 （2）二手车鉴定评估报告要素 （3）二手车鉴定评估报告内容

表 3-5 高级二手车鉴定评估师职业标准

职业功能	工作内容	技术要求	相关知识
一、故障判断	（一）判断发动机常见故障	能判断发动机起动困难、急速不良、动力不足、排烟异常、即有消耗异常、异响等故障原因	（1）发动机故障表现形式 （2）发动机故障诊断方法 （3）发动机传感器、执行器、电子控制器(ECU)检测方法
	（二）判断底盘常见故障	能判断传动系统、转向系统、行驶系统、制动系统等故障原因	（1）传动系统、转向系统、行驶系统、制动系统等故障表现形式 （2）传动系统、转向系统、行驶系统、制动系统等故障诊断方法
	（三）判断电器电子常见故障	（1）能判断蓄电池、发动机、起动机、空调、电子元件等故障 （2）能判断汽车起火自燃的原因	（1）汽车电路常见问题 （2）汽车常见电器电子元件 （3）汽车电器电子故障诊断程序 （4）汽车电器电子检修常用仪表
	（四）判断对车价影响较大的故障	（1）能分析汽车故障与车价的关系 （2）能判断对车价影响较大的故障	（1）汽车维修配件价格相关知识 （2）汽车修理成本核算方法
二、高配置装置识别与技术状况鉴定	（一）发动机技术状况鉴定	（1）能识别和鉴定涡轮增压发动机 （2）能识别和鉴定多气门发动机	（1）电控燃油喷射结构原理 （2）涡轮增压装置结构原理 （3）多气门发动机结构原理
	（二）底盘高配置装置识别与技术状况鉴定	（1）能识别和鉴定动力转向装置 （2）能识别和鉴定防抱死制动系统（ABS） （3）能识别和鉴定巡航装置	（1）自动变速器(AT)、无级变速器(CVT)结构原理 （2）动力转向装置结构原理 （3）防抱死制动系统（ABS）结构原理 （4）巡航控制装置结构原理
	（三）车身高配置装置识别与技术状况鉴定	（1）能识别和鉴定倒车雷达装置 （2）能识别和鉴定防盗装置 （3）能识别和鉴定汽车音响	（1）安全气囊结构原理 （2）倒车雷达装置结构原理 （3）防盗装置结构原理 （4）汽车音响结构原理 （5）电动天窗结构原理
三、专项作业车和大型客车鉴定评估	（一）专项作业车鉴定评估	（1）能判别专项作业车技术状况好坏 （2）能静、动态检查专项作业车 （3）能评估专项作业车价值	（1）专业作业车分类、型号和技术指标 （2）专业作业车基本结构和技术参数
	（二）大型客车鉴定评估	（1）能判别大型客车技术状况好坏 （2）能静、动态检查大型客车 （3）能评估大型客车价值	（1）大型客车分类、型号和技术指标 （2）大型客车基本结构和技术参数

(续)

职业功能	工作内容	技术要求	相关知识
四、二手车营销	(一) 二手车收购、销售、置换	(1) 能确定二手车收购价格 (2) 能确定二手车销售定价方法 (3) 能制定二手车销售定价目标 (4) 能确定二手车销售最终价格 (5) 能制定二手车置换流程	(1) 二手车收购评估方法 (2) 二手车收购估价与鉴定估价的区别 (3) 二手车销售定价应考虑的因素 (4) 二手车销售实物 (5) 二手车置换方式
	(二) 二手车质量认证	能制定二手车质量认证流程	二手车质量认证内容
	(三) 二手车拍卖	能确定二手车拍卖底价	(1) 二手车拍卖方式 (2) 拍卖相关法规 (3) 二手车拍卖的运行过程
五、事故车辆鉴定评估	(一) 事故车辆的鉴定	(1) 能检查事故车技术状况 (2) 能鉴定事故车辆的损伤程度	车辆损伤类型
	(二) 事故车辆的评估	(1) 能对碰撞车辆进行评估 (2) 能对泡水车辆进行评估 (3) 能对火烧车辆进行评估	(1) 损失项目的确定 (2) 损失费用的确定
六、培训指导	(一) 指导操作	能指导二手车鉴定评估师及鉴定评估从业人员进行实际操作	二手车鉴定评估实际操作流程
	(二) 理论培训	能指导二手车鉴定评估师及鉴定评估从业人员进行理论培训	二手车鉴定评估师培训讲义编写方法

3. 二手车鉴定评估师的岗位职责

(1) 遵守《二手车鉴定评估师工作守则》，认真履行岗位职责。

(2) 接待二手车交易客户，受理客户鉴定估价的委托。

(3) 接受客户对二手车交易的咨询，引导客户合法交易。

(4) 负责检查二手车交易的各项证件。

(5) 负责收集二手车鉴定估价的政策法规资料、车辆技术资料和市场价格信息资料。

(6) 负责收集二手车的技术鉴定，估算价格。

(7) 不准盗抢、走私、非法拼装、报废车辆进场交易。

(8) 负责报告鉴定估价结果，与客户商定确认评估价格。

(9) 填写鉴定估价报告，指导资料员存档。

(10) 协助领导做好有关鉴定估价的其他工作。

4. 二手车鉴定人员的素质要求

二手车鉴定评估人员的素质直接影响着二手车价格评估工作的质量。一名合格的二手车鉴定评估人员应具备的素质主要体现在政策理论素质、业务素质和思想品德素质3个方面。

1) 政策理论素质

(1) 掌握马克思主义的基本理论,能运用马克思主义的立场、观点和方法分析问题和解决问题。

(2) 有一定的资产评估业务理论,熟悉资产评估基本原理和基本方法。

(3) 有一定的政策水平,熟知国家有关二手车交易的政策法规和国家在各个时期的路线、方针和政策。

2) 业务素质

(1) 具有一定的知识面。二手车鉴定评估涉及知识面广,它不仅要求鉴定估价人员具备财会、经济管理、市场、金融、物价等经济学科方面的知识,同时还要求鉴定评估人员具有工程技术、微机操作方面的知识。鉴定估价人员具有较全面的知识结构,才能胜任二手车的鉴定估价工作。

(2) 具有娴熟的评估技巧和计算技术。

(3) 具有较高的收集、分析和运用信息资料的能力。

(4) 具有准确的判断能力。二手车鉴定评估过程就是一个对二手车技术状况进行判断、鉴定,从而对其价格进行估算的过程。

3) 思想品德素质

思想品德素质包括以下内容:热爱祖国,坚持四项基本原则,拥护改革开放的方针政策,遵纪守法,公正廉洁。鉴定估价人员只有具备较高的思想品德素质,才能在评估工作中自觉履行自己的职责和义务,恪守职业道德,全心全意为客户服务。

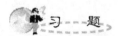

习 题

1. 二手车鉴定评估的基本要素有哪些?
2. 二手车鉴定评估的目的是什么?
3. 二手车鉴定评估应遵循哪些原则?
4. 在二手车交易中,哪些是属于严禁进入流通领域,不得进行交易的车辆?
5. 二手车评估的业务类型有哪些?
6. 二手车评估的政策法规依据主要有哪些?
7. 二手车鉴定评估师的申报条件有哪些?
8. 不能进行交易和上路的车辆主要有哪几种?

第4章
二手车鉴定

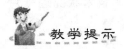教学提示

本章主要介绍了二手车手续及技术状况鉴定的相关知识,是进行二手车评估价值的前提和基础,属于重点掌握内容。

知识要点

本章主要介绍二手车鉴定的内容和方法。

1. 二手车手续检查:二手车交易的证件、二手车交易的税费缴讫证、二手车手续检查的基本内容;

2. 二手车技术状况鉴定:静态检查、动态检查、二手车技术状况的仪器检查。

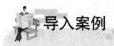

导入案例

受损部件和维修成本也可鉴定

2009年4月12日,王某驾驶的富康车与张某驾驶的奥迪车发生追尾事故。经交警认定王某负此次事故的全部责任。随后,张某将奥迪车送汽车修理厂进行维修,修理项目共计26项,配用材料33件,维修费用共计4万多元。要求王某赔偿,而王某认为事故造成的损失并没有那么多,不予赔偿。双方争执不下,告到法院。经法院委托,×××二手车鉴定评估有限公司对本次交通事故中的奥迪车进行受损部件和维修成本鉴定。×××二手车鉴定评估有限公司对该车的受损部位和维修成本经勘验后作出以下结论:该车辆在本次事故中的维修部位只有两处……,同时经调查维修成本总计6 300元。×××二手车鉴定评估有限公司的鉴定程序符合我国相关法律法规的规定,法院对鉴定结论予以采信。原告的事故车辆维修金额超出被告造成应赔偿的损失,多出部分应由原告自行承担。

4.1 二手车手续检查

二手车的手续是指机动车上路行驶,按照国家法规和地方法规应该办理的各项有效证件和应该缴纳的各项税费凭证。二手车属于特殊商品,它的价值包括车辆实体本身的有形价值和以各项手续构成的无形价值,只有这些手续齐全,才能构成车辆的全部价值。也只有这样机动车辆才能发挥实际效用。

4.1.1 二手车交易的证件

1. 二手车来历凭证

机动车来历凭证是二手车来源的合法证明。通过检查机动车来历证明可以及时发现该车是否合法、是否为涉案车辆,同时,登录公安机关交通管理部门"全国被盗抢汽车查询系统",确认车辆是否为盗抢车。杜绝盗抢车、走私车、拼装车和报废车的非法交易,可以避免二手车交易市场成为非法车辆销赃的场所,并切实维护消费者的合法权益。

在国内购买机动车的来历凭证分新车来历凭证和二手车来历凭证两种。

新车来历凭证是指经国家工商行政管理机关验证盖章的机动车销售发票。其中有的销售发票是国家指定的机动车销售单位的销售发票。从新车来历凭证可以看出车主购置车辆的日期和原始价值。

二手车来历凭证包含以下几个方面。

(1) 第一次进行二手车交易的车辆,其来历凭证与新车交易的来历凭证一样,是机动车销售发票。

(2) 经国家工商行政管理机关验证盖章的二手车交易发票。二手车交易发票反映了即将交易的车辆曾是一辆已经交易过的合法使用的二手车。《二手车流通管理办法》要求统一的二手车销售发票，目前国内大部分地区都使用了新版的"二手车销售统一发票"（图4.1）。而在统一发票之前，各地的二手车交易发票样式繁多，也造成了管理上的难度。

图4.1 全国二手车销售统一发票

（3）人民法院调解、裁定或者判决转移所有权的机动车，其来历凭证是人民法院出具的已经生效的《调解书》、《裁定书》或者《判决书》以及相应的《协助执行通知书》。

（4）仲裁机构仲裁裁决转移所有权的机动车，其来历凭证是《仲裁裁决书》和人民法院出具的《协助执行通知书》。

（5）继承、赠予、中奖和协议抵偿债务的机动车，其来历凭证是继承、赠予、中奖和协议抵偿债务的相关文书和公证机关出具的《公证书》。

（6）资产重组或者资产整体买卖中包含的机动车，其来历凭证是资产主管部门的批准文件。

（7）国家机关统一采购并调拨到下属单位未注册登记的机动车，其来历凭证是全国统一的机动车销售发票和该部门出具的调拨证明。国家机关已注册登记并调拨到下属单位的机动车，其来历凭证是该部门出具的调拨证明。

（8）经公安机关破案发还的被盗抢且已向原机动车所有人理赔完毕的机动车，其来历凭证是保险公司出具的《权益转让证明书》。

（9）更换发动机、车身、车架的来历凭证，是销售单位开具的发票或者修理单位开具的发票。

（10）在国外购买的机动车，其来历凭证是该车销售单位开具的销售发票及其翻译文本。

2. 机动车行驶证

机动车行驶证是由公安车辆管理机关依法对机动车辆进行注册登记核发的证件，它是机动车取得合法上路行驶权的凭证。《中华人民共和国道路交通安全法》第十一条规定，机动车行驶证是车辆上路行驶必需的证件，也是二手车过户、转籍必不可少的证件。在二手车鉴定评估的手续检查中，机动车行驶证也是检查二手车合法性的凭证之一。新版的机动车行驶证上一般载有该车车型、车主信息和车辆号牌、发动机号、车架号、车辆技术性能、检验记录等重要信息，如图4.2所示。

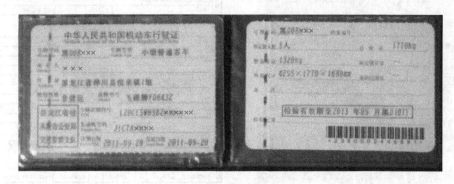

图 4.2 机动车行驶证

通过查验机动车行驶证上的号牌号码、车辆识别代码、发动机号、车架号与车辆实物是否一致，是否有改动、凿痕、锉痕、重新打刻等情况，车辆颜色与车身装置是否与行驶证一致等项目可以初步判断二手车是否合法。

检查时除了要认真核对行驶证正页上的信息外，还要认真检验副页的内容。因为副页注明了检验的有效日期。可以看出安全检查和排放检测是否合格，检验结果是否在有效期内。

注意：
在二手车交易中，应该坚持先检验后交易的原则。安全检验不合格，不能进行交易，也不能上路行驶。

3. 机动车登记证

机动车登记证是由公安车辆管理部门核发和管理的，是机动车的"户口本"和所有权证明，具有产权证明的性质。机动车登记证书是二手车鉴定评估人员必须认真查验的手续。机动车登记证书与机动车行驶证相比，它的内容更详细，它记载的信息有车主信息、车辆信息、过户信息等，用于变更行驶证上的登记项目，或者要转出、抵押及办理行驶登记、复驶登记、注销登记等，是车辆的一项重要凭证。因此，机动车登记证书是机动车从"生"到"死"的完整记录，如图4.3所示。

4. 机动车号牌

机动车号牌（图4.4）是指由公安车辆管理机关依法对车辆进行注册登记核发的金属号牌，在办理车辆注册登记时和机动车行驶证一同核发，其号牌与行驶证号牌一致。它是机动车取得合法行驶权的标志。《中华人民共和国道路交通安全法》第十一条规定，机动车

036695B 9879E 23C B 1859738　　　　机动车登记证书编号：110000654744

注册登记摘要信息栏

Ⅰ	1. 机动车所有人/身份证明名称/号码					
	2. 号记机关	北京	3. 登记日期	2003.07.10	4. 机动车登记编号	京G 28437

过户、转入登记摘要信息栏

Ⅱ	机动车所有人/身份证明名称/号码					
	登记机关		登记日期		机动车登记编号	
Ⅲ	机动车所有人/身份证明名称/号码					
	登记机关		登记日期		机动车登记编号	
Ⅳ	机动车所有人/身份证明名称/号码					
	登记机关		登记日期		机动车登记编号	
Ⅴ	机动车所有人/身份证明名称/号码					
	登记机关		登记日期		机动车登记编号	
Ⅵ	机动车所有人/身份证明名称/号码					
	登记机关		登记日期		机动车登记编号	
Ⅶ	机动车所有人/身份证明名称/号码					
	登记机关		登记日期		机动车登记编号	

第1页

注册登记机动车信息栏

5. 车辆类型	中型普通客车	6. 车辆品牌	金杯
7. 车辆型号	SY 6480A 1B-E	8. 车身颜色	白
9. 车辆识别代号/车架号		10. 国产/进口	国产
11. 发动机号		12. 发动机型号	JM 4910-E
13. 燃料种类	汽轴	14. 排量/功率	ml/ 70 kW
15. 制造厂名称	沈阳化晨金杯汽车有限公司	16. 转向形式	方向盘
17. 轮距	前1450 后1438 mm	18. 轮胎数	4
19. 轮胎规格	185R 14C	20. 钢板弹簧片数	后轴 片
21. 轴距	2590 mm	22. 轴数	2
23. 外廓尺寸	长4900 宽1690 高1935 mm		33. 发证机关章
24. 货厢内部尺寸	长 宽 高 mm		
25. 总质量	2800 kg	26. 核定载质量 kg	
27. 核定载客	6 人	28. 准牵引总质量 无 kg	
29. 驾驶室载客	人	30. 使用性质 非营运	
31. 车辆获得方式	购买	32. 车辆出厂日期 2003.07	34. 发证日期 2003.07.10

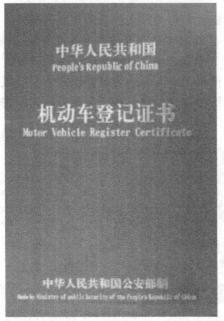

图 4.3　机动车登记证书

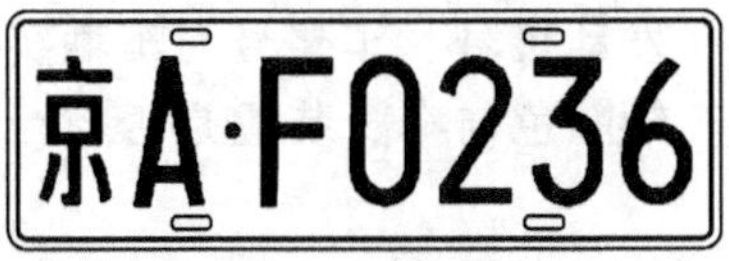

图 4.4　机动车号牌

号牌应当按照规定悬挂并保持清晰、完整，不得故意遮挡、污损。目前，我国机动车号牌标准执行的是 GA 36—2007《中华人民共和国机动车号牌》。机动车号牌的分类、规格、颜色和适用范围见表 4-1。

表 4-1　机动车号牌的分类、规格、颜色和适用范围

序号	分类	外廓尺寸 /mm×mm	颜色	面数	适用范围
1	大型汽车	前：440×140 后：440×220	黄底黑字黑框线		总质量 4.5t(含)、乘坐人数 20 人(含)和车长 6m (含)以上的汽车、无轨电车及有轨电车
2	小型汽车	440×140	蓝底白字白框线		除大型汽车以外的各种汽车
3	使馆汽车		黑底白字红“使”、“领”字白框线		驻华使馆的汽车
4	领馆汽车				驻华领事馆的汽车
5	境外汽车		黑底白字白框线		入出境的境外汽车
			黑底红字红框线		入出境限制行驶区域的境外汽车
6	外籍汽车		黑底白字白框线		除使、领馆外，其他驻华机构、商社、外资企业及外籍人员的汽车
7	两、三轮摩托车	前：220×95 后：220×140	黄底黑字黑框线		两轮摩托车和三轮摩托车
8	轻便摩托车		蓝底白字白框线		轻便摩托车

(续)

序号	分类	外廓尺寸 /mm×mm	颜色	面数	适用范围
9	使馆摩托车		黑底白字红"使"、"领"字白框线		驻华使馆的摩托车和轻便摩托车
10	领馆摩托车				驻华领事馆的摩托车和轻便摩托车
11	境外摩托车		黑底白字白框线		入出境的境外摩托车和轻便摩托车
12	外籍摩托车				除使、领馆外,其他驻华机构、商社、外资企业及外籍人员的摩托车和轻便摩托车
13	农用运输车	300×165	黄底黑字黑框线		三、四轮农用运输车、轮式自行专用机械和蓄电池车等
14	拖拉机		黄底黑字		各种在道路行驶的拖拉机
15	挂车	同大型汽车后号牌		1	全挂车和不与牵引车固定使用的半挂车
16	教练汽车	440×140	黄底黑字黑框线	2	教练用的汽车及其他机动车不含摩托车和轻便摩托车
17	教练摩托车	同摩托车号牌			教练用的摩托车和轻便摩托车
18	试验汽车	440×140			试验用的汽车及其他机动车不含摩托车和轻便摩托车
19	试验摩托车	同摩托车号牌			试验用的摩托车和轻便摩托车
20	临时入境汽车	300×165	白底红字黑"临时入境"字红框线(字有金色廓线)	1	临时入境参加旅游、比赛等活动的汽车
21	临时入境摩托车	220×120			临时入境参加旅游、比赛等活动的摩托车
22	临时行驶车	220×140	白底(有蓝色暗纹)黑字黑框线		无牌时需要临时行驶的机动车

GA 36—2007《中华人民共和国机动车号牌》的调整(简)

GA 36—2007 与 GA 36—1992 相比,没有太大幅度的修改,主要在以下几个方面进行了调整。

(1) 取消了 6 种号牌,新增了 3 种号牌。

试验汽车和试验摩托车的试验汽车号牌和试验摩托车号牌在新标准中予以取消。

将境外汽车号牌和境外摩托车号牌合并到临时入境汽车号牌和临时入境摩托车号牌中统一管理。

外籍汽车号牌和外籍摩托车号牌在新标准中也被取消。新增了港澳入出境车号牌,专门供入出内地的港澳汽车使用。

另外，警用汽车号牌和警用摩托车号牌纳入标准管理范畴，作为新标准中的新增两种号牌种类。

（2）新标准调整了一些号牌的范围和样式。将中型客车划到了大型汽车号牌的适用范围。将中型客车由挂小型汽车号牌改为挂大型汽车号牌。

细化临时行驶车号牌，根据号牌的使用性质分成辖区内、辖区外、试验用和特型车4种分类（图4.5～图4.8，见书前彩色插图），使管理更具有针对性。

临时入境汽车号牌和临时入境摩托车号牌引用了公安部第90号部令《临时入境机动车和驾驶人管理规定》中的规定，改变了尺寸、颜色、材料、字样和样式，同时也改变了适用范围（图4.9～图4.12，见书前彩色插图）。

（3）规范了发牌机关代号及序号的编码规则。新标准对发牌机关代号也进行了规范。根据国家行政辖区的调整增加了发牌机关代号中的简称"渝"，同时增加了发牌机关代号"I"，修改了字母"Q"的字样。

新标准在旧标准只有两种字母和数字组合方式的基础上增加了9种的组合方式，使号牌号码的排列方式增加了上百倍，在近十年内完全能够解决号牌号码不足的问题。

（4）修改了号牌的生产、安装、试验和放大号的要求。新标准对机动车号牌的材料、颜色、外观、尺寸误差、使用寿命以及各种性能及其试验方法都进行了详细的规定，对号牌的安装、更换和放大号也作出了明确的规定，规范了机动车号牌的生产过程和试验规则，保证了机动车号牌的质量，使机动车号牌在生产、检验和使用过程中均有标准可依。

5. 道路运输证

道路运输证是县级以上人民政府交通主管部门设置的道路运输管理机构对从事客货运输（包括城市出租客运）的单位和个人核发的随车携带的证件，用于证明该车能用于相应的客货运输。营运车辆转籍过户时，应到运营机构及相关部门办理营运过户有关手续。非营运车辆没有此证。

6. 轿车定编证

轿车定编证是各级地方政府落实国务院关于严格控制社会集团购买力的通知精神，由各级地方政府控购办签发的证件。各级地方政府根据当地实际情况，所执行控购的情况各不相同。

7. 准运证

准运证是从有资格进口车辆的口岸进口的车辆，需销往外地的新、二手车辆，必须有经国家商务部核发批准的证件。准运证一证一车，不能一证多车。

注意：

目前，我国严禁二手车进口。但从海外归国的人才，按规定可免费携带一辆私家车入境。

8. 机动车安全技术检验合格标志（环保要求）

机动车必须进行安全技术检验，检验合格后，公安机关发放合格标志。根据《中华人民共和国道路交通安全法实施管理条例》第十三条的规定，机动车检验合格标志应贴在机动车前风窗玻璃右上角。若无合格标志或无效，则不能交易。机动车检验合格标志式样如图 4.13 所示。

9. 其他证件

其他证件包括买卖双方的证明和居民身份证。这些证件主要是向车辆注册登记机关证明机动车所有权转移的车主身份证明和住址证明。

图 4.13　机动车安全技术检验合格标志

4.1.2　二手车交易的税费缴讫证

1. 车辆购置税

车辆购置税是对在我国境内购置规定车辆的单位和个人征收的一种税，它由车辆购置附加费演变而来。现行车辆购置税法的基本规范，是 2001 年 1 月 1 日起实施的《中华人民共和国车辆购置税暂行条例》。车辆购置税的纳税人为购置（包括购买、进口、自产、受赠、获奖或以其他方式取得并自用）应税车辆的单位和个人，征税范围为汽车、摩托车、电车、挂车、农用运输车，税率为 10%，应纳税额的计算公式为：

车辆购置税＝计税价格×税率＝[新车售价÷(1＋17%)]×10%

车辆购置税由车辆登记注册地的主管税务机关征收。它是购买车辆后支出的最大一项费用。

 小知识：

车辆购置税的计税价格根据不同情况，按照下列规定确定：纳税人购买自用的应税车辆的计税价格，为纳税人购买应税车辆而支付给销售者的全部价款和价外费用，不包括增值税税款。

比如，纳税人购买一辆 10 万元的国产车，去掉增值税部分后按 10% 纳税（去掉增值税（税率为 17%）部分是因为 10 万元中已含有增值税，如不去掉，那就变成税上加税）。计算公式：购置税＝100 000÷1.17×10%＝8 547 元。

纳税人进口自用的应税车辆的计税价格的计算公式为：

计税价格＝关税完税价格＋关税＋消费税

国家规定车辆购置税的免税、减税范围按下列规定执行。

(1) 外国驻华使馆、领事馆和国际组织驻华机构及其外交人员自用的车辆，免税。

(2) 中国人民解放军和中国人民武装警察部队列入军队武器装备订货计划的车辆，免税。

(3) 设有固定装置的非运输车辆，免税。

(4) 有国务院规定予以免税或者减税的其他情形的，按照规定免税或者减税。

图 4.14　车辆购置税完税证明

(5) 对于挖掘机、平地机、叉车、装载车(铲车)、起重机(吊车)、推土机这 6 种车辆，免税。

购买二手车时，购买者应当向原车主索要《车辆购置税完税证明》(也简称为完税证明，如图 4.14 所示)。车辆购置税实行的是一次性征收制度，购置已征车辆购置税的车辆，不再征收车辆购置税。购买已经办理车辆购置税免税手续的二手车，购买者应当到税务机关重新办理申报缴税或免税手续。未按规定办理的，按征管法的规定处理。

2. 机动车辆保险费

1) 机动车交通事故责任强制保险

机动车交通事故责任强制保险，简称交强险，是我国第一个法定强制保险，《机动车交通事故责任强制保险条例》规定，自 2006 年 7 月 1 日起，所有上道路行驶的机动车都必须投保交强险。交强险标志如图 4.15 所示。由于交强险在我国是一项全新的保险制度，实施第一年先分 42 种车型执行全国统一价格，并在实践中积累经营数据。今后会尽快实行保费与交通违法行为、交通事故挂钩的浮动费率机制，一辆汽车如果多次出险，第二年的保费会上涨，而常年不出险的汽车其保费也会逐年降低，以此实现"奖优罚劣"。交强险的简要业务流程图如图 4.16 所示。

(a) 内置式

(b) 便携式

图 4.15　交强险标志

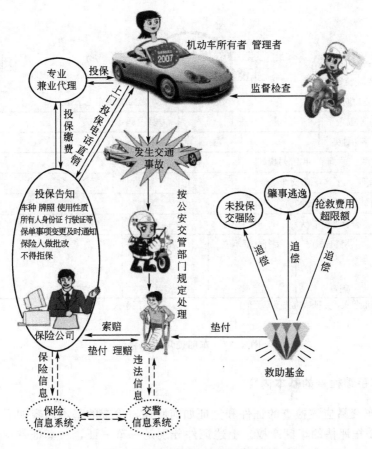

图 4.16 交强险的简要业务流程

2) 商业险

(1) 车辆损失险。车辆损失险是指保险车辆遭受保险责任范围内的自然灾害(不包括地震)或意外事故,造成保险车辆本身损失,保险人依据保险合同的规定给予赔偿。

(2) 第三者责任险。第三者责任险是指被保险人或其允许的合格驾驶员在使用保险车辆中发生意外事故,致使第三者遭受人身伤亡或财产的直接损毁,依法应当由被保险人支付的赔偿金额,保险人依照法律法规和保险合同的规定给予赔偿。

(3) 附加险。附加险包括全车盗抢险、车上责任险、无过失责任险、车载货物掉落责任险、风窗玻璃单独破碎险、车辆停驶损失险、自燃损失险、新增加设备损失险、不计免赔特约险。

3. 车船使用税

国务院于 2006 年发布的《中华人民共和国车船税暂行条例》规定,在中华人民共和国境内,车辆、船舶的所有人或者管理人为车船税的纳税人,应该按照规定缴纳车船税。许多地方的车船使用税已由保险机构(含代办点)在销售"交强险"时,对应纳车船税的机动车辆同时代收代缴车船税。车船使用税完税证如图 4.17 所示。

乘用汽车的车船使用税税额为每年每辆 60~660 元。

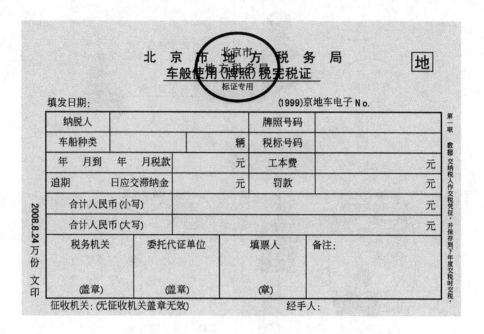

图 4.17 车船使用税完税证

4.1.3 二手车手续检查的基本内容

一般二手车交易应该检查的证件和凭证如前所述,检查的基本内容如下。

(1) 核实委托评估的车辆产权。上述证件分别是一车一证,一套证件中车主的单位名称或个人姓名、发动机号、车架号均应一致。

(2) 检查车辆原始发票或二手车交易凭证,了解购置日期和账面原值,以及是否经工商行政机关验证盖章。

(3) 交易车辆是否到公安车辆管理部门临时检验,查看机动车行驶证副页检验栏目是否盖有检验专用章,填注检验有效时间是否失效。

(4) 查看机动车行驶证上的号牌、发动机号、车架号码、车辆识别代码与车辆实物是否一致,若发现不一致或有改动、凿痕、锉痕、重新打刻、垫支金属块等人为改变或毁坏的,应及时向公安机关报告,扣车审查。

(5) 车辆购置附加税是否真实有效。

(6) 是否缴纳当年的车辆使用费。

(7) 是否缴纳国家规定的交强险。

(8) 检查营运车辆外卖单。外卖单是营运车辆转籍过户时向运输管理机构及相关部门办理的一套手续,该手续涉及车主各项规费的缴纳,是否违法经营等综合管理方面的问题。这一手续,一般由营运单位或个人自己办理后,再行交易。

(9) 检查各种证件的真伪,进行上述检查时要注意检查的全面性,不得有遗漏项目。此外,要注意证件和凭证的真伪,若有疑问,必须认真查验清楚,或请专门机构帮助核实。

4.2 二手车技术状况鉴定

在二手车的交易中，如何准确、客观地评估二手车的价值是至关重要的。二手车的价值除车型档次、市场供求关系、国家宏观政策的影响外，最为主要的是二手车当前技术状况的好坏。

汽车在长期的使用中，由于机件之间的摩擦和自然力的作用，使汽车处于不断损耗的过程中。随着行驶里程和使用年限的增加，汽车实体的有形损耗和无形损耗加剧。其损耗程度的大小，视使用强度、使用条件、使用性质、维修保养水平而定。不同的汽车，差异性很大。因此，往往需要通过技术检验等手段来鉴定其损耗程度，据此来评定汽车实体的价值。所以，必须准确地鉴定出二手车当前的技术状况和功能效用，为汽车的继续运行作出评估，为交易提供合理的价格依据。对二手车作技术状况的鉴定，也是提高交通运输效益，促进社会和经济稳定发展的重要环节。

汽车技术状况的鉴定是指通过感官和运用检测设备对汽车的外观、内饰情况，各个总成和部件的完好情况，整车的各项使用性能等进行评估。汽车技术状况的测定，也是保证车辆在可靠性、动力性、经济性、安全性、排放性等方面有良好状态的必要手段。

汽车经过长期使用后，会出现技术状况逐渐变坏、动力性能下降、经济性变差、可靠性降低、排放超标和故障率上升等情况。有关零部件也将出现不同程度的磨损、腐蚀、疲劳、变形、老化、断裂等损坏，从而导致汽车技术状况变差。与此同时，还会相继出现外观症状，如车体歪斜、不周正，车身或驾驶室的覆盖件变形、开裂、油漆剥落和锈蚀等，严重影响车容、车貌和市容。零部件的疲劳、老化、断裂、变形，还很容易引发安全事故。此外，检验二手车时，还要验明其身份，从而识别非法车辆，维护社会的安全与稳定。

二手车技术状况的鉴定一般包括静态检查、动态检查和仪器检查3个方面。

（1）静态检查是指二手车在静态下，根据检查人员的技能和经验，辅以简单的量具，对二手车技术状况进行检查。

（2）动态检查是指二手车在工作状态下（发动机在运转、二手车在运动或静止），根据检测人员的技能和经验，辅以简单的量器具，对二手车的技术状况进行检查。

（3）仪器检查是指使用仪器、设备对二手车的技术性能和故障进行检测和诊断，既定性又定量地对二手车进行技术检查。

前两项在汽车评估中是必不可少的；第三项在实际工作中往往视评估目的和实际情况而定。

4.2.1 静态检查

汽车技术状况的静态检查主要包括对汽车的识伪检查和外观检查两大部分。其中，识伪检查主要鉴别走私车辆、拼装车辆和盗抢车辆等；外观检查主要包括目测检查和使用常用量具检查。

1. 识伪检查

1) 鉴别走私和拼装车辆

进口正品汽车，即习惯上称大贸进口的汽车，是指通过正常的贸易渠道进口的汽车。此类汽车的前风窗玻璃上有黄色的商检标志，符合中国产品质量法。进口正品汽车都附有中文使用手册和维修手册，有的还有零部件目录，而走私汽车则没有。

图 4.18 整车切割的部件

走私车辆是指没有通过国家正常进口渠道进口的、并未完税的车辆；拼装车辆是指一些不法厂商和不法商人为了谋取暴利，非法组织生产、拼装，无产品合格证的假冒、低劣汽车，这些汽车多是境外整车切割、境内焊接拼装的。图 4.18 所示为走私到我国境内的整车切割部件。

对走私车辆、拼装车辆，在二手车交易鉴定评估中，首先应确定这些车辆的合法性，鉴别方法如下。

(1) 运用公安车管部门的车辆档案资料，查找车辆来源信息，确定车辆的合法及来源情况。

(2) 查验汽车的产品合格证、维护保养手册。

(3) 检查车辆的外观。看汽车外观是否有重新喷过油漆的痕迹，其曲线部分的接合部线条是否流畅，大面是否有凹凸不平。拼装的非法车辆，车身覆盖件那些小曲线接合部不可能处理好，一定会留下再加工痕迹，用手触摸，会有不平整的感觉。且其车门和发动机盖与车身接合部，缝隙会不均匀，间隙大小不一，很不整齐。

(4) 查看车辆内饰。看内饰的装饰材料表面是否干净，是否平整。特别是内饰压条边沿部分是否有明显的手指印迹，或其他工具碾压过后留下的痕迹，这些都是可疑的印迹。若发现这些问题，再与其他方面的检查情况结合判断，还是很有效果的。

(5) 检查发动机。检查发动机舱，仔细察看线路、管路布置是井井有条，还是杂乱无章；发动机和其他零部件是否有重新拆卸、安装过的痕迹。起动发动机，听声音是否正常，有无杂音。空调是否制冷，有无暖风；有无漏油、漏水现象。若发现有可疑问题，则需作进一步的检查。最后进行行驶检查，看整个车身有无异响等。

(6) 真假配件识别。

① 对汽车配件首先要观察其包装，真品外包装盒上字迹清晰，套印准确，色彩鲜明，标有产品名称、规格型号、数量、注册商标，有合格证和检验员章。一些重要部件如喷油泵等还要配有使用说明书。大部分假冒伪劣配件，在包装上总能找到破绽。

② 选择配件时，应选择原装配件，非原装配件很容易造成车辆机体的损害。原装配件一般会指定某种标准颜色，若遇其他颜色则就有可能是假冒伪劣产品。有些商贩将废旧配件经简单加工、拼凑、包装后冒充合格产品，这些配件从外观的油漆上可以看出来。

③ 细心观看配件的材料，如发现配件上有锈蚀、斑点、橡胶件老化、龟裂，结合处有脱焊、脱胶现象，这样的配件多半有问题。

④ 此外，大多数配件出厂时都有防护层，如活塞销、轴瓦用石蜡保护；活塞环、缸套表面涂有防锈油，并用包装纸包裹气门、活塞等，并再用塑料袋封装。若无此防护措

施，这样的配件一定有问题。

⑤ 然后是价格问题，常用汽车配件的价格较稳定，若发现配件价格远低于印象中的价格，就要提高警惕，一定要弄清楚是折价、降价还是假件。

这些检查专业性很强，需要有丰富的实践经验和专业知识，需要在长期的实践中积累经验，方能做到得心应手。

> **小知识："小贸车"**
>
> 国家为鼓励投资，对外商、海外留学生、华侨或投资额达一定数量的三资企业，每年都有一定的关税打折的国外车入境配额，这样的车业内称为"小贸车"，正常进口车则是"大贸车"。"小贸车"比正常"大贸车"能便宜总价格的10%～15%，但是在入关监管一年之内只能挂外商或外资企业所在地的牌照，一年之后才可以正常更名过户。
>
> 以前很多经销商将"小贸车"冒充"大贸车"出售。赚取比正常渠道车更高的利润，但是随着近几年来越来越多人对"小贸车"的认知，也导致了"小贸车"市场价格越来越透明化，无法冒充"大贸车"销售。
>
> 也许在很多人的印象里，"小贸车"是黑车，或是无法挂牌的非法车，这种想法绝对是错误的。因为"小贸车"入关是通过正规的入关程序，包括了含外商护照复印件在内的所有手续，所以不存在无法挂牌的问题，去车管部门调档就可以核实车辆是否有完全的合法手续。

2) 鉴别盗抢车辆

盗抢车辆的鉴别方法一般有以下几种。

(1) 根据公安车辆管理部门的档案资料，及时掌握车辆情况，防止盗抢车辆进入二手车市场交易。

(2) 根据一般的盗窃手段，主要检查汽车门锁是否过于新，锁芯有无被更换过的痕迹。

(3) 不法分子急于对有些车辆销赃，他们会对车辆有关证件进行篡改和伪造，使被盗车辆面目全非。

(4) 查看车辆外观是否全身重新喷过油漆，或改变了原车辆颜色。

2. 外观检查

二手车在进行外观检查之前，一般都要进行外部清洗。外观检查项目中需在底盘下面进行的项目，最好在设有检测地沟及千斤顶或汽车举升器的工位上进行。

1) 汽车外观检查的必要性

汽车外观检查是了解二手车整体技术状况和故障情况的重要手段之一。汽车在使用过程中，随着汽车行驶里程的不断增加，有关零部件将会产生磨损、腐蚀、变形、老化或受到意外损伤等，导致汽车技术状况不断变坏、动力性降低、油耗增加、工作可靠性及安全性降低，并会以种种外观症状表现出来，如车体不周正、油漆剥落、驾驶室的覆盖件开裂，有些外观症状如前后桥、传动轴、车架和悬架等装置有明显的弯、扭、裂、断等损伤，以及相关部件连接螺栓松动或脱落、球销磨损松旷等，小则影响车容车貌，大则影响汽车性能和人身安全。尽管现在检测诊断技术非常发达，检测仪器非常先进，但影响汽车性能的很多外部症状仍难以用仪器设备检测出来，而需要人工进行观察、体验，或辅以简单仪表进行直观性的检测。通过外观检查可以帮助检测人员确定检测重点，其检验结果也有助于对汽车各部分的真实技术状况、故障部位及其原因作出正确的判断。

2) 外观检查的方法

汽车外观检查各项目中，有些可以依靠检验人员的技能和经验，用感官感受和观察进行定性的直观检测，比如车辆外部损伤、漏水、漏气、渗油和连接件松动、脱落等；有些项目却需要用仪表进行检测。随着检测技术的发展，人们开始运用仪器设备进行车辆的一些外观检测诊断，如转向盘自由转动量、踏板行程，以及漆层厚度、硬度和光泽度等。因此汽车外观检查项目，基本上可分为两大类：一类是仅做定性规定的检查项目，可用直观检测，即目测检查；一类是做定量规定的检查项目，则需采用仪器设备和客观检查方法做定量分析；两种方法也可以综合运用。

(1) 目测检查。二手车鉴定评估中目测检查的内容大致如下。

① 车辆标志检查。车辆标志包括车辆的商标、铭牌、发动机型号和出厂编号、底盘型号及出厂编号。车辆的商标、型号标记必须装设在车身前部的外表面上，通常人们一眼就能看出来。车辆铭牌应置于车辆前部易于观看之处，客车铭牌应置于车内前门的上方。车辆的铭牌应标明厂牌、型号、发动机功率、总质量、载重质量或载客人数、出厂编号、出厂年月日及厂名等，如图4.19和图4.20所示。发动机的型号和出厂编号应打印在发动机气缸体侧平面上，而底盘的型号和出厂编号应打印在金属车架的易见部位。

图4.19 上海大众全新帕萨特V6车型的车辆铭牌

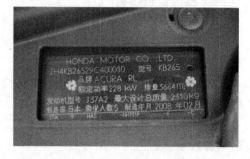
图4.20 本田讴歌RL的车辆铭牌

各类汽车发动机号、车架号码具体位置说明

1. 大众系列轿车：桑塔纳、帕萨特、宝来、保罗、捷达等

车架号码：打开发动机盖，在蓄电池与制动总泵之间面向前的挡板上。

发动机号：在发动机左侧中部，在第三缸火花塞下方。

2. 奥拓

车架号码：打开发动机盖，在前风窗玻璃下方中间挡板上，面向前方。

发动机号：在发动机前方右侧，近发电机处。

3. 尼桑轿车系列

车架号码：打开发动机盖，在前风窗玻璃中间下方，面向前。

发动机号：在发动机前端中部靠左侧，发动机缸体与变速器外壳结合处。

4. 东风雪铁龙轿车

车架号码：打开发动机盖，在前风窗玻璃中间下方，面朝上。

发动机号：在发动机前端左侧中部，发动机缸体与变速器外壳结合处平面上。

5. 奇瑞系列轿车

车架号码：打开发动机盖，在前风窗玻璃中间下方，面向前。

发动机号：在发动机前端，排气管上方。

6. 现代系列轿车

车架号码：打开发动机盖，在前风窗玻璃中间下方，面向前。

发动机号：在发动机前端左侧下方，缸体与变速器外壳结合处侧平面上。

7. 别克系列轿车

车架号码：打开发动机盖，在前风窗玻璃中间下方，面向前平面上。

发动机号：在发动机前端左侧下方，发动机缸体与变速器结合处凸处平面上。

8. 丰田、本田系列轿车

车架号码：打开发动机盖，在前风窗玻璃中间下方的平面挡板上。

发动机号：在发动机前端左侧下方，缸体与变速器外壳结合处平面上。

9. 奥迪轿车

车架号码：打开发动机盖，在前风窗玻璃中间下方，面向前的挡板上。

发动机号：打开发动机盖，把发动机塑料盖取下来就能看到。

10. 金杯系列客车

车架号码：在前排右侧副驾驶座椅右下方，有一块宽 2.5mm、长约 20cm 的塑料板处。

发动机号：在发动机右侧中部，机油滤芯上方平面上。

11. 长安系列

车架号码：在前排右侧副驾驶座椅下方车架上。

发动机号：在发动机右侧中部。

12. 依维柯客车

车架号码：老款依维柯在前左轮或前右轮内侧车架上；新款依维柯在右前门第一踏板上方。

发动机号：在发动机左侧柴油泵上方。

13. 福田风景系列客车

车架号码：在前排右侧副驾驶椅右下方，有一块宽 2.5mm、长约 20cm 塑料处。

发动机号：在发动机左侧后端，起动机上方。

14. 长城赛弗系列越野车

车架号码：在右后轮内侧或中间车架上。

发动机号：在发动机左侧后端，起动机上方。

15. 解放、东风系列柴油货车

车架号码：在车身右后侧后轮内侧前部或后端。

发动机号：①在发动机右后侧中部凸出的平面上；②在发动机右后侧下方缸体与

油底壳结合部凸出的平面上；③在发动机左侧下方起动机处，缸体与油底壳结合部凸出的平面上。

16. 江淮系列货车

车架号码：在车架右后侧中部或后端。

发动机号：在发动机右侧后端中部平面处。

17. 福田时代轻卡

车架号码：在右侧车架右后轮前部或后端。

发动机号：在发动机右后端中部平面上。

18. 江铃全顺

车架号码：在右前门第一步踏板上方侧面处。

发动机号：在发动机左侧后部，起动机上方。

19. 瑞风旅行车

车架号码：在右前轮胎内侧车架上。

发动机号：在发动机右侧偏后偏下处。

20. 五菱旅行车

车架号码：在前排右侧副驾驶座椅下。

发动机号：在发动机右侧中部。

21. 得利卡系列旅行车

车架号码：在前排右侧副驾驶座椅下方。

发动机号：在发动机右侧中部进排气管下方平面上。

22. 万丰系列旅行车

车架号码：在车身右侧车架上或车辆铭牌上。

发动机号：在发动机右侧中部，机油滤芯上方平面。

23. 别克商务

车架号码：打开发动机盖，在前风窗玻璃右侧下方，防水橡皮条处。

发动机号：在发动机前部左侧下方，发动机缸体与变速器外壳结合处凸出的平面上。

24. 金龙大客车

车架号码：在右前轮胎内侧车架上。

发动机号：在发动机机油滤清器旁边。

25. 宇通大客车

车架号码：在车身右侧右后轮后端车架上。

发动机号：在发动机机油滤清器旁。

② 车身的技术状况检查。车身各部件的名称如图4.21和图4.22所示。

轿车和客车的车身在整车中价值权重最大，维修费用也高，故检查车身是技术状况鉴定的重要一环。检查顺序从车的前部开始，一般按以下方法进行。

检查车身是否发生碰撞受损。站在车的前部一角往尾部观察车身各接缝，如出现不直、缝隙大小不一、线条弯曲、装饰条有脱落或新旧不一，说明该车可能出现过事故或修理过，如图4.23所示。

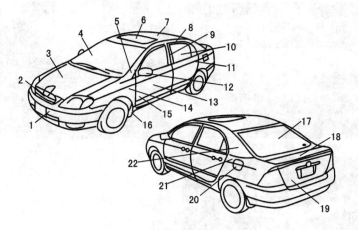

图 4.21　车身外部部件名称

1—保险杠　2—散热器护栅　3—发动机盖　4—风窗玻璃　5—前柱（A柱）
6—天窗　7—车顶板　8—门框　9—中柱（B柱）　10—门窗玻璃　11—外侧门把手
12—后视镜　13—门板　14—前翼子板　15—防擦条　16—挡泥板　17—后风窗玻璃
18—后扰流器　19—行李箱盖　20—加油口盖　21—后翼子板

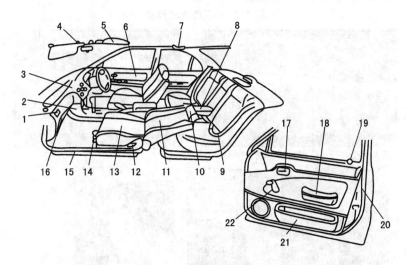

图 4.22　车身内部部件名称

1—出风口　2—中控台　3—仪表板　4—车内后视镜　5—遮阳板
6—车门饰件　7—辅助把手　8—后座中央扶手　9—安全带　10—头枕　11—座椅靠背
12—座椅调节钮　13—座椅　14—座椅移动杆　15—皱褶板　16—储物箱　17—车内把手
18—门扶手　19—车门锁止按钮　20—密封条　21—车门储物带　22—车窗玻璃调节把手

　　检查车门。从车门查看，在未打开车门时，可先看车门接缝处是否平整，再打开车门来详细查看A、B、C柱，也就是观看车门框是否呈一线，有无类似波浪的情形；也可将黑色的水胶条揭开来看是否平整，车门附近是否留有原车接合时的铆钉痕迹，留有痕迹的话表示此车为原厂车，没有的话表示此车烤过漆。最后可来回开关车门检视车门开启的顺畅度和声响，如图4.24所示。

看点：45°位置观察车身线条是否整齐，漆面是否平整

看点：观察玻璃密封胶是否整齐，各缝隙是否整齐、对称

图 4.23　车身外观检查

看点：检查车门是否平整，周边是否有间隙

看点：车辆的A、B、C柱是否自然平整，有无变形

看点：胶条是否变形或老化

图 4.24　车门检查

检查保险杠有无明显的变形、损坏，有无校正、重新补漆的痕迹。道路交通事故中，汽车保险杠是最容易损坏的零部件，通过对保险杠的认真检查，能够判定被检查车辆是否有过碰撞或发生过交通事故。

检查车窗状况。车窗应启闭灵活、关闭严密、锁止可靠、缝隙均匀不松旷；密封胶条应无破损、老化，否则车窗处会漏水。

检查车身金属零部件锈蚀情况。主要检查车门、车窗、排水槽、底板、各接缝等处，如锈蚀严重，说明该车使用状况恶劣，使用年限长。注意检查挡泥板、减振器、车灯周围、车门底下和轮舱内是否生锈。

检查车身油漆，查看密封胶条、窗框四周、轮胎和排气管等处是否有多余油漆。补过的漆丰满度不如原车的油漆；油漆表面有流痕或不规则的小麻坑。有大面积撞伤的部位，补腻子的面积比较大，在工人打磨腻子时往往磨不平，因而补过漆后，车身表面看上去如同微微的波浪一样凹凸不平。新补的油漆，往往色彩不同于原车漆色，一般经电子配漆配出的漆色比原车的漆色鲜艳，而人工调出的漆色多比原漆色调暗。如果发现油漆表面有龟裂现象，而车又未撞过，那么该车至少已使用了大约十年，如图4.25所示。

看点：补过漆的车，从缝隙处很容易看出；时间久出现易爆皮现象

图4.25　油漆检查

 小知识：油漆检查

用一块磁铁沿车身周围移动，如果遇到磁力突然减少，表明该处局部补灰、做漆。当用手敲击车身时，如果遇到敲击声明显比其他部位沉闷，表明该处重新补灰、做漆。小磁铁吸不上去的地方，说明已填补过。由此，可以判断一辆车以前被撞的面积有多大，车身可能受过多大的损伤。

检查后视镜、下视镜、车窗玻璃。汽车必须在左、右各设置一面后视镜，安装、调节及视野范围应符合规定。车长大于6m的平头客车、平头货车车前应设置一面下视镜，下视镜应完好。车窗玻璃应完好，前风窗玻璃应使用安全玻璃。当检查发现前风窗玻璃没有国家安全玻璃认证标志时，表明该车前风窗玻璃曾经更换。

检查前照灯新旧程度是否一致，灯位缝隙是否均匀，左右是否对称；后尾灯位缝隙是否整齐。检查灯光是否齐全、有效，光色、光强是否符合国家标准有关规定。二手车的配光性能好坏，能反映车主对车辆的维护认真程度。

> **小知识：**
>
> 新款豪华车的车灯具有感光器，可根据天气的不同，自动感光变为蓝、黄、白3种不同的颜色。在所有车灯中，黄色灯的穿透力最强，蓝色灯的穿透力最弱，但亮度却恰恰相反。

③ 驾驶室和车厢内部检查。

驾驶员座椅、成员座椅安装应牢固可靠。座椅的安全带应齐全、有效。查看座椅的新旧程度，座椅表面应平整、清洁、无破损。座椅松动和严重磨损、凹陷，说明车常常载人，可推断该车经常在高负荷的工况下行驶。

车顶的内篷是否破裂，车辆内部是否污秽发霉。车内如有发霉的味道，表明车子可能有泄漏的情况。

检查地毯或地板胶是否残旧，从地毯磨痕可推论出该车使用的频繁程度。揭开地毯或地板胶，查看车厢底板是否有潮湿或生锈的痕迹，是否有烧焊的痕迹。

检查行李箱箱盖的防水胶条是否完好，检查行李箱是否锈蚀；查看行李箱开口处左右两边的钣金件或与后保险杠的接合处时，可先翻开行李箱下的地毯，检视该处有无烧焊过的痕迹。

查看仪表板是否原装，检查仪表板底部有没有更改线束的痕迹，如图4.26所示。要求安装汽车行驶记录仪的车辆有无按要求安装，能否正常工作。

检查里程表，已经行驶的公里数是车辆行驶年龄的参照，一般的家用车每年约行驶1.5万～2.5万km。

检查离合器踏板、制动踏板、加速踏板有无弯曲变形及干涉现象。离合器踏板和制动踏板的踏脚胶是否磨损过度，通常一块踏脚胶寿命是3万km左右，如果换了新的，则此车已行驶3万km以上。坐在车上试试所有踏板有没有弹性，离合器踏板应该有少许空间，同时留心听踏下踏板有无异声发出，如图4.27所示。

看点：各接缝处的缝隙是否均匀，有无拆装痕迹

图4.26　仪表板检查

看点：离合器踏板有明显磨损及老化

图4.27　踏板检查

④ 发动机的检查。

检查发动机外部清洁状况。发动机外部有少量油迹和灰尘是正常的，如果灰尘过多，表明车主对车辆维护不认真和车辆使用环境恶劣；如果一尘不染，说明发动机刚刚经过清洁处理。

检查发动机罩。仔细查看发动机罩与翼子板的密合度或缝隙是否一致（不要有大小不一的情形），发动机与风窗玻璃之间的间隙是否一致或留有原车的胶漆，这些都是检查的重点。发动机罩内的检查更是重点中的重点。打开发动机罩时，先检查一下其内侧，如果有烤过漆的痕迹，表示这片盖板碰撞过。然后可从发动机上方横梁（亦是散热器罩上方工字梁）及发动机本体下方的两条纵梁或俗称"内归"的两内侧副梁等处查看，是否有圆形点焊的痕迹；若点焊形状大小不一，有可能遭受过撞击。另外，防水胶条是否平顺，亦是判断此车有无受伤的依据。

检查机油油平面高度。一般机油尺上都有高、低油位的显示孔，检查机油尺上的油位。如果油位过低，应了解上次更换机油的时间和间隔里程，如果时间和间隔里程正常，说明发动机烧机油；如果机油平面过高，说明发动机严重窜气或漏水。

检查机油的颜色。可以拿出一张白纸，拔出机油尺在纸上擦拭，观察机油颜色和杂质的情况。一般在换过机油后，车辆使用一段时间后机油颜色会变黑，如果发现机油的颜色变灰、变白或有乳化现象，说明机油中混入水，可能是发动机冷却系统和燃烧系统有连通泄漏情况。

检查机油盖口。拧下加油盖，将它翻过来观察底部，这样可以在加油盖底部看到旧油甚至脏油的痕迹。如果加油盖底面有一层具有黏稠度的深色乳状物，还有与油污混合的小水滴，这可能是缸垫、缸盖或缸体有损坏，导致防冻液渗入机油中造成的。如果有这种情况发生，被污染的机油有可能对发动机内部造成损害，发动机可能需要大修。

检查发动机冷却液。检查的前提是冷车状态，否则很容易被溅出的水烫伤。打开散热器盖后，注意观察冷却液液面上是否有其他的异物漂浮，例如锈蚀的粉屑、不明的油污等。如果发现有油污浮起，表示可能有机油渗入到冷却液内，一般可认为气缸垫处漏气；如果发现浮起的异物是锈蚀的粉屑，表示散热器内的锈蚀情况已经很严重；如果冷却液混浊，要向车主询问原因，并特别注意发动机温度。现代汽车发动机常年使用防冻液作为发动机冷却液，如果冷却液已变成水，首先应了解其原因，并分析二手车可能有的故障，如事故、发动机温度高、发动机漏水、发动机内烧水等。

检查蓄电池。现代汽车蓄电池一般均为免维护蓄电池，仍以硫酸蓄电池为主，其寿命一般为两年多一点。蓄电池两接线柱应没有大量白色粉末（硫酸盐）附贴在上面，蓄电池液面高度应一致，并在规定的上下线之间。电池本身应干爽，绝对没有裂痕。如果液面过低，一般为发动机充电电流过大，液面经常处于过低状态，将大大降低蓄电池的寿命；如果有个别格液面过低，一般为个别格漏液。从蓄电池托盘上能够观察到漏液的痕迹。

检查变速器油。变速器油的检查大多是通过油尺来进行的，油尺标有最高油位和最低油位刻度，看油量是否在这两个刻度之间。如果油位过低，则表示应该加油了，但也可能是这辆车有漏油的情况。检查变速器油最重要的是查看油是否变色。一般来说，变速器油呈现红色，如果发现变成棕色，则表示该车的变速器可能发生了故障。如果闻到焦味，表示变速器磨损情况严重。

检查空气滤清器。打开空气滤清器的盒盖，看看里面的清洁程度如何。如果灰尘很多，滤芯很脏，则表示这辆车的使用程度较高，使用环境较差，而且该车主对车的保养也较差，没有定期更换滤芯。

检查发动机主要附件是否完好。检查发动机、起动机、分电器、空调压缩机、转向助力泵等外观是否正常，是否有漏油、漏水、漏气、漏电现象，是否有松动现象。

⑤ 附属装置检查。如刮水器、收音机、仪表、反光镜、加热器、灯具、转向信号灯、喷水装置、空调设备等是否破损、残缺,并对附属装置进行动态检验。例如刮水器动作、喷水装置喷水、空调器制冷、各灯光和仪表是否正常工作等。

⑥ 车辆底盘检查。车辆底盘检查要将车辆开进地沟或在举升器的工位进行。

检查发动机固定是否可靠,检查发动机与传动系统的连接情况;燃油箱及燃油管路应固定可靠,不得有渗、漏油现象;燃油管路与其他部件不应有磨蹭现象;软管不得老化开裂、有磨损等异常现象。

检查传动轴中间支撑轴承及支架、万向节等有无裂纹和松旷现象。

检查转向节臂、转向横直拉杆有无裂纹和损伤,有无拼焊现象。检查转向横直拉杆球销是否松旷、连接是否可靠;各运动部件在运动中有无干涉、摩擦现象。

检查车架是否有裂纹和影响车辆正常行驶的变形,螺栓和铆钉不得缺少和松动,车架不得进行焊接加工。

检查前、后桥是否有变形、裂纹现象。

检查钢板弹簧有无裂纹、断片和缺片现象,中心螺栓和 U 型螺栓是否紧固,减振器是否漏油,车架与悬架之间的各拉杆和导杆应无松旷和移位现象。

检查排气管、消声器是否齐全及固定情况,有无破损和漏气现象。

检查制动总泵、分泵、制动管路,不得有漏气、漏油现象;软管不得有老化开裂、磨损异常等现象。

检查电器线路,所有电器导线均应捆扎成束、布置整齐、固定卡紧、接头牢固并有绝缘套,在导线穿越孔洞时需装设绝缘套管。

检查减振器及悬架,可用手在汽车前后左右角分别用力下压,如放松后汽车车身能回弹,并能自由跳动 2~3 次,说明该系统正常。如出现异响或不能自动跳动,则说明该减振器或悬架系统的弹簧等部件工作不良,舒适性自然就会变差。

(2) 常用量具检查。

① 车体周正检测。通常要求车体应周正,左右对称部位高度差不得大于 40mm。

在进行车体周正检测时,将送检车辆停放在外观检测工位上,检测人员首先用眼睛进行观察,可以检查汽车是否有严重的横向或纵向歪斜现象;然后用高度尺或钢卷尺、水平尺检测左右对称部位高度差是否超过规定值;最后检查车架和车身是否有较大的变形,悬架是否裂断或刚度下降,左右轮胎气压搭配是否正常等,如果有异常,即使车体歪斜未超过规定值,亦应予以排除后再进行检测。否则,车体不倾斜也会渐渐变得倾斜,甚至歪斜会越来越严重,引起操纵不稳、行驶跑偏、重心转移、轮胎磨损加剧等现象。

② 车轮轮胎的检测。汽车轮胎的检测主要是对轮胎气压和轮胎磨损的检测。

轮胎在汽车的使用过程中,是仅次于燃料的一项重要运行消耗材料。胎面磨损严重是车辆需要调校的信号,否则很有可能损坏悬架系统。确保备胎也是可以使用的,并没有损坏或过度磨损。轮胎的磨损、破裂和割伤无需仪器检测,凭简单的深度尺、钢直尺加外观检测便可。轮胎不应有异常磨损,当轮胎出现非正常磨损时,表明该车的车轮定位参数不准确或是车辆长期超载运行。

技术条件要求轮胎的磨损:轿车轮胎冠上花纹深度在磨损后应不少于 1.6mm,其他车辆轮胎冠上花纹深度不得少于 3.2mm;轮胎的胎面和胎壁上不得有长度超过 25mm、深度足以暴露出轮胎帘布层的破裂和割伤。对轮胎气压的检测通常采用气压表,而对磨损量的检测则采用钢直尺、深度尺等,依据技术要求进行。

③ 车轮的横向和径向摆动量的检测。车轮横向和径向摆动量规定:总质量小于或等于 4.5t 的汽车不得大于 5mm;摩托车和轻便摩托车不得大于 3mm;其他车辆不大于 8mm。车轮横向和径向摆动量的检测可在室内进行,也可在室外进行。在室内检测时用举升器或千斤顶等顶起前桥,用百分表测头水平触到轮胎前端胎冠外侧,用手前后摆动轮胎,测其横向摆动量;再将百分表移至轮胎上方,使测头触到胎冠中部,然后用撬杆往上撬动轮胎,测量其径向摆动量。汽车车轮横向和径向摆动量超过规定值时,汽车行驶时将会引起转向盘抖振,因此应及时进行检修和调整。

④ 车外廓尺寸检测。对车辆外廓尺寸的检测主要是检查车辆长、宽和高不得超过规定的汽车外廓尺寸界限。对车辆长、宽和高的测量比较简单,采用高度尺或卷尺进行测量,然后看是否超过规定值。

⑤ 汽车后悬检测。影响后悬的长度的因素有货厢的长度、轴距和轴荷分配情况以及车辆的离去角等。一般来说,后悬不宜太长,否则汽车在上下坡时容易刮地;车辆转弯时,车辆通道宽度过大,容易引起交通事故。因此对汽车后悬的长度都进行了一定的规定:客车及低速载货汽车(俗称封闭式车厢的车辆),其后悬不得超过轴距的 65%,最大不得超过 3.5m;封闭式车厢的四轮农用运输车后悬不得超过轴距的 60%;其他车辆的后悬不得超过轴距的 55%。对于三轴车辆,若二、三轴为双后桥,其轴距以第一轴至双后桥中心线的距离来计算;若一、二轴为双转向桥,其轴距以一、三轴的轴距计算。通常采用量尺直接对后悬进行测量。

4.2.2 动态检查

二手车动态检查是指汽车在工作状态下的检查。通过对汽车各种工况,如发动机起动、怠速、起步、加速、匀速、滑行、强制减速、紧急制动、从低速挡到高速挡、从高速挡到低速挡的行驶,检查汽车的操纵性能、制动性能、滑行性能、加速性能、噪声和废气排放情况,以鉴定二手车的技术状况。在动态情况下,根据检查人员的经验和技能,辅之以简单的量器具,对二手车的技术状况进行动态检查鉴定。检查过程中,需起动发动机,并需对二手车进行路试,故二手车的动态检查包括无负荷时的工况检查和路试检查。

1. 无负荷时的工况检查

1) 发动机起动状况的检查

在正常情况下,用起动机起动发动机时,应在 3 次内起动成功。起动时,每次时间不超过 5~10s,再次起动时间要间隔 15s 以上。若发动机不能正常起动,说明发动机的起动性能不好。

如果由于发动机曲轴不能转动而导致发动机无法起动,其主要原因可能是蓄电池电量不足或起动机工作不良,也可能是发动机运转阻力过大。检查发动机起动阻力时,应拆下全部火花塞或喷油器,人工运转曲轴,检查转动阻力。

如果起动时曲轴能正常转动,但发动机起动仍很困难,对于汽油发动机,其原因主要可能是点火系统点火不正时、火花塞火弱或无火;燃油系统工作不良,使混合气过稀或过浓;气缸压缩压力过低等。对于柴油发动机,除气缸压缩压力过低外,燃油中有水或空气,输油泵、喷油泵、喷油器工作不良,燃油系统管路堵塞等,都可能导致发动机起动困难。

2) 发动机无负荷时的检查

(1) 检查发动机怠速运转情况。怠速工况下,发动机应在规定的转速范围内稳定地运转。如果怠速转速过高或运转不稳定,说明发动机怠速不良。对于汽油发动机,怠速不良的原因主要有点火正时、气门间隙、配气正时或怠速调整不当;真空漏气;曲轴箱通风单向阀不密封或卡阻,怠速时不能关闭;废气再循环装置或燃油蒸发排放装置(如果安装)的误动作;点火系统或供油系统工作不良;气缸压缩压力过低或各缸压缩压力不一致等。

对于柴油发动机,怠速不良的原因主要有供油正时、气门间隙、配气正时或怠速调整不当;燃油中有水、气或黏度不符合要求;各缸柱塞、出油阀偶件及喷油器工况不一致,或是调速器锈蚀、松旷、弹簧疲劳、供油拉杆对应的拨叉或齿扇松动等,导致各缸喷油量或喷油压力不一致;气缸压缩压力过低或各缸压缩压力不一致等。发动机怠速运转时,检查各仪表工作状况,检查电源系统充电情况。

(2) 检查急加速性。待冷却液温度、油温正常后,通过改变节气门开度,检查发动机在各种转速下的运转是否平稳,改变转速时过渡应圆滑。迅速踏下加速踏板,发动机由怠速状态猛加速,观察发动机转速是否能迅速由低速到高速灵活反应,发动机应无回火、放炮现象。当加速踏板踩到底时,迅速释放加速踏板,发动机转速是否能迅速由高速到低速灵活反应,发动机不能怠速熄火。发动机加速运转过程中,检查发动机有无敲缸和气门运动噪声。在规定转速下,发动机机油压力应符合有关规定。

(3) 检查发动机窜油、窜气。打开润滑油加注口,缓缓踩下加速踏板,如果窜气严重,肉眼可以观察到油雾气。若窜气不严重,可用一张白纸,放在离润滑油加注口50mm左右处,然后加速,若窜油、窜气,白纸上会有油迹,严重时油迹面积大。

(4) 检查排气颜色。正常的汽油发动机排出的气体应该是无色的,在严寒的冬季可见白色的水汽;柴油发动机带负荷工作时排出的气体一般是淡灰色的,当负荷较大时,为深灰色。无论是汽油机还是柴油机,如果排气颜色发蓝色,说明机油窜入燃烧室。若机油油面不高,最常见的是气缸与活塞密封出现问题,即活塞、活塞环因磨损与气缸的间隙过大。无论汽油发动机还是柴油发动机,如果排气管冒黑烟,说明混合气过浓,汽油发动机点火时刻过迟等。

(5) 检查发动机熄火情况。对于汽油机,关闭点火开关后,发动机正常熄火;对于柴油机,停机装置应灵活有效。

3) 检查转向系统

(1) 转向盘自由行程检查。将车辆停放在平坦路面上,左右转动转向盘,从中间位置向左或向右时,转向盘游动间隙不应该超过15°。如果是带助力的车辆,最好在起动发动机后进行检查。如果转向盘的间隙过大,就需要对转向系统各部分间隙进行调整,此项调整工作需要到修理厂进行。

(2) 转向系统传动间隙检查。两手握住转向盘,上、下、左、右方向分别摇动,此时应该没有很松旷的感觉,如果很松,就需要调整转向轴承、横拉杆、直拉杆等,看有无松旷或螺帽脱落现象。

2. 路试检查

汽车路试一般在20km左右。通过一定里程的路试检查汽车的工况。路试检查的内容如下。

1) 检查离合器

正常的离合器应该是接合平稳,分离彻底,工作时不得有异响、抖动和不正常打滑现象。踏板自由行程应符合二手车技术条件的有关规定。自由行程过小,一般说明离合器摩擦片磨损严重。踏板力应与该型号车辆的踏板力相适应。各种车辆的踏板力应不大于300N。

离合器常出现的故障为打滑和分离不彻底,有的还有异响。这些故障会导致像起步困难、行驶无力、爬坡困难、变速器齿轮发出刺耳的撞击声、起步时车身发抖等现象。

(1) 离合器分离不彻底检查。在发动机怠速状态时,踩下离合器踏板几乎触底时,才能切断离合器;或是踩下离合器踏板,感到挂挡困难或变速器齿轮出现刺耳的撞击声;或挂挡后不抬离合器踏板,车子开始行进,表明该车的离合器分离不彻底。其原因是:离合器踏板自由行程过大、离合器压盘限位螺钉调整不当,或是更换了过厚的离合器摩擦片、离合器分离杠杆不在同一平面上等。

(2) 离合器打滑检查。如果离合器打滑,会出现起步困难、加速无力、重载上坡时有明显打滑甚至发出难闻气味等现象。比如在挂上Ⅰ挡后,慢抬离合器,车子没反应,发动机也不熄火,就是离合器打滑的表现。其原因是:离合器踏板自由行程太小、分离轴承经常压在膜片弹簧上,使压盘总是处于半分离状态;离合器压盘弹簧过软或有折断;离合器与飞轮连接的螺钉松动等。

(3) 离合器异响检查。如果在使用离合器过程中出现异响也是不正常的。响声形成原因大部分都是离合器内部的零件有损坏,这需要进修理厂维修。其故障原因是:分离轴承磨损严重、轴承回位弹簧过软或折断、膜片弹簧支架有故障等。

(4) 离合器自由行程检查。当离合器踏板被踏下3/4时,离合器就应该稳固地接合。检查其行程是否合适,可以用直尺在踏板处测量,先测出踏板最高位置高度,再测出踩下踏板到感到有阻力时的高度,两个数值的差就是该车离合器行程数值,如果不符合要求就需要及时调整。

2) 检查制动性能

(1) 制动性能检测的技术要求。GB 7258—2004《汽车运行安全技术条件》规定,汽车制动性能和应急制动性能的路试检测在平坦、硬实、清洁、干燥且轮胎与地面间附着系数不小于0.7的水泥或沥青路面上进行,检验时发动机与传动泵分离。汽车在规定初速度下的制动距离和制动稳定性要求应符合的规定见表4-2。紧急制动性能要求应符合的规定见表4-3。

表4-2 制动距离和制动稳定性要求

汽车类型	制动初速度/(km/h)	满载检验制动距离要求/m	空载检验制动距离要求/m	试验通道宽度/m
三轮汽车	20	5.0		2.5
乘用车	50	20.0	19.0	2.5
总质量不大于3 500kg的低速货车	30	9.0	8.0	2.5
其他质量不大于3 500kg的低速汽车	50	22.0	21.0	2.5
其他汽车、汽车列车	30	10.0	9.0	3.0

表 4-3 紧急制动性能要求

汽车类型	制动初速度/(km/h)	制动距离/m	充分发出的平均减速度/(m/s²)	允许操纵力/N	
				手操纵	脚操纵
三轮汽车	50	≤38.0	≥2.9	≤400	≤500
乘用车	30	≤18.0	≥2.5	≤600	≤700
其他汽车（三轮汽车除外）	30	≤20.0	≥2.2	≤600	≤700

(2) 制动性能检查内容。

① 检查行车制动。如果制动跑偏，很可能是同一车桥上的两个车轮制动力不等；或者是制动力不能同时作用在两个车轮上导致的。其原因可能由于轮胎气压不一致，或是制动鼓（盘）与摩擦片间隙不均匀，或是摩擦片有油污，或是制动蹄片弹簧损坏等，应根据形成原因在修理厂加以维修。

汽车起步后，先点一下制动，看是否有制动；将车加速至 20km/h 作一次紧急制动，检查制动是否可靠，有无跑偏、甩尾现象；再将车加速至 50km/h，先用点制动的方法检查汽车是否立即减速、跑偏，再用紧急制动的方法检查制动距离和跑偏量。

② 检查制动效能。如果在行车时进行制动，减速度很小，制动距离又很长，说明该车的制动效能不佳。其原因可能是摩擦片与制动鼓（盘）的间隙很大，制动踏板自由行程过大，制动油管内有空气，制动总泵或分泵有故障，或是制动油管漏油等，需要到修理厂维修。

试车时，发现踏下制动踏板的位置很低，连续踩几次后，踏板才逐渐升高，但仍感觉比较软，这很可能是制动管路内有空气所导致的；当第一次踩下踏板制动失灵，再继续踩踏板时制动良好，则说明是踏板自由行程过大，或是摩擦片与制动鼓（盘）的间隙过大。总之，凡是制动效能不佳的车辆，都必须进修理厂维修，也必然影响车辆的身价。

在行车中出现制动失效，不能使车辆减速或停止。其原因可能是制动液渗漏、制动总泵和分泵有严重故障，该车一定需要大修。

③ 检查驻车制动（手刹）。如果在坡路上拉紧驻车制动后出现溜车，说明驻车制动有故障。其原因可能是驻车制动器拉杆调整过长，或是摩擦片与制动鼓（盘）间隙过大或有油污，摩擦片磨损严重或打滑，制动鼓（盘）与摩擦片接触不良等。这些故障也是需要在修理厂解决的。

驻车制动力、施加于驻车制动操纵装置上的力和操纵装置的储备行程均应符合 (GB 7258—2004)《汽车运行安全技术条件》的要求。

④ 检查制动系统辅助装置。对于气压制动系统的二手车，当制动系统的气压低于 400kPa 时气压报警装置应发出报警信号。对于装备有弹簧储能制动器的二手车，当制动系统的气压低于 400kPa 时弹簧储能制动器自锁装置应正常有效。

3) 检查变速器

从起步挡加速到高速挡，再由高速挡减至低速挡，检查变速器是否足够轻便灵活，是否有异响，互锁和自锁装置是否有效，是否有乱挡现象，加减车速是否有跳挡现象，同时，换挡时变速不得与其他部件干涉。自动变速器的车辆在平坦的路面起步时一般不要踩加速踏板，如果需要踩加速踏板才能起步，说明自动变速器保养不好，或已到保修里程；

检查自动变速器是否有换挡迟滞现象，自动变速的车辆换挡时应该无明显的感觉，如果感觉车辆在加减速时有明显的发"冲"现象，说明自动变速器保养不好，或已到大修里程。传动轴及中间轴承应正常工作，无松旷、异响。差速器、主减速器应工作正常、无异响。

4) 转向操纵检查

在宽敞路段，二手车行驶过程中检查车辆的操作稳定性。在一宽敞的路段，以15km/h的速度行驶，转向盘向左、右转动，看转向是否灵活、轻便，有无回正力矩；松开转向盘，看是否跑偏；高速行驶时，是否有跑偏、摆振现象。一般转向系统的路试检查有以下几项。

(1) 转动沉重检查。在路试二手车时，做几次转弯测试，检查在转动转向盘时是否感到很沉重。如果有，则可能是横拉杆、前车轴、车架有弯曲变形，前轮的定位不准确，轮胎气压不足，转向节轴承缺油。对于有助力的二手车，在行进中如果感到转向沉重则可能是出现故障了。其原因有可能是油路中有空气，油泵压力不足，驱动带打滑，动力缸、安全阀等漏油。

(2) 摆振检查。路试二手车时，发现前轮摆动、转向盘抖动，这种现象称为摆振，可能的原因是转向系统的轴承过松、横拉杆球头磨损松旷、轮毂轴承松旷、车架变形或者是前束过大。

(3) 跑偏检查。如果在路试中，挂空挡松开转向盘，出现跑偏问题，有可能是以下原因导致的：悬架系统故障，其中一侧的减振器漏油，或是螺旋弹簧故障；前轮定位不好，或是两边的轴距不准确；还可能是车架受过碰撞事故而变形；或是车轮胎压不等。

(4) 转向噪声检查。转向时如果动力转向系统出现噪声，很可能是以下故障造成的：油路中有空气、储油罐油面过低需要补充、油路堵塞或是油泵噪声。

5) 检查汽车的动力性

通过道路试验分析汽车动力性能，其结果接近于实际情况。汽车动力性在道路试验中的检测项目一般有高挡加速时间、起步加速时间、最高车速、陡坡爬坡车速、长坡爬坡车速，有时为了评价汽车的拖挂能力，也进行汽车牵引力检测。另外，有时为了分析汽车动力的平衡问题，采用高速滑行试验测定滚动阻力系数和空气阻力系数。道路试验会受到道路条件、风向、风速、驾驶技术等因素的影响，且这些因素可控性差，同时还需要按规定条件选用和建造专门的道路等。

小客车动力性能最常见的指标是从静止状态加速至100km/h所需的时间和最高车速，其中前者是最具意义的动力性能指标和国际流行的小客车动力性能指标。汽车起步后，作加速行驶，猛踩加速踏板，检查汽车的加速性能，各种汽车设计时的加速性能不尽相同。就轿车而言，一般发动机排量越大，加速性能就越好。有经验的二手车鉴定估价人员，能够了解各种常见车型的加速性能，通过路试能够检查出被检汽车的加速性能与正常的该型号汽车加速性能的差距。

检查汽车的爬坡性能。检查汽车在相应的坡道上，使用相应的挡位时的动力性能是否与经验值相近，感觉是否正常。检查汽车是否能够达到原设计车速，如果达不到，估计一下差距大小。

6) 检查传动系统间隙

路试中，将汽车加速至40~60km/h迅速抬起加速踏板，检查有无明显的金属撞击声。如果有，说明传动间隙大。

7) 检查机械传动效率

在平坦的路面上进行滑行试验,将汽车运行到 50km/h 时,踏下离合器踏板,将变速器摘入空挡滑行,根据经验,通过滑行距离估计汽车传动效率的高低。

8) 检查传动系统与行驶系统的动平衡

汽车在任何车速下都不应抖动。如果汽车在某一车速范围内抖动,说明汽车的传动系统或行驶系统动平衡有问题,应检查轮胎、传动轴、悬架、间隙等。

3. 动态试验后的检查

1) 检查各部件温度

检查润滑油、冷却液温度,冷却液温度不应超过 90℃,发动机润滑油温度不应高于 95℃,齿轮油温度不应高于 85℃;检查运动机件过热情况,查看轮毂、制动鼓、变速器壳、传动轴、中间轴承、驱动桥壳等的温度,不应有过热现象。

2) 检查渗漏现象

在发动机运转及停车时,散热器、水泵、缸体、缸盖、暖风装置及所有连接部位不得有明显渗、漏水现象。汽车连续行驶距离不小于 10km,停车 5min 后观察,不得有明显渗、漏油现象。汽车不得有漏气、漏油现象。气压制动汽车,在气压升至 600kPa 且不使用制动的情况下,停止空气压缩机 3min 后,气压的降低值不应大于 10kPa。在气压为 600kPa 的情况下,将制动踏板踩到底,待气压稳定后观察 3min,气压的降低值不应大于 20kPa。液压制动二手车,在保持踏板力 700N 时达到 1min,踏板不允许有缓慢向前移动的现象。

4.2.3 二手车技术状况的仪器检查

二手车技术状况的仪器检查在二手车鉴定评估中主要用于对被评估二手车用动态检查性能把握不准和不熟悉,并且对评估准确性要求较高的情况,常用于较高档的冷僻车型和司法鉴定评估。

二手车的技术状况好坏是由汽车的各种性能参数决定的。这些性能参数反映了汽车在特定性能方面的情况。它们涉及汽车的行驶安全性、能源消耗情况、对环境的影响情况等,采用特定的检测仪器和特定的试验方法,获得这些参数的具体值,然后对比相应的国家法规和标准,评定二手车性能。良好的技术状况是保障二手车行驶安全的根本,同时也是正确评估二手车价格的基本依据。如何获得二手车的技术状况,评判二手车的技术状况是否达到要求,是每一个二手车鉴定评估师必须掌握的知识。二手车技术状况的仪器检查在汽车检测站按汽车规定的技术要求进行。

1. 汽车的动力性检测

汽车动力性的好坏直接影响汽车运输效率的高低。它是汽车使用的最重要的基本性能。汽车在使用一定时期后,技术状况会发生变化,汽车的动力性也会发生变化。汽车技术状况不良,首先表现为动力性不足,燃料消耗增大。汽车动力性的检测方法有道路试验和室内台架试验两大类。室内台架试验不受客观条件影响,测试条件易于控制,所以在汽车检测站得到了广泛应用。

1) 汽车动力性台架检测

汽车动力性室内台架试验的方式,主要是用无外载测功仪检测发动机功率,用底盘测功机检测汽车的最大输出功率、最高车速和加速能力。室内台架试验不受气候、驾驶技术等客观条件的影响,只受测试仪本身测试精度的影响,测试条件易于控制,所以汽车检测站广泛采用汽车动力性室内台架试验方式。

(1) 汽车底盘输出功率的检测方法。通过底盘测功机检测车辆的最大底盘驱动功率,用以评定车辆的技术状况等级。底盘测功机又叫底盘测功试验台,是一种在不解体情况下检验汽车使用性能的检测设备(图4.28)。它不仅可以通过在室内台架上模拟汽车道路行驶工况的方法来检测汽车的动力性,而且还可以测量多工况排放指标及燃油消耗量。此外,底盘测功机还能方便地进行汽车的加载调试和诊断汽车

图 4.28 底盘测功机

在负载条件下出现的故障等。由于汽车底盘测功机在试验时能对试验条件进行控制,使周围环境条件的影响降到最小,同时通过功率吸收加载装置来模拟道路行驶阻力,控制行驶状况,故能进行符合实际行驶状况的复杂循环试验,因而得到了广泛应用。

① 在动力性检测之前,必须按汽车底盘测功机说明书的规定进行试验前的准备。台架举升器应处于升状态,无举升器者滚筒必须锁定;车轮轮胎表面不得夹有小石子或坚硬之物。

② 汽车底盘测功机控制系统、道路模拟系统、引导系统、安全保障系统等必须工作正常。

③ 在动力性检测过程中,控制方式处于恒速控制,当车速达到设定车速(误差为 $\pm 2km/h$)并稳定5s后,计算机读取车速与驱动力数值,并计算汽车底盘输出功率。

④ 输出检测结果。

(2) 发动机功率的检测方法。发动机功率的检测方法分为无负荷测功法和有负荷测功法两种。其中,有负荷测功法需要将发动机从汽车上卸下,不利于就车检测,但其测量的功率精度较高;无负荷测功法又称为动态测功法,它是利用发动机无外载检测仪检测发动机功率,使用方便,检测快捷。具体方法如下。

① 起动发动机并预热至正常状态,与此同时接通无外载测功仪电源,连接传感器。

② 按仪器使用说明书进行操作。

③ 从测功仪上读取或换算成发动机的功率值。

(3) 数据处理。

① 检测的数据处理。目前底盘测功机显示的数值,有的是功率吸收装置吸收功率的数值,有的是驱动轮输出的最大底盘输出功率的数值。对于显示功率吸收装置所吸收功率数值的,在检测结果的数据处理时,必须增加汽车在滚筒上滚动阻力消耗的功率、台架机械阻力消耗的功率及风冷式功率吸收装置的风扇所消耗的功率。即汽车底盘最大输出功率 P_{Dmax} = 功率吸收装置所消耗的功率+滚动阻力所消耗的功率+台架机械阻力所消耗的功率+风冷式功率吸收装置冷却风扇所消耗的功率。

② 检测发动机最大输出功率的数据处理。由于在底盘测功机上测得的是底盘最大输出功率,而发动机最大输出功率为:

$$P_{emax} = P_1 + P_2 + P_{Dmax} \tag{4-1}$$

式中 P_{emax} ——发动机最大输出功率;

P_1 ——附件消耗功率;

P_2——传动系统消耗功率；

P_{Dmax}——底盘最大输出功率。

所以，在测得底盘最大输出功率之后，还需确定附件消耗功率 P_1 及传动系统消耗功率 P_2 才可确定发动机最大输出功率 P_{emax}，若该汽车发动机额定功率为净功率，不包括发动机附件消耗功率 P_1，则处理后发动机最大输出功率 P_{emax} 的值为：

$$P_{emax} = P_2 + P_{Dmax} \tag{4-2}$$

用发动机无外载测功仪测得的发动机功率为净功率 P_e。若该汽车发动机的额定功率为总功率，而不是净功率，则所测得的功率 P_e 应加上发动机附件消耗功率 P_1 后才可与额定功率相比较。

2）传动效率检测

将底盘测功仪上测得的驱动轮输出功率与发动机飞轮输出功率进行对比，可计算出传动效率，计算公式如下。

$$\eta_k = P_k / P_e \tag{4-3}$$

式中　η_k——传动效率；

　　　P_k——驱动轮输出功率(kW)；

　　　P_e——发动机飞轮输出功率(kW)。

将上述结果与汽车底盘传动系统机械传动效率的正常值进行比较，即可评估出传动系统的技术状况。传动效率正常值见表 4-4。

表 4-4　传动效率正常值

汽车类型		传动效率	汽车类型	传动效率
轿车		0.90~0.92	4×4越野汽车	0.85
载货汽车和公共汽车	单级主传动器	0.90	6×4越野汽车	0.80
	双级主传动器	0.84		

汽车在使用中，传动效率随着传动系统技术状况的变化而变化。新车的传动效率并不是最高的，只有传动系统各部件调整最佳时，才使其传动效率达到最大。随着车辆的继续使用，磨损逐渐变大，润滑条件变差，配合情况逐渐恶化，摩擦损失也逐渐增加，因而传动效率也就逐渐降低。故传动效率能为评价汽车底盘的技术状况提供重要依据。

3）发动机气缸密封性检测

发动机密封性是由气缸活塞组、气门与气门座以及气缸盖、气缸体、气缸垫及相关零件保证的。发动机在长期使用过程中，会使气缸活塞组零件磨损、气门与气门座磨损、烧蚀以及缸体、缸盖密封面翘曲，将使气缸的漏气量增加，密封性下降，从而导致发动机功率下降，油耗增加。因此，为了保证发动机的正常工作状态，必须对发动机的密封性进行检测。通常通过检测气缸压缩压力来评价气缸密封性。

气缸压缩终了的压力与发动机的热效率和平均指示压力有密切关系。影响气缸压缩终了压力的因素有气缸活塞组的密封性、气门与气门座的密封性以及气缸垫的密封性等。因此，通过气缸压缩终了压力的测量，可以间接地判断上述部位的技术状况。检测活塞到达压缩行程上止点时，气缸压缩压力的大小，用气缸压力表检测。

发动机气缸压缩压力的技术标准按 GB/T 15746—2001《汽车修理质量检查评定方法》

要求：气缸压力值应符合原设计规定；各缸压力差汽油机不超过8%，柴油机不超过10%。检测结果可分为超过标准、符合标准和低于标准3种情况。

若检测结果超过原厂标准，则是燃烧室容积减少了，其原因主要是燃烧室内积炭过多，气缸衬垫过薄或缸体与缸盖接合平面经过多次修理，磨削过度。

若检测结果某缸低于原厂标准，原因较为复杂，要判断具体原因，可按以下步骤进行。

(1) 向该缸火花塞孔内注入20～30mL润滑油，然后用气缸压力表重测气缸压力并记录。

(2) 若重测气缸压力比第1次高，接近于标准压力，则表明是气缸、活塞环、活塞磨损过大或活塞环对口、卡死、断裂及缸壁拉伤等原因造成气缸不密封。

(3) 若重新测量的气缸压力与第一次基本相同，即仍比标准压力低，表明是进、排气门或气缸衬垫不密封。

(4) 两次检测结果均表明某相邻两缸压力都相当低，说明是两缸相邻处的气缸衬垫烧损窜气。

2. 汽车燃油经济性检测

对汽车燃油经济性的评价，一般是通过汽车燃油消耗量试验来确定的。它是用以评价在用汽车技术状况与维修质量的综合性参数，也是诊断和分析汽车故障的重要参考。检测汽车燃油消耗量常通过燃油消耗检测仪测定燃油消耗量的容积或质量来表示。在汽车检测站通过汽车道路试验，但更多是在底盘测功试验台上模拟路试来检测其燃油消耗量。

1) 汽车燃油经济性路试检测

汽车燃油消耗量与发动机类型、制造工艺、调整状况、道路条件、气候情况、海拔驾驶技术等多种因素有关。根据GB/T 12545.1—2008《汽车燃料消耗量试验方法 第1部分：乘用车燃料消耗量试验方法》及GB/T 12545.2—2001《商用车燃料消耗量试验方法》规定，汽车在路试条件下燃料消耗量的试验方法如下。

(1) 试验规范。汽车路试的基本规范可按照GB/T 12534—1990《汽车道路试验方法通则》。

(2) 试验车辆载荷。除有特殊规定外，轿车为规定载荷的一半，试验时取整数；城市客车为总质量的65%；其他车辆为满载，乘员质量及其装载要求按GB/T 12534—1990《汽车道路试验方法通则》。

(3) 试验仪器。试验仪器及精度要求如下。

① 车速测定仪和汽车燃油消耗仪：精度为0.5%。

② 计时器：最小读数为0.1s。

(4) 试验一般规定。

① 试验车辆必须清洁，关闭车窗和驾驶室通风口，只允许开动为驱动车辆所必需的设备。

② 由恒温器控制的空气流必须处于正常调整状态。

(5) 试验项目。

① 直接挡全节气门加速燃料消耗量试验。

② 等速燃料消耗量试验。

③ 多工况燃料消耗量试验。
④ 限定条件下的平均使用燃料消耗量试验。

在进行路试时，一般多以等速行驶燃料消耗量试验来检测汽车燃油消耗量，即汽车在常用挡位，一般选直接挡从车速20km/h开始，当最低稳定车速高于20km/h时，从30km/h开始，以间隔10km/h的整数倍的各预选车速，通过500m的测量路段，测定燃油消耗量(mL)和通过时间(s)，每种车速试验往返各进行两次，直到该挡最高车速的90%以上(至少不少于5种预选车速)。两次试验时间间隔，包括达到预定车速所需的助跑时间应尽量缩短，以保持稳定的热状态。等速行驶燃油消耗量试验和多工况燃油消耗量试验，试验结果须经重复性检验。

2) 汽车燃油经济性台架检测

检测汽车燃油经济性，按照国标规定应采用道路试验，但是道路试验的方法评价汽车燃油经济性会受到条件限制，因此以整车在底盘测功试验台上按照国标模拟道路试验。

(1) 检测油路的连接。检测油路连接时应排除油路中的空气。

(2) 台架检验方法。采用在底盘测功机上模拟道路等速行驶油耗的测试方法。模拟的基本原理如下。

① 台架试验中常见的两种检测油耗的方法。其一为质量法，即采用质量式油耗传感器在底盘测功试验台上进行油耗检测；其二为容积法，即采用行星活塞油耗传感器在底盘测功试验台上进行油耗检测。当汽车驶上底盘测功试验台后拆卸燃油管路，接上油耗传感器，排除油路中的空气，接着在底盘测功试验台上进行加载，使加载量符合该车在路试状态下的各种阻力，然后进行油耗检测。

② 台架试验中模拟加载量的确定。首先，汽车(磨合过的新车或接近新车的在用车)在额定总质量状态下，以直接挡从20km/h开始做燃油消耗量试验。往返采样各3次，得出该车20km/h的平均等速油耗，然后每间隔10km/h直到该车最高车速的90%，做与上述同样的试验。这样依次得出20km/h到最高车速90%的等速平均百公里油耗。

其次，汽车在整备质量状态下，在底盘测功试验台上也从20km/h开始对底盘测功试验台加载，模拟汽车满载时在20km/h状态下所受的外界阻力，直至加上某一载荷后得出20km/h等速百公里油耗值与车速为20km/h路试所得的平均百公里油耗相同，则上述对底盘测功试验台的加载量即为车速20km/h时的模拟加载量。

③ 油耗测量数据的采集

在汽车技术等级评定油耗检测的台架方法中，其油耗数据的重复性计算式为：

$$(Q_{1max} - Q_{1min})/Q_{AV} \leqslant 20\% \qquad (4-4)$$

式中　Q_{1max}——台架方法中最大百公里油耗(L/100km)；
　　　Q_{1min}——台架方法中最小百公里油耗(L/100km)；
　　　Q_{AV}——平均油耗(L/100km)。

每种车速工况必须测3个数据，取均值且满足式(4-4)，则Q_{AV}定为该车检测到的实际百公里油耗。如果发现数据重复性达不到上述要求，必须排除仪器及发动机或底盘的有关故障后重新进行测量，然后以标准的Q_{AV}与厂方给出的百公里油耗Q_0比较：一级车$Q_{AV} \leqslant Q_0$；二级车$Q_0 < Q_{AV} \leqslant 110\% Q_0$；三级车$Q_{AV} > 110\% Q_0$。

3. 汽车制动性能检测

汽车制动性能检测有台试检验和道路试验检验。GB 7258—2004《机动车运行安全技术条件》规定,当汽车经台架检验后对其制动性能有质疑时,可用道路试验检验,并以满载路试的检验结果为准。台试检验的检测主要项目有制动力、制动力平衡要求、车轮阻滞力和制动协调时间;制动性能路试检验的主要检测项目有制动距离、充分发出的平均减速度、制动稳定性、制动协调时间和驻车制动坡度。

1) 台试检验制动性能

(1)台试检验制动性能的技术要求。GB 7258—2004《汽车运行安全技术条件》对台试检验制动力的要求见表4-5。

(2)行车制动性能检验要求。

① 汽车、汽车列车、无轨电车和农用运输车在制动试验台上测出的制动力的要求对空载检验制动力有质疑时,可按表4-5规定的满载检验制动力要求进行检验。

表4-5 台试检验制动力要求

汽车类型	制动力总和与整车质量的百分比(%)		轴制动力与轴荷的百分比(%)	
	空载	满载	空载	满载
三轮汽车	≥45	—		≥60*
乘用车、总质量不大于3 500kg的货车	≥60	≥50	≥60①	≥20*
其他汽车、汽车列车	≥60	≥50	≥60①	—
摩托车	≥60	≥50	≥60	≥55
轻便摩托车	—	—	≥60	≥50

* 空载和满载状态下的测试均应满足此要求。

② 检验时制动踏板力或制动气压的要求。

满载检验时,气压制动系统:气压表的指示气压≤额定工作气压;液压制动系统:踏板力,座位数小于或等于9的载客汽车≤500N,其他车辆≤700N。

空载检验时,气压制动系统:气压表的指示气压≤600kPa;液压制动系统:踏板力,座位数小于或等于9的载客汽车≤400N,其他汽车≤450N。

③ 制动力平衡要求。在制动力增长全过程中,同时测得的左右轮制动力差的最大值与全过程中测得的该轴左右轮中制动力大者之比对前轴不得大于20%;对后轴在后轴制动力大于等于后轴轴荷的60%时不得大于24%;当后轴制动力小于后轴轴荷的60%时,在制动力增长的全过程中同时测得的左右轮制动力差的最大值不得大于后轴轴荷的8%。

④ 协调时间要求。汽车和无轨电车的单车制动协调时间应不大于0.6s,汽车列车的协调时间应不大于0.8s。

⑤ 汽车和无轨电车车轮阻滞力要求。进行制动力检测时车辆各轮的阻滞力均不得大于该轴轴荷的5%。

(3)驻车制动性能检验要求。当采用制动试验台检验车辆(两轮、边三轮摩托车和轻便摩托车除外)驻车制动的制动力时,车辆空载,乘坐一名驾驶员,使用驻车制动装置,驻车制动力的总和应不小于该车在测试状态下整车质量的20%;对总质量为整备质量1.2倍以下的车辆此值为15%。在空载状态下,驻车制动装置应能保证车辆在坡度为20%(总质量为整备质量1.2倍以下的车辆为15%)、轮胎与路面间的附着系数不小于0.7的坡道上正、反两个方向保持固定不动,其时间不少于 5 min。

当车辆经台架检验后对其制动性能有质疑时,可用规定的路试检验进行复检,并以满载路试的检验结果为准。

2) 台试制动性能检验方法

(1) 用反力式滚筒制动试验台检测。制动试验台滚筒表面应干燥,没有松散物质及油污。驾驶员将车辆驶上滚筒,位置摆正,变速器置于空挡,起动滚筒,使用制动,测取各轮制动力、每轴左右轮在制动力增长全过程中的制动力差、制动协调时间、车轮阻滞力和驻车制动力等参数值,并记录车轮是否抱死。

在测量制动时,为了获得足够的附着力以避免车轮抱死,允许在车辆上增加足够的附加质量或施加相当于附加质量的作用力,附加质量或作用力不计入轴荷;也可采取防止车轮移动的措施,例如加三角垫块或采取牵引等方法。

(2) 用平板制动试验台检验。制动试验台平板表面应干燥,没有松散物质及油污。驾驶员以 5~10km/h 的速度将车辆对正平板台并驶上平板,置变速器于空挡,急踩制动踏板,使车辆停住,测得各轮制动力、每轴左右轮在制动力增长全过程中的制动力差、制动协调时间、车轮阻滞力和驻车制动力等参数值。

3) 路试制动性能检验方法

路试路面应为平坦、坡度不超过 1%、干燥和清洁的水泥或沥青路面。轮胎与路面之间的附着系数不小于 0.7,风速不大于 5m/s。在试验路面上应画出标准中规定的制动稳定性要求的相应宽度试车道的边线。被测车辆沿着试验车道的中线行驶至高于规定的初速度后,置变速器于空挡。当滑行到规定的初速度时急踩制动踏板使车辆停住,用速度计、第五轮仪或用其他测试方法测量车辆的制动距离、车辆充分发出的平均减速度与制动协调时间。充分发出的平均减速度应在测得公式中相关参数后计算确定。制动性能路试检测项目的技术要求应符合国家标准的规定。

4. 车轮侧滑检测

为保证汽车转向车轮无横向滑移地直线滚动,要求车轮外倾角与车轮前束有适当配合,否则,车轮就可能在直线行驶过程中产生侧滑现象。当侧滑现象严重时,将破坏车轮的附着条件,丧失定向行驶能力,并导致轮胎异常磨损。在车辆年度审检中,应用侧滑试验台对车辆侧滑量进行检测。

1) 汽车侧滑量要求

GB 7258—2004《机动车运行安全技术条件》规定了以下要求。

(1) 转向轮横向侧滑量的检验应在侧滑检验台上进行。

(2) 将汽车对正侧滑检验台,并使转向盘处于正中位置。

(3) 使汽车沿台板上的指示线以 3~5km/h 的车速平稳前行,在行进过程中,不允许转动转向盘。

(4) 转向轮通过台板时,测取横向侧滑量。

2) 侧滑检测原理

当转向轮具有外倾时,转向轮具有向外倾斜的趋势。在滚动过程中,前轴将两转向轮向内拉,使转向轮受到向内的侧向力。因此,在汽车行驶时,两转向轮向前滚动时向内侧滑。当转向轮具有前束时,两转向轮前端向内收。在汽车行驶过程中,两转向轮具有向内滚动的趋势。前轴将两转向轮向外推开，使转向轮受到向外的侧向力。因此，在汽车行驶时，两转向轮向前滚动时向外侧滑。

若转向轮外倾与前束配合正常，则由转向轮外倾引起的侧向力和由前束引起的侧向力大小相等，方向相反互相抵消，车轮将处于纯滚动状态。如前束过大，则转向轮向外侧滑；如前束过小，则两转向轮向内侧滑。转向轮侧滑量检测原理如图4.29所示。

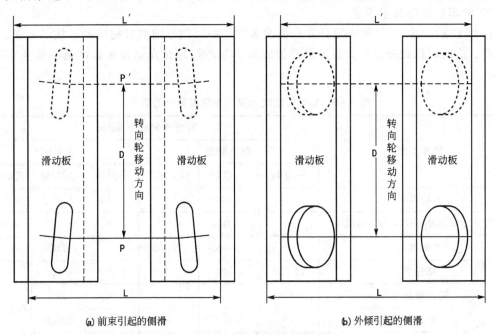

图 4.29 转向轮侧滑的检测原理

两块滑动板平放于地面，滑动板沿车辆行驶方向不能产生位移，而在横向则阻力很小，可自由移动。

当车辆转向轮滚过滑板时，若车轮具有前束，将受到前轴向外侧向力作用。由于轮胎与滑动板之间摩擦系数很大，而滑动板相对地面可自由移动，因此前轮将带动两滑动板同时向外滑动，如图4-29(a)所示。若车轮具有外倾，同样的道理，两滑动板同时向内滑动，如图4-29(b)所示。若外倾与前束配合正常，则两转向轮通过滑动板时，滑动板不产生滑动。由于两块滑动板的侧滑量不一样，因此取单边侧滑量的平均值作为检测结果，即

$$S_t = \frac{L' - L}{2} \quad (4-5)$$

式中 S_t——单边平均侧滑量(m/km)。

一般情况下，前轮外倾无法调整，因此当$S_t>0$时，两轮向外侧滑，表明前束偏大；当$S_t<0$时，两轮向内侧滑，表明前束偏小。

5. 汽车前照灯技术状况检测

前照灯是汽车在夜间或在能见度较低的条件下，为驾驶员提供行车道路照明的重要设备，而且也是驾驶员发出警示，进行联络的灯光信号装置。所以前照灯必须有足够的发光强度和正确的照射方向。由于在行车过程中汽车受到振动，可能引起前照灯部件的安装位

置发生变动,从而改变光束的正确照射方向,同时灯泡在使用过程中会逐步老化,反射镜也会受到污染而使其聚光的性能变差,导致前照灯的亮度不足。这些变化都会使驾驶员对前方道路情况辨认不清,或在与对面来车交会时造成对方驾驶员炫目等,从而导致事故的发生。因此,前照灯的发光强度和光束的照射方向被列为机动车运行安全检测的必检项目。

1) 汽车前照灯技术要求

GB 7258—2004《机动车运行安全技术条件》中对汽车前照灯提出如下技术要求。

(1) 前照灯远光光束发光强度最小值要求。前照灯远光光束发光强度最小值要求见表4-6。

表4-6 前照灯远光光束发光强度最小值要求

汽车类型		发光强度最小值/cd					
		新注册车			在用车		
		一灯制	二灯制	四灯制[①]	一灯制	二灯制	四灯制[①]
三轮汽车		8 000	6 000	—	6 000	5 000	—
最高设计车速小于70km/h的汽车		—	10 000	8 000	—	8 000	6 000
其他汽车		—	18 000	15 000	—	15 000	12 000
摩托车		10 000	8 000	—	8 000	6 000	—
轻便摩托车		4 000	—	—	3 000	—	—
拖拉机运输机组	标定功率>18kW	—	8 000	—	—	6 000	—
	标定功率≤18kW	6 000[②]	6 000	—	5 000[②]	5 000	—

① 指前照灯就有4个远光光束;采用四灯制的汽车其中两只对称的灯达到两灯制的要求时视为合格。

② 指允许手持拖拉机运输机组只装一只前照灯。

(2) 前照灯光束照射位置要求。

① 前照灯近光光束。前照灯照射在距离10m的屏幕上,乘用车前照灯近光光束明暗截止线转角或中点的高度应为0.7~0.9H(H为前照灯基准中心高度,下同),其他汽车(拖拉机运输机组除外)应为0.6~0.8H;汽车(装用一只前照灯的汽车除外)前照灯近光光束水平方向位置向左偏不允许超过170mm,向右偏不允许超过350mm。

② 前照灯远光光束。前照灯照射在距离10m的屏幕上,要求在屏幕中心离地高度,对乘用车为0.9~1.0H,对其他汽车为0.8~0.95H;汽车(装用一只前照灯的汽车除外)前照灯远光光束的水平位置要求,左灯向左偏不允许超过170mm,向右偏不允许超过350mm;右灯向左或向右偏均不允许超过350mm。

2) 汽车前照灯的检测

汽车前照灯检测方法有屏幕检测法和前照灯检测仪检测法。

屏幕法就是在屏幕上检查。检查用场地应平整,屏幕与场地应垂直。被检验的车辆应在空载、轮胎气压正常、乘坐一名驾驶员的条件下进行。将车辆停置于屏幕前,并与屏幕垂直,使前照灯基准中心距屏幕10m,在屏幕上确定与前照灯基准中心离地面距离等高的水平基准线,及以车辆纵向中心平面在屏幕上的投影线为基准确定的左右前照灯基准中心位置线。分别测量左右远近光束的水平和垂直照射方位的偏移值。用前照灯校正仪检验是将被检验的车辆按规定距离与前照灯校正仪对置,从前照灯校正仪的屏幕上分别测量左右远近光束的水平和垂直照射方位的偏移值。

目前各汽车检测机构和维修企业通常使用前照灯检测仪检测法。

专业的二手车鉴定估价人员在拿到前照灯检测不合格的报告后,通常要对不合格项目进行认真分析。在前照灯修理中,通常的修理方法包括调整或更换前照灯底座、前照灯和校正前照灯框架。由于高档进口车前照灯底座、前照灯价格较高,更应检验确认修理方法和相应的修理费用。

6. 四轮定位检测

由于汽车行驶速度越来越高,汽车的操纵稳定性对汽车安全越来越重要。汽车不仅具有前轮定位参数要求,有些高速客车和轿车还具有后轮外倾角和后轮前束等参数。这些定位参数的变化会使汽车操纵稳定性下降,同时增加轮胎的异常磨损和某些零部件过早的疲劳损伤。

例如,主销后倾角过大时,转向沉重,驾驶员容易疲劳;主销后倾角过小时,汽车直线行驶时容易产生前轮摆振,转向盘摇摆不定,方向自动回正能力下降;当左右车轮的主销后倾角不相等或前后桥不平行时,汽车会出现行驶跑偏现象,会大大降低汽车的操纵性和增加驾驶员疲劳。

若四轮定位仪对定位参数的检测合格,则可增加汽车行驶时的安全性,增强操纵稳定性,减少轮胎磨损,减小悬架系统和行驶系统部分零部件的疲劳损伤,降低燃油消耗等。

因为各种汽车的四轮定位参数不尽相同,可调参数也不尽相同,所以在检测汽车四轮定位前必须先查阅被评估二手车生产厂的四轮定位参数标准,哪些参数是可调的,哪些参数是不可调的,一般可通过维修手册或四轮定位仪内存中查阅。

专业的二手车鉴定估价人员在拿到四轮定位检测不合格的报告后,通常会同被评估二手车的专业维修人员对不合格项目进行认真分析。四轮定位修理中,通常的修理方法包括调整、更换部分零部件和车身校正。有多种原因造成不合格的项目一般还需进行现场检验,根据现场检验结果,分析可能产生的原因,拟定维修方案,确定被评估二手车恢复到四轮定位合格可能所需的费用范围。

四轮定位仪检测的项目包括前轮前束值/角(前轮前束角/前张角)、前轮外倾、主销后倾角、主销内倾角、后轮前束值/角(后轮前束角/前张角)、后轮外倾角、轮距、轴距、左右轴距差、转向20°时的前张角、推力角等。

目前常用的四轮定位仪有拉线式、光学式、电脑拉线式和电脑激光式4种。它们的测量原理是一致的,只是采用的测量方法或使用的传感器的类型及数据记录与传输的方式不同。

这里介绍使用光学式四轮定位仪可测量的几个重要检测项目的测量原理。

1) 光学式四轮定位仪测量定位参数前的准备工作

(1) 安装测试投影仪。安装投影仪时必须注意投影仪上标有"L"的安装在待检车辆行进方向的左边导轨上,标有"R"的则放在右边导轨上。左右两侧的投影仪的光学中心必须校准在同一轴线上,以便测量汽车左右轮的同轴度,即调整时必须保证两侧投影仪屏幕上的十字刻度线在同一水平面上。

(2) 调整投影仪上投光镜的高度。测量待检车轮毂中心距离地面高度，将测量值减去30mm所得的值作为投光镜的高度值，有偏差的可通过手柄来调整。

(3) 车辆的准备。检测前，被检车车轴的状况必须良好，车轮的所有轴承间隙、转向间隙和主销间隙均须检查并经过调整，且轮胎气压符合出厂要求。

2）检测步骤

(1) 将车辆开到定位仪上，待检车后轮停在可以横向移动车辆的后轮滑动板中心处，在滑动板的下面有滚筒支承。轮毂中心位置与投影仪等高。

(2) 安装轮镜。首先根据轮辋直径调整3个卡爪之间的距离，然后将万能轮镜安装架紧固在轮辋边沿上，再将带有调整盘的轮镜安装在该架上，支起车轮并轻轻转动一周。若轮镜中心偏离车轴中心超过1cm，应移动轮镜至车轮中心并紧固。

(3) 轮镜安装基准调整。由于轮辋的变形和轮镜安装架的装夹误差，会使装夹在车轮上的镜面不垂直于车轮轴心线造成测量误差，因此，需要进行轮镜安装基准调整，即补偿调整。首先支起车轮，打开投影仪开关，轮镜将刻度线的像反射到投影仪屏幕上，慢慢转动车轮，观察屏幕上的十字刻度线。若十字刻度线摆动量超过屏幕上一个刻度值时，需要使用三角形布置的调整旋钮螺钉调整，直至十字刻度线不摆动为止并锁紧。对于电脑式四轮定位仪只需将车轮支起，每次转动90°，并记录下由传感器此时测出的外倾角值，当转动一周后，共记录下4个外倾角值，进行平均值计算后即可完成车轮夹具安装补偿过程。补偿过程结束后，将转盘置于前车轮下面，落下车辆，后车轮置于滑动板上，按压车身前部，给汽车悬架施加上下交替的力，使悬架系统处在正常的受力状态，并将前轮向左和向右转动几次，以消除转向间隙，最后让转向盘位于中间位置，前轮位于"正前方"位置，然后拉紧驻车制动。

(4) 将车辆摆正定位。定位测量卷尺置于待检车辆的左前侧，用卷尺的磁性座与投影仪的底座相连，垂直于车轮中心线测量出至轮辋最低位置间的距离，运用同样的方法，测出右侧的距离，直到两侧的距离相同为止。

(5) 运用同样的方法测出后轮左侧和右侧的数值，左右调整后轮摆正滑动板，直到两侧的距离相同为止。

上述过程就相当于定出了该测量系统的光学矩形，这样就消除了前后轮距不等所造成的影响。此时待检车辆刚好位于光学矩形中心位置，从而保证了该光学系统的测试精度。

3）定位参数的测量

在检测四轮定位参数时，须先查阅厂家关于定位参数的出厂标准。

各定位参数的测量值可直接从屏幕上和转盘上读出或从投影仪底座上的刻度尺上读出。

(1) 测量前轮左/右主销内倾角。前轮安装传感器及配件，锁紧前轮传感器，后轮传感器可不用，转盘不锁紧，不用转向盘锁定杆，使用制动杆以防车轮滚动。

从角度测量选项单中选择主销内倾角程序，转动车轮使转向角显示0°，等待测量。使左轮向左转动20°，转向角度显示在屏幕上，主销内倾角将相对0°值自动存储，听到声响后即完成。转动转向盘，车轮继续向左转动，直到右边车轮也转过20°。转向角的值显示在屏幕上，存储器自动将右主销内倾角存储。然后将车轮右转20°，转向角显示在屏幕上，右轮主销内倾角测量值也显示在屏幕上方。右主销内倾角测量完毕。继续转动转向盘，使左轮右转至20°，左轮主销内倾角测量值也就显示在屏幕上。左主销内倾角测量完毕。

比较各测量值，白色值表示测量值与基准值无偏差；绿色值表示测量值在公差范围内；红色值表示测量值在公差范围外。

(2) 测量前轮左/右主销后倾角。采用与主销后倾角测量相同的操作过程，只是不需使用制动杆就可读出数据。

(3) 测量左(右)后轮前束角/外倾角。测量后轮前束角和外倾角时，要使用4个传感器，使用转向盘锁定杆防止车轮转向，使用制动杆防止车轮滚动，在"角度测量选项单"中选后轮倾角测量程序，在屏幕上显示左、右侧后轮前束角及外倾角，还可以进一步由两后轮前束角算出推力角。用测量值与原厂值比较，如果测量值正确，可进行下一步操作；如果测量值不正确，一定要进行调整。

(4) 测量左(右)前轮前束角/外倾角。测量前轮前束角和外倾角的方法与测量后轮前束角和外倾角的方法完全相同。

7. 汽车车速表检测

在行车中汽车驾驶员需要通过车速表来了解、掌握车辆的行驶速度，这就要求车速表应具有一定的精度，能尽量准确反映车辆的实际速度。为保证行车安全，在相应安全法规中要求对车速表进行定期检定。

1) 汽车车速表误差形成原因

汽车的车速表一般是通过速度传感器将汽车行驶速度传递给车速表，以使其指示车辆的行驶速度。由于传感器、车速表的制造、装配误差，以及车速表性能下降，或轮胎磨损、轮胎气压不符合规定等因素都可能引起车速表的指示车速与实际车速之间出现误差。

车速表的转轴一般通过变速器或分动器输出轴上的蜗杆-蜗轮传动副经转轴驱动。由汽车理论可知，车速与变速器输出轴转速以及车轮的滚动半径成正比，在变速器输出轴转速不变的情况下，车速表指示值为定值。汽车轮胎在使用过程中随行驶里程的增加而逐渐磨损，其滚动半径逐渐减小，轮胎气压降低也会影响滚动半径的大小。因此车速表指示值与实际车速就会形成误差。为消除上述原因所引起的车速表指示误差，需对车速表进行适时的校验。

2) 车速表的校验方法

车速表校验方法通常有道路试验法和室内台架试验法两种。道路试验法是汽车以不同车速等速通过某一预定长度的试验路段，测定通过该路段的时间，然后计算出实际车速，并与驾驶室内车速表指示值相对照，即可求出不同车速下车速表的指示误差。台架试验法是在滚筒式车速表试验台上进行的。

3) 有关标准

根据国标规定，车速表允许误差范围为-5%～+20%，即当实际车速为40km/h时，车速表指示值应为38～48km/h，或当该车速表的指示值为40km/h时，车速表试验台速度指示仪表指示值应为33.3～42.1km/h。

4) 车速表试验台的测试方法

因汽车形式、牌号不同，不同车速表试验台的使用方法也不同，因此应按使用说明书的规定正确使用。一般的使用方法如下。

(1) 检测前试验台准备。

① 滚筒处于静止状态下，检查指示仪表的零点位置，若有偏差应予调整。

② 检查滚筒是否沾有油、水、泥等杂物，若有应予清除。
③ 检查举升器动作是否自如和有无漏气（或漏油）部位，否则予以修理。
④ 检查导线的连接情况，若有接触不良或断路应予修复。

(2) 被检车辆准备。
① 按制造厂的规定调整轮胎气压。
② 清除轮胎上沾有的水、油、泥和嵌入轮胎花纹沟槽内的石子等杂物。

(3) 检测方法。
① 接通试验台电源。
② 升起滚筒间举升器。
③ 被测车辆从其纵向中心线与滚筒轴线垂直的方向驶入试验台，使具有车速信号的车轮置于滚筒上。
④ 降下举升器至轮胎与举升器托板完全脱离为止。
⑤ 为安全起见，在车辆前方不得站有人员，并用挡块抵住处于试验台滚筒外的车轮。
⑥ 对于标准型车速表试验台：起动汽车，待汽车驱动轮在滚筒上稳定后，挂入最高挡，踏下加速踏板使驱动轮平稳地加速运转。当汽车车速表的指示值达到规定的检测车速（40km/h）时，读取试验台速度表指示值；或当试验台速度表的指示值达到检测车速时，读取汽车车速表指示值。
⑦ 对于电动机驱动型车速表试验台：接合试验台离合器，使滚筒轴与电动机枢轴相连接；汽车的变速器处于空挡，接通试验台电源，电动机驱动滚筒旋转；当汽车车速表达到检测车速时，读取试验台速度表指示值，或当试验台速度表指示值达到检测车速时，读取汽车车速表的指示值。
⑧ 检测结束后，轻轻踩下汽车制动踏板，使滚筒停止旋转。对于电动机驱动型试验台必须先切断电源。
⑨ 升起举升器，去掉挡块，汽车驶离试验台。
⑩ 切断试验台电源。

8. 汽车排气污染物检测

1) 汽车排气污染物的成分及其危害

随着汽车保有量的增加，汽车排气污染物造成的环境污染情况将日趋严重。所以对汽车排气污染物的监控与防治，已处于刻不容缓的地步。要搞好汽车排气污染物的监控与防治，首先必须做好检测工作。用废气分析仪和烟度计测定排气污染物的浓度，目的是控制排气污染物的扩散，使其限定在被允许的范围内，以达到保护生态环境和自然界生态平衡的目的。

汽车排放的污染物主要有一氧化碳（CO）、碳氢化合物（HC）、氮氧化物（NO_x）、微粒物（PM）（由碳烟、铅氧化物等重金属氧化物和烟灰等组成）和硫化物等。这些污染物由汽车的排气管、曲轴箱和燃油系统排出，分别称为排气污染物（又称尾气）、曲轴箱污染物和燃油蒸发污染物。此外，还含有氯氟烃（CFCs）和二氧化碳（CO_2）等各种有害成分，直接或间接危害人类的健康。

2) 汽车排气污染物的检测

测定汽油车排气污染物的仪器有非分散型红外线分析仪、氢火焰离子型分析仪和化学发光分析仪等；测定柴油车的仪器有滤纸式烟度计和消光式烟度计等。检测站一般多采用非分散型红外线分析仪和滤纸式烟度计来测量汽车排气污染物的排放状况。

汽油车的排气测定方法分多工况法、等速工况法和怠速法。检测站主要以单怠速法测量汽油车的排气污染物。

(1) 汽油车排放污染物测定前的准备工作。在进行汽车排放污染物检测时必须做好测定前的准备工作，包括测量仪器的准备和被测车辆的准备。

① 仪器的准备。仪器使用前先接通电源预热 30min 以上，然后进行相关部位的检查，接着从仪器上取出采样导管进行校正，吸进清洁空气，用零点调整旋钮调整零位，再把测定器附属的标准气体从标准气体注入口注入，用标准气体校正旋钮，使指示值符合校正基准值。在注入标准气体时，应关闭仪器上的泵开关。

一氧化碳测定器是以标准气体储气瓶里的一氧化碳浓度作为校正基准值，而碳氢化合物测定器由于在标准气体里采用丙烷（C_3H_8）气体，所以须通过换算公式求出正己烷（C_6H_{14}）的值，作为校正基准。其换算公式为：

$$校正基准值 = 标准气体（丙烷）浓度 \times 换算系数（正己烷换算值） \qquad (4-6)$$

接通简易校正开关，对于有校正位置刻度线的仪器，可用标准调整旋钮把仪表指针调到标准刻度线位置；对于没有标准刻度线的仪器，要在标准气校正后立即进行简易校正，使仪器指针与标准气校正后的指示值重合。检查采样探头和导管内是否有残留 HC。如果管内壁吸附残留 HC 过多，仪表指针偏离零点太多，要用压缩空气或布条等清洁采样探头和导管。

② 被测车辆的准备。按规定转速使被测车发动机作怠速运转，发动机达到规定热车温度。

(2) 汽油车排气污染物的测定。将废气分析仪的量程开关放在最大挡，然后被检车以 70% 的额定转速运转 60s 后，降至规定怠速转速，插入采样导管，深度等于 400mm。边看指示针边变换量程转换开关，选择合适的排气气体浓度的挡位，维持 1.5s 后，读取 30s 内的最高值和最低值，其平均值为测量结果。

3) 柴油车烟度计的使用方法

(1) 测定前的准备工作。

① 仪器的准备。首先进行仪器检查，然后接通烟度计电源预热 5min 以上，并检查来自空气压缩机的空气压力，使之符合规定要求。将校正用的标准纸即烟度卡对着检测部分，用指示调零旋钮将指示计校正到符合标准纸的污染度表示值。

② 被检测车辆的准备。以制造厂规定的怠速预热发动机，并使之达到规定测量温度，同时在加速踏板上安装好踏板开关。

(2) 柴油机排气烟度测试。

① 起动发动机，并加速 2～3 次吹净排气管和消声器中的烟尘。

② 发动机怠速运转 5～6s，并进行空气清扫 2～3s。

③ 脚踩住踏板开关，并迅速将踏板踩踏到底持续 4s。

④ 松开加速踏板 11s，同时读数并走纸，再用压缩空气清扫 3～4s，调整吸入泵，并连续按③的方法操作 4 次，读取后 3 次读数的平均值。

4.2.4 事故车的检查与判断

汽车发生事故是常见的，发生过事故的车辆，其使用性能无疑会受到极大的损害，而且还会存在很大的安全隐患。但由于在二手车交易前，它们都会经过修理，一般非专业人士很难分辨出来。所以，欲购买二手车的消费者，一定要和熟悉二手车的专业人士到市场挑选二手车。否则，就有可能购买到事故二手车。这些非正常使用过的二手车，不仅容易在今后的使用过程中出现质量问题，而且其也并非物有所值。但并不是发生过事故的二手车，就认定其为事故车，如轻微的撞击，不一定就会"伤筋动骨"，稍作修复，即可正常使用。为帮助消费者在选购二手车时，提高警惕，尽可能避免购买到事故二手车，下面就将事故车的有关问题探讨如下。

1. 事故车的定义

什么是事故车？目前我国对事故车尚无权威机构给予严格的界定，也就谈不上制定出标准，但是，有个别销售公司或汽车公司对事故车有其自己的界定条件。事故车是指在使用过程中，曾经发生过严重碰撞或撞击，或长时间泡水，或较严重过火，虽经修复并在使用，但仍存在安全隐患的车辆总称。

1）严重碰撞或撞击的车辆

只要符合以下任何一条损伤的车辆，就应认为是事故车。

（1）碰撞或撞击后，车架大梁弯曲变形、断裂后修复。

（2）散热器及散热器支架被撞损伤后修复或更换过。

（3）车身后翼子板碰撞后被切割或更换过。

（4）车门及其下边框、B柱碰撞变形弯曲后修复或更换过。

（5）整个汽车在事故中翻滚，整个车身产生变形凹陷、断裂后修复或做过车身。

2）泡水车

泡水车辆与涉水行驶过的车辆不能混为一谈，有许多车辆在遇大雨、暴雨或特大暴雨的恶劣天气时，曾在水中短时间行驶过，这不能算泡水车。因为涉水行驶，不是潜渡，车辆在行驶中发动机及其附件仍在工作。涉水深度有可能略超过车轮半径，发动机油底壳可能与水接触，或浸入水中。此时发动机最好不要熄火，否则对小轿车来说，排气管就有可能进水。

泡水车一般是指全泡车，也叫灭顶车。全泡车是指泡水时，水线超过发动机盖，水线达到前风窗玻璃的下沿。这样整个发动机舱都浸泡在水中，绝大部分电气设备、仪表都被水浸泡，当然会造成严重后果。至于浸泡时间长短，一般认为，只要水线达到上述水平，无需考虑泡水时间的长短，即是泡水车。但也有的认为不宜超过10min。笔者认为，前者更切合实际一些。因为水虽然在极短的时间内难于浸入密封的机件内，但水会对密封产生腐蚀、侵蚀作用。此外，泡水对电气设备危害最大，而且难以清洁。气门和空气滤清器等处都会进水，进而危害发动机气缸内部，造成锈蚀，不可小视。

3）过火车辆

汽车无论是由于自燃还是外燃，只要在发动机舱或乘员舱发生严重火烧，燃烧面积较大，机件损坏较严重，就应列为事故车。火烧是极严重的事故，经火烧后，机件很难修复。但对于局部着火，过火的只是个别的非主要零部件，并在极短的时间内熄灭，主要机件未受到影响的，经修复换件后，不能算过火车辆。

2. 事故车的检查与判断

凡是发生严重碰撞、泡水、过火的事故车，到二手车市场来评估交易之前，都经过汽车修理厂的恢复和修理，非专业人士一般检查不出是事故车。车主有时也不会"自报其短"。必须要经过训练有素的专业人士,进行仔细认真地检查和分析判断,才能得出正确的结论。此处只提供一般通用的检查方法。

1) 碰撞事故车的检查

(1) 查看汽车底盘,看脏污的程度是否大致相同,若发现有部分地方特别干净,该处有可能被修理和擦拭过。而此处大梁应平直,并无敲打的痕迹。若发现有敲打或烧焊的痕迹,那就可肯定大梁发生过弯曲变形,甚至是断裂或有裂纹。

(2) 查看散热器支架和散热器,看是否有碰撞变形后修复或更换过的痕迹。若有,散热器一定被修理或更换过。散热器支架损坏后,碰撞有可能殃及发动机或车架,要注意有关零部件的检查。

(3) 若车后部被严重碰撞,那车身的翼子板肯定会损坏,看翼子板是否被切割更换过。翼子板与车厢及车体的连接处应平整,其上的焊点应略呈圆形及微凹陷,若焊点是凸出状,则为重新烧焊的痕迹。也可打开行李箱盖,查看其内板是否有烧焊的痕迹。

(4) 可查看车身侧面,有无碰撞痕迹。先看车门是否与车身密合,有无翘曲,门缝是否均匀一致,若修理或更换过就一定会出现某些缺陷。检查B立柱是否有烧焊的痕迹,这可从车内侧扒开装饰物查看,或看油漆是否平整,有无涂抹腻子。检查底板、横梁有无敲击过和烧焊痕迹。

(5) 从零件的工艺孔是否变形来检查,看工艺孔是否一致来判断。例如,有的轿车发动机盖前方左右两内侧有对称的椭圆形工艺孔,若两工艺孔形状不对称、不一致,则可能发生过碰撞后变形,因而有异。总之,检查时,要仔细查看,发现有蛛丝马迹,就要认真查下去,以确保不漏查事故车。

2) 泡水车的检查

(1) 打开发动机盖,查看散热器、散热器片、散热器前板(从下往上看)是否留有污泥。然后检查发动机旁的发电机、起动机、电线插座等小零件,左右轮罩的接缝处。

(2) 翻倒检查前、后排座椅,查看弹簧及内套绒布是否有残留污泥,甚至还伴有霉味。

(3) 查看行李箱内的备胎座内有无污泥,若是泡水车,后轮罩隐秘的接缝处死角内会留有污泥。

(4) 要仔细检查一下前、后车门中间的B柱,把塑料饰板轻轻撬开,可看出浸泡水线的高度。如果塑料饰板没有更换,不需要撬开,就可发现泡水高度的水线印迹。撬开塑料饰板后,可查看到B柱内死角接缝不易清洗处的污泥和水线印迹。

(5) 还可检查前、后风窗玻璃橡胶条,由车内将其拉开,内有污泥,则肯定是泡水车。

有时会遇到河塘的水非常清澈干净,无污泥。碰到这种情况,也可按上述检查,看出浸泡水线的痕迹。泡过水与未浸水的界面一定会留下痕迹,仔细查看即可发现存在异样。多处查看,若都存在同样问题,就可肯定是泡过水的事故车。

3) 过火车的检查

汽车过火的地方比较容易辨认,过火并烧蚀较严重的金属会出现像排气歧管一样的颜色。凡是燃烧面积较大,燃烧时间较长,过火严重的车修复起来很困难,应作报废处理。因为过火的机件,金属变脆、退火,内部金相组织发生变化,不能继续使用,否则事故频发。

3. 事故车的处理

事故发生后，若汽车还能使用，必须经专业的修理厂修理，并经检测后，方可上路行驶。现就严重碰撞事故车的处理简述如下。

严重碰撞造成的事故车，车主除了可向事故责任方索赔修理费用外，还可考虑由于事故给车辆带来的贬值费。修理费用是在事故发生后，由具有资质的定（估）损机构进行定损，由保险公司来理赔，支付修理费用。但定损机构对事故造成的车辆贬值，不进行评估。保险公司对这部分费用也不理赔。

实际上，严重碰撞的事故车，虽经修理后仍可上路行驶，但车辆仍存在一些内伤隐患，这是修理厂无法修复的。这些隐患对汽车的使用寿命，或者零部件的使用寿命会带来一定的不利影响。若存有安全隐患，问题就更为严重。所以，碰撞事故车，应该考虑事故给车辆带来的价值贬值。这也是定损与评估的不同之处。

2006年6月，国内出现了首例因交通事故索赔车辆贬值费的案例。此案经法院判决，责任方向无责任方车主支付了车辆的贬值费。但贬值费的最后认定，还应进一步探索，如对事故涉及的层面、影响的深度和广度，使用性能的受损程度都需要进一步探索。并不是所有交通事故对车辆价值都会有如此大的影响，像一些小的剐蹭造成玻璃、保险杠、车漆等损伤并经修复，不会对车辆价值构成影响，因此，就不应列在索赔之列。所以，并不是任何交通事故都能索赔车辆的贬值费。

事故车的检查判断和处理是一件较棘手的问题，对一般人来说是比较困难的。存在安全隐患的事故车是一个隐形的杀手，有时会造成严重的后果，评估人员有责任严格查验，防止在不知情时事故车被销售给消费者，造成危害。提醒人们，购车必须到正规的销售网点。

4.3 二手车鉴定案例

案例【一】

1. 车辆基本信息

品牌：雪佛兰 爱唯欧
型号：SGM7167MTB

图 4.30 案例一车辆图片

车辆类型：轿车
国产/进口：国产
制造厂名称：上海通用东岳汽车有限公司
VIN 号：LSGJLG411BC××××××
发动机号：LDE×111420×××
发动机型号：LDE
车身颜色：白色
燃油种类：93号汽油
排量/功率：1.598L/89kW
出厂日期：2011-11
车辆图片如图4.30所示。

2. 手续、规费情况

车辆登记证书、购置税、车船使用税、交强险、商业保险、车辆年检等手续齐全。

3. 车辆配置

1.6L ECOTEC 直列四缸发动机、5 速手动变速器、前麦弗逊独立悬架、后扭力梁半独立悬架、前盘后鼓制动、电动天窗、ABS、EBD、电动助力转向、手动空调、CD、安全气囊、中控门锁、多功能真皮转向盘、发动机电子防盗、遥控钥匙、电动车窗、电动后视镜、铝合金轮毂、安全带未系提示、儿童安全座椅接口、行车电脑、安吉星系统。

4. 静态检查

车外观良好，油漆无损伤修补；车门开合良好，车架连接处正常，焊点清晰，密封状况良好；车辆 A、B、C 柱没有任何损伤，驾驶舱内顶绒整洁，中控台操控部件位置正常，功能良好，检查玻璃升降器、天窗等容易老化部分未发现问题。发动机舱内线路整齐，连接部分良好，螺钉等位置正常，没有更换过的痕迹，翼子板、大梁无钣金痕迹，发动机没有漏液情况，车灯、转向正常。底盘正常，制动盘片、轮胎非常新。非全尺寸备胎、随车工具、警示架等设备齐全。

5. 动态检查

冷车状况，起动发动机运转正常，很快进入稳定怠速状态。由于使用的是 1.6L ECOTEC 发动机，且爱唯欧自身重量轻，行驶过程中动力表现突出，起步、加速、高速状况下动力都能随叫随到；空调工作正常，暖风挡能够迅速地去除玻璃上的雾气；换挡过程顺畅舒适，冲击感不宜察觉；转向助力轻盈，指向性也不错，手感很好，多功能按键很合手，操作方便；制动非常好，ABS 工作正常。悬架在行驶过程中舒适性、操控性不错。普利司通 TURANZA 系列的轮胎为舒适提供了不小的帮助。

6. 综合评定

凭借动感的外形、机车风格的内饰、安吉星系统，以及通用 Gamma Ⅱ 全球技术平台等条件，爱唯欧属于中高端轿车。在钣金、装备工艺的表现也可圈可点。两厢的爱唯欧能够吸引不少的年轻消费者。而且新车上市的时间短，保值率偏高。综合评定良好。

案例【二】

1. 车辆基本信息

品牌：丰田
型号：2.4 豪华型
车辆类型：越野车
国产/进口：国产
制造厂名称：一汽丰田
VIN 号：LFMKV30F5A0××××××
发动机号：1A0×××
发动机型号：L4
车身颜色：红

燃油种类：汽油
排量/功率：2.4L
出厂日期：2010-02
车辆图片如图4.31所示。

2. 手续、规费情况

车辆登记证书、购置税、车船使用税、交强险、商业保险、车辆年检等手续齐全。

3. 配置

图4.31 案例二车辆图片

4轮盘式制动，四驱，铝合金轮毂，真皮座椅，电动门窗，助力转向，中央门锁，电动后视镜，CD，ABS，EBD，GPS，倒车雷达，安全气囊，座椅高低调节。

4. 静态检查

车辆成色新，无重大事故痕迹，无擦刮痕迹，无金属腐蚀，内饰成色新，维修保养情况好，轮胎成色新。

5. 动态检查

仪表工作正常，显示里程20 000km，发动机工作平稳，各功能正常，转向准确，制动灵敏，动力充沛。

6. 综合评定

该车2010年3月上户，行驶20 000km，车况好，该车手续齐全，合法，车辆无重大事故痕迹，综合评定较好。

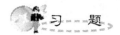

一、判断题

1. 二手车上路行驶的手续是指：机动车上路行驶，按照国家有关规定必须办理的相关证件和必须缴纳的税、费。机动车凭这些有效证件及所缴纳税、费的凭证上路行驶。（ ）

2. 国家税务机关监制的全国统一的二手车交易专用发票是唯一有效的二手车来历凭证。（ ）

3. 人民法院出具的发生法律效力的判决书、裁定书、调解书可以作为二手车的来历凭证。（ ）

4. 机动车行驶证是由公安车辆管理机关依法对机动车辆注册登记核发的证件，是机动车取得合法行驶资格的法定证件。（ ）

5. 根据我国相关法规，所有在道路上行驶的车辆都必须缴纳机动车交通事故责任强制保险。（ ）

6. 机动车以某一初速度行驶做滑行试验时，滑行距离越长，说明该车传动系统的传动功率越高。（ ）

7. 某车发动机用气缸压力表测得的结果如果超过原厂规定值，说明其气缸密封性越

越来越好。（　　）

8. 汽油机汽车排气颜色为黑色，说明混合气过浓或是点火时刻过迟，造成燃烧不完全。（　　）

9. 在用发动机功率不得低于额定功率的75%。（　　）

10. 利用底盘测功机可以获得驱动轮的输出功率，与发动机功率进行比较，可求出传动效率。（　　）

11. 在二手车技术鉴定时，要分清主次，凡对二手车价值构成影响的缺陷，都应认真检查和评判，但对评估价值不构成影响的细微瑕疵，就不要去斤斤计较。（　　）

12. 车身检测首要目的是看"伤"，即看二手车有没有严重碰撞的痕迹。（　　）

13. 外观检测一般是通过目测来进行，目测检查通常只能作定性分析。（　　）

14. 《机动车运行安全条件》规定，车体应周正，左右对称部位高度差不得大于40mm。（　　）

15. 二手车鉴定评估师还有一个重要任务就是要鉴定并识别走私车、盗抢车、拼装车、报废车、手续不全的车，严禁这些车辆在二手车市场上交易。（　　）

16. 碰撞或撞击后，车架大梁弯曲变形、断裂后修复的属于事故车。（　　）

17. 车身后翼子板碰撞后被切割或更换后不属于事故车。（　　）

18. 只要在发动机舱或乘员舱发生过火烧现象的，不管着火大小统统称为过火车辆。（　　）

参考答案：1.（√）；2.（×）；3.（√）；4.（√）；5.（√）；6.（√）；7.（×）；8.（√）；9.（√）；10.（√）；11.（√）；12.（√）；13.（√）；14.（√）；15.（√）；16.（√）；17.（×）；18.（×）。

二、选择题

1. 根据车辆的不同用途，乘用车的车船税税额为（　　）不等。
    A. 100～660元　　　B. 60～660元　　　C. 40～660元　　　D. 50～600元

2. 依照相关法规，二手车评估中为确认卖方的身份及车辆的合法性，应根据合法有效的（　　）。
    A. 卖方身份证、车辆号牌、机动车登记证书、机动车行驶证
    B. 卖方身份证、机动车安全技术检验合格标志、机动车行驶证、机动车登记证书
    C. 卖方身份证、车辆号牌、机动车安全技术检验合格标志、机动车行驶证
    D. 卖方身份证、车辆号牌、机动车登记证书、机动车安全技术检验合格标志

3. 依照相关法规，二手车评估中发现非法车辆、伪造证明或车牌的，擅自更改发动机号、车架号的、调整里程表的，应当（　　）。
    A. 照常评估技术状态　　　　　　　B. 不加过问
    C. 及时向执法部门举报，配合调查　　D. 不予评估、也不举报

4. 将右置转向盘改为左置转向盘的二手车（　　）交易。
    A. 可以　　　　　　　　　　　　B. 通过安全排放检测可以
    C. 使用年限满5年可以　　　　　　D. 不可以

5. 机动车号牌是准予机动车上路行驶的法定标志，其号码要与（　　）上的号牌号码完全一致。
    A. 机动车行驶证　　　　　　　　B. 车架号

C. 发动机编号　　　　　　　　　　D. 机动车驾驶证

6. 按照国家有关法规，对外驻华大使馆、领事馆的自用车辆，免征（　　）。
   A. 公路养路费　　　B. 公路养路费和车辆购置附加税
   C. 交强险保费　　　D. 车辆购置税
7. 对汽车进行动态检测时，不属于路试检测的项目是（　　）。
   A. 轮胎磨损程度　　　　　　　　B. 滑行情况
   C. 加速性能　　　　　　　　　　D. 制动性能
8. 汽车行驶系统中，最容易磨损的总成部件是（　　）。
   A. 车架　　　　B. 悬架　　　　C. 轮胎　　　　D. 车桥

参考答案：1. B；2. D；3. C；4. D；5. A；6. D；7. A；8. C。

三、简答题

1. 对二手车手续检查包括哪些内容？
2. 对二手车进行技术状况的鉴定过程中，车身检查包括哪些项目？
3. 对二手车进行技术状况的鉴定过程中，驾驶室和车厢内部检查哪些项目？
4. 对二手车进行技术状况的鉴定过程中，发动机检查包括哪些项目？
5. 对二手车进行技术状况的鉴定过程中，路试检查包括哪些项目？
6. 什么是事故车，碰撞事故车如何检查？

第 5 章
二手车评估

教学提示

本章是二手车评估的重点知识,教师必须详细讲授,让学生透彻领会,并能灵活应用到实际的评估工作中。

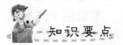
知识要点

本章介绍了二手车价值评估的方法,主要包括以下几个方面。
1. 重置成本法;
2. 现行市价法;
3. 收益现值法;
4. 清算价格法;
5. 成本折旧法。

> **导入案例**
>
> 发生交通事故，获赔车辆贬值费
>
> 2008年6月28日北京市东城区东二环附近，发生一起汽车连环追尾事故，此事故经北京市交通管理局东城交通支队认定，肇事方承担事故全部责任。受害方汽车虽然已修理完毕，但认为修理的只是恢复使用功能，经济价值却降低了，所以要求对方赔偿贬值费，经北京晶实诚信二手车鉴定评估有限公司对受损车辆进行鉴定，鉴定结论：此车属中度伤损，此次交通事故车辆贬值12 400元。
>
> 后经法院认为，此次事故公安交通管理部门认定被告负事故的全部责任，被告应当赔偿原告因此次事故造成的经济损失。原告的车辆在此次交通事故中造成中度伤损，虽经修复，但该车已因此次交通事故致使车辆使用价值产生一定贬损。被告作为此次交通事故的责任方，应对车辆价值的贬损予以赔偿。根据《中华人民共和国民法通则》第一百零六条第二款之规定，判决原告得到车辆贬值费12 400元、评估费1 230元。

二手车的价格评估方法是确定二手车评估值的具体手段与途径。从评估对象的角度来看，二手车属于固定资产的机器设备，故同其他资产评估一样，也应遵循资产评估的一般理论。

然而，二手车作为一类资产，又有别于其他类资产，有其自身的特点，如它的单位价值大，使用时间长；使用强度、使用条件、维护水平差异很大；政策性强，使用管理严格，税费附加值高。由于二手车自身的这些特点，决定了在对二手车进行评估时，不能完全照搬资产评估的方法，必须结合二手车的实际情况，以技术鉴定为基础，以资产评估理论为指导灵活处理，从而使二手车评估能够更加客观、准确地反映二手车的价值，并且具有一定的可操作性。

5.1 重置成本法

市场经济下，任何一个理性的购买者在购买某项资产时所愿意支付的价钱，绝对不会超过与被评估对象具有同等效用的全新资产的最低成本，即待估资产的重置成本是其价格的最大可能值。

5.1.1 定义、特点、影响因素和适用范围

1. 定义

重置成本法是指在现时市场条件下，用重新购置一辆全新状态的被评估车辆所需的全部成本(重置全价)与被评估车辆的各种贬值总和进行差额的方法。车辆的贬值一般体现在实体性贬值、功能性贬值及经济性贬值上。

2. 特点

用重置成本法评估车辆时，能充分考虑车辆的各方面损耗，反映车辆市场价格的变化，对交易双方来讲都公平合理；确定成新率时，能综合考虑车辆的技术车况和配置以及

车辆的使用情况。评估过程有理有据，交易双方对评估结果的信任较高。但是，评估工作量较大，确定成新率时主观因素影响较大，且对于极少数进口车辆，不易查询到现时市场报价，因此很难确定车辆的重置成本。

3. 影响因素

(1) 市场价格的影响。
(2) 车辆有形耗损的影响。
(3) 车辆无形耗损的影响。
(4) 外界因素对车辆的影响。

4. 适用范围

重置成本法主要适用于继续使用前提下的二手车评估。它既充分考虑了被评估二手车的重置全价，又考虑了二手车已使用年限内的磨损以及功能性、经济性贬值，因而是一种适应性较强，能被广泛采用的评估方法，尤其在中高档车辆评估中应用比较广泛。

5.1.2 重置成本法的计算公式

常用的重置成本法计算被评估车辆价值的公式有：

$$评估值 = 重置成本 - 实体性贬值 - 功能性贬值 - 经济性贬值 \quad (5-1)$$

$$评估值 = 重置成本 \times 成新率 \quad (5-2)$$

一般来讲，式(5-1)优于式(5-2)。因为式(5-1)中不仅扣除了实体性贬值，而且还扣除了功能性贬值和经济性贬值。但实际上评估人员在掌握和运用该式时，各项贬值的确定有相当的难度，弹性较大，这在一定程度上影响评估值的准确性。所以，一般在评估时多采用式(5-2)估算。这是因为式(5-2)中的成新率综合了各项贬值，较能反映实际情况，也便于操作。

1. 重置成本

重置成本是购买一辆全新的与被评估车辆相同的车辆所支付的最低金额。根据重新购置车辆所用的材料、技术的不同，可把重置成本区分为复原重置成本和更新重置成本。

复原重置成本指选用与被评估车辆相同的材料、制造标准、设计结构和技术条件等，以现时价格复原购置相同的全新车辆所需的全部成本，简称复原成本。

更新重置成本指利用新型材料、新技术标准、新设计等，以现时价格购置相同或相似功能的全新车辆所支付的全部成本，简称更新成本。

一般情况下，在进行重置成本计算时，如果同时可以取得复原成本和更新成本，应选用更新成本，如果不存在更新成本，才考虑选用复原成本。

2. 车辆的贬值

机动车和其他机械设备一样，其价值也是一个变量，它随车辆的使用时间及其他因素的变化而贬值。除了市场价格、供需关系以外，影响车辆价值量变化的因素主要有以下几个方面。

1) 机动车辆的实体性贬值

实体性贬值也叫有形损耗，是指机动车在存放和使用过程中，由于物理和化学原因而导致车辆的实体发生价值损耗,即由于自然力的作用而发生的损耗。进行交易的车辆,一般都不是全新状态的,因而或多或少都存在实体性贬值。确定实体性贬值,可通过车辆的新旧程度、部件的损耗程度及车表与内饰部件的磨损程度来判断。如果用损耗率来衡量,一辆全新的车辆,其实体性贬值为百分之零,而一辆完全报废的车辆,其实体性贬值为百分之百,处于其他状态下的车辆其实体性贬值率则位于两者之间。

2) 机动车辆的功能性贬值

功能性贬值是由于科学技术的发展而导致的车辆贬值,即无形损耗。科学技术的进步会使新的具有同样功能的车辆价格降低而引起原有车辆贬值。

功能性贬值又可以细分为一次性功能贬值和营运性功能贬值。一次性功能贬值是由于科学技术进步引起劳动生产率的提高,现在再生产、制造与原功能相同的车辆的社会必要劳动时间减少、成本降低而造成原车辆的价值贬值。营运性功能贬值是由于科学技术进步,出现了新的、性能更优越的车辆,致使原有车辆的功能相对新车型已经落后而引起的价值贬值。具体表现为原有车辆在完成相同工作任务的前提下,在燃料、润滑油、配件材料等方面的消耗增加,形成一部分额外运营成本。

3) 机动车辆的经济性贬值

机动车辆除了经历有形和无形损耗外,还有经济性的贬值。经济性贬值是指由于外部经济环境变化所造成的车辆贬值。所谓外部环境,包括宏观经济政策、市场需求、通货膨胀、环境保护等。经济性贬值是由外部环境而不是车辆本身所引起的。外部环境对车辆价值的影响在科技高速发展的今天是不可忽视的,因此在汽车的评估中经济性贬值也占有一定的比例。

3. 成新率

成新率是二手车新旧程度的衡量指标,是指二手车的功能或使用价值占全新机动车的功能或使用价值的比率,也可理解为二手车的现实状况与机动车全新状况的比率。

5.1.3 重置成本的确定方法

汽车交易市场在以车辆所有权转让为目的二手车交易业务中,对重置成本(无论国产车还是进口车)一律采用国内现行市场价作为被评估车辆的重置成本全价,而对于车辆的运输费、管理费、购置附加费(税)等税费则略去不计。

对于咨询服务类的鉴定估价业务,则与重置成本的确定稍有不同。例如,对企业或属产权变动的评估业务,如合资、合并、兼并、企业破产清算等经济行为,则应把车辆购置附加费(税)等大额税费计入重置成本中去,而其他小额费用是否计入要视情况而定,主要目的是防止国有资产的流失。

重置成本的确定时间,应以评估基准日车辆所在地收集到的价格资料为准。

重置成本的计算在资产评估学中有重置核算法、功能系数法、物价指数法和统计分析法等几种方法。对于二手车评估定价,计算重置成本一般采用重置核算法和物价指数法。

1. 重置核算法

重置核算法也称为细节分析法或直接法,它是以现行市价核算被评估车辆的重置成本。即将车辆按成本构成分成若干组成部分,先确定各组成部分的现时价格,然后求和得出待评估车辆的重置全价。其计算公式为:

$$\text{重置成本} = \text{直接成本} + \text{间接成本} \tag{5-3}$$

式中,直接成本为现行市场的购买价格;间接成本为购车时所支付的购置附加税、牌照费、注册登记手续费、车船使用税、保险费等规费。

使用这种方法的关键是获得市场价格资料,对于大、中城市,车辆市场价格资料的取得是比较容易的。评估师可直接从市场了解相同或类似车辆现行市场新车销售价格。但要注意的是,车辆的市场价格,对于不同的制造商或者销售商其售价可能是不同的。根据替代性原则,在同等条件下,评估人员应选择可能获得的最低市场售价。此外,还可从报纸、杂志上的广告,厂家提供的产品目录价格表,经销商提供的价格目录,网上查询等渠道获取。但在使用上述价格资料时,要注意数据的有效性和可靠性,这是至关重要的。

在获取上述价格资料时,还应注意以下问题。

1) 价格的时效性

价格资料和市场信息一般只反映一定时间的价格水平,尤其是机动车价格变化较快、较大,价格稳定期较短。评估时要特别注意价格的时效性,注意所用资料能否反映评估基准日的价格水平,尽可能地避免使用一些过时的价格资料。

2) 价格的地域性

机动车销售价格受交易地点的影响也较大,不同的地区由于市场环境不同,消费水平也有差距,交易条件也不尽相同,所以机动车的售价也不完全一样。评估时,应该使用评估对象所在地的价格资料。若无法获取当地的价格资料,则可参考邻近地区的价格,但要进行价格差的修正。有时,一些县城的机动车价格,比大城市同样车型的价格还要高一些,这是正常的,不要主观认为县、市的机动车价格,就一定比大城市的价格低。使用价格资料要实事求是。

3) 价格的可靠性

评估师有责任对使用的价格资料的可靠性作出判断。一般从网上及其他公共媒体获得的价格资料只能属于参考价格。使用这些资料,评估人员应以审慎的态度进行必要的核实。而从汽车销售市场直接获得的现时价格,可靠性相对较高。

2. 物价指数法

物价指数法也叫价格指数法,是指根据已掌握的历年来的价格指数,在二手车原始成本的基础上,通过现时物价指数确定其重置成本。其计算公式为:

$$B = B_y \times \frac{I_1}{I_2} \tag{5-4}$$

或

$$B = B_y \times (1 + \lambda) \tag{5-5}$$

式中　B——车辆重置成本;

　　　B_y——车辆原始成本;

　　　I_1——车辆评估时的物价指数;

　　　I_2——车辆购买时的物价指数;

　　　λ——车辆价格变动指数。

物价指数通常用百分数来表示,以100%为基础。当物价指数大于100%时,表明物价上涨;物价指数低于100%时,表明物价下降。

物价指数又分为定基物价指数和环比物价指数。

1) 用定基物价指数确定重置成本

定基物价指数是以固定时期为基础的指数，通常也用百分比来表示。下面举例说明如何用定基物价指数来计算重置成本（某机动车的定基物价指数见表5-1）。

表5-1 定基物价指数

年份	2006	2007	2008	2009	2010
物价指数(%)	100	103	106	108	110

【例5-1】 2007年购置某汽车，原始成本（购买价）为4.2万元，2010年的物价指数为110%，计算2010年该车的重置成本。

解：按定基物价指数确定重置成本，该车2010年的重置成本为：

$$B = B_y \times \frac{I_1}{I_2} = 4.2 \times \frac{110}{103} \approx 4.485 (万元)$$

2) 用环比物价指数确定重置成本

环比物价指数是以上一期的物价指数为基期的指数，如果环比期以年为单位，则环比物价指数表示该机动车当年相比于其前一年的价格变动幅度。通常也用百分比来表示。现将表5-1中的定基物价指数改用环比物价指数来表示，则其环比物价指数见表5-2。

表5-2 环比物价指数

年份	2006	2007	2008	2009	2010
物价指数(%)	—	103	102.9	101.9	101.9

采用环比物价指数来计算重置成本的公式则改写为：

$$B = B_y \times (I_1^0 \times I_2^1 \times I_3^2 \times \cdots \times I_n^{n-1}) \tag{5-6}$$

式中 I_n^{n-1}——前$n-1$年的环比物价指数。

现举例说明环比物价指数的应用。

【例5-2】 现改用环比物价指数来计算例5-1中的汽车重置成本。

解：按采用环比物价指数来计算重置成本，2010年该车的重置成本为：

$$B = B_y \times (I_1^0 \times I_2^1 \times I_3^2) = 4.2 \times (102.9\% \times 101.9\% \times 101.9\%) = 4.488(万元)$$

从上述计算结果分析，用定基指数和用环比指数计算机动车的重置成本，其结果稍有差别，但不是很大，几乎一样。

3) 运用物价指数法时要注意的问题

(1) 一定要先检查被评估车辆的账面购买原价。如果购买原价不准确，则不能用物价指数法。

(2) 物价指数一定要选自国家权威部门所提供的数据。

(3) 如果选用的物价指数与评估基准日之间有一段时间差，评估人员应依据近期内的物价指数变化趋势并结合市场情况的变化予以适当调整。

物价指数法适用于计算车辆重置成本时的人工费、运杂费、管理费等项目。如果被评估车辆是淘汰产品，或是进口车辆，无法取得现行市价价格，则采用指数调整法评估是较现实的选择。

一般来说，物价指数并不能反映技术的先进性。所以，物价指数法不能运用于更新重置成本,也不能提供任何衡量复原重置成本和更新重置成本差异的依据。

5.1.4 陈旧性贬值的估算

1. 实体性贬值

二手车的实体性贬值是由于使用和自然力损耗形成的贬值,也称为有形损耗,其数学公式表达为:

$$D_p = B \times \lambda \tag{5-7}$$

式中　D_p——车辆实体性贬值;
　　　B——车辆重置成本;
　　　λ——实体性贬值率(或有形损耗率)。

重置成本 B 已经在前面进行了叙述,只要确定实体性贬值率 λ,就可以求得实体性贬值 D_p。确定实体性贬值率 λ 一般可以采取观察法、使用年限法和修复费用法 3 种方法进行估算。

1) 观察法

观察法也称成新率法,指二手车评估人员根据自己的专业知识和工作经验,通过对二手车实体各主要部件进行观察及使用仪器测量等方式进行技术鉴定,并综合分析车辆的设计、制造、使用、磨损、维护、修理、大修、改装情况和经济寿命等因素,将评估对象与其全新状态相比较,从而判断被评估汽车的实体性贬值的一种方法。

观察法对二手车技术状况的描述非常简单扼要,为了帮助评估人员更好地掌握二手车实体贬值的评估,下面给出一个参考国家有关评估协会的车辆实体状态与贬值率之间的对应关系,且结合二手车的实际情况而编制的贬值率参数表,见表 5-3,供评估人员学习和理解,或在实际评估工作中参考使用。

表 5-3　实体性贬值率参考表

等级	车辆状况	贬值率 λ(%)
全新	全新车,待出售,尚未使用,状态极佳	0
		5
很好	车辆很新,只轻微使用过,无需任何修理或换件	10
		15
良好	半新车辆,但经过维修或更换一些易损件,状态良好,故障率很低,可随时出车使用	20
		25
		30
		35
一般	车辆已陈旧,需要进行某些修理或更换一些零部件,才能恢复原设计性能。在用状况良好,外观中度受损,但恢复情况良好	40
		45
		50
		55
		60

(续)

等级	车辆状况	贬值率 λ(%)
尚可使用	处于可运行状体的二手车，需要大量修理或更换零部件。故障率上升，可靠性下降，外观油漆脱落，锈蚀程度明显，技术状况较差	65
		70
		75
		80
状况不良	经过多次修理的老二手车辆，需大修并更换运动机件或主要结构件后，方可运行	85
		90
报废	除了基本材料的废品回收价值外，已达规定使用年限，车辆已丧失使用功能	95
		100

通过对二手车的简单观察来判断其所处的技术状况及贬值率往往不够准确，其准确性很大程度取决于评估人员的专业水平和实际评估经验。

2) 使用年限法

使用年限法又称为寿命比较法或行驶里程法，是从使用寿命的角度来估算车辆实体性贬值率，即通过确定被评估汽车已使用寿命期与该车辆规定使用寿命期来确定二手车实体性贬值或有形损耗。实体性贬值率计算公式为：

$$\lambda = \frac{T_1}{T} \times 100\% \tag{5-8}$$

式中　λ——实体性贬值率(或有形损耗率)；

　　　T_1——已使用寿命期(年)；

　　　T——规定使用寿命期(年)。

机动车的使用寿命可用时间和行驶里程来表示，我国颁布的《汽车报废标准》限定了汽车的使用年限和行驶里程，只要使用达到规定年限或行驶里程，车辆就要报废(不考虑延长期)。因此，只要确立了汽车的规定使用年限和行驶里程，就可以计算出汽车的实体性贬值率。故式(5-8)中的 T_1 及 T 的单位可以是年，也可以是千米。但是，目前我国的二手车评估中，一般均采用年限来表示已使用寿命和规定使用寿命。

现举例说明如何用使用年限法计算汽车的实体性贬值率。

【例 5-3】某一家庭轿车其规定的使用年限为 15 年，已使用 5 年，计算其实体性贬值率 λ。

解：该轿车的实体贬值率 λ 为：

$$\lambda = \frac{T_1}{T} \times 100\% = \frac{5}{15} \times 100\% \approx 33.3\%$$

该轿车的实体性贬值率为 33.3%。若此车的重置成本 B 为 10 万元，则该轿车的实体性贬值额为：

$$D_p = B \times \lambda = 10 \times 33.3\% = 3.33(万元)$$

若该轿车只考虑其实体性贬值，不考虑其他的贬值，则其现有价值仅为 $P = 10 - 3.33 = 6.67(万元)$。

3）修复费用法

修复费用法也叫功能补偿法，通过确定被评估汽车恢复原有的技术状态和功能所需要的费用补偿，来直接确定二手车的实体性贬值。

2．功能性贬值

1）一次性功能贬值

对目前市场上能购买到的且制造厂家继续生产的全新车辆，采用市场价，一般即可认为该车辆的功能性贬值已经包含在市场价之中。从理论上讲，同样的车辆其复原重置成本与更新重置成本之差即是该车辆的一次性功能贬值。但在评估操作上，具体计算某车辆的复原重置成本是比较困难的，一般用市场价作为更新重置成本。

若待评估的车辆型号是自然淘汰的或现已停产的车型，则由于没有实际市场价，只能采用参照物的价格用类比法来估算，即采用现行市价法。用类比法对原有车型进行价格评估时，需要注意的是参照物采用替代型号的车辆，其功能通常比原有车型有所改进和增加，其价格通常会比原有车型的价格高，故与参照物比较的原则是被替代旧型号的车辆的价格应低于新型号的价格。评估这类车辆的主要方法是设法取得该车型的市场价或类似车型的市场现价。

2）营运性功能贬值

测定营运功能贬值的步骤如下。

（1）选定参照物，并与参照物对比，找出营运成本有差别的内容和差别的量值。

（2）确定原车辆尚可继续使用的年限。

（3）查明应上交的所得税率及当前的折现率。

（4）通过计算超额收益或成本降低率，最后计算出营运性陈旧贬值。

【例 5-4】 被评估车辆为两台 5t 载货汽车，重置全价基本相同，其营运成本如下。

A 车：每百公里耗油量 26L，每年维修费用 3.0 万元。

B 车：每百公里耗油量 27L，每年维修费用 3.1 万元。

求 B 车的功能性贬值。

解：按每日营运 150km，每年平均出车日为 250 天计算，每升油价 7.6 元，则 B 车每年超额耗油费用为：

$$(27-26) \times 7.6 \times (150/100) \times 250 = 2\,850(元)$$

B 车每年超额维修费用为：

$$3.1 - 3.0 = 0.1(万元)$$

B 车年总超额营运成本为：

$$2\,850 + 1\,000 = 3\,850(元)$$

取所得税率为 33%，则年超额营运成本的净额为：

$$3\,850 \times (1-33\%) = 2\,759.5(元)$$

取折现率为 11%，并假设 B 车继续运行 5 年，由 $\dfrac{(1+i)^n-1}{i \cdot (1+i)^n}$ 得折现系数为 3.696，B 车功能性贬值为：

$$2\,759.5 \times 3.696 = 10\,199.11(元)$$

3. 经济性贬值

经济性贬值是由机动车辆外部因素引起的，其计算公式为：

$$车辆的经济性贬值=（重置成本-实体性贬值-功能性贬值）×经济性贬值率 \quad (5-9)$$

外部因素对车辆价格的影响主要有两类：营运成本上升和车辆闲置。

由于造成车辆经济性贬值的外部因素很多，并且由此造成贬值的程度也不尽相同，无法准确量化，所以在评估时只能统筹考虑这些因素。

对于营运车辆来讲，通常采用以下两种方式计量其经济性贬值：一种是利用车辆年收益损失额折现累加计算，另一种是通过车辆利用率的变化来估算。

1）利用年收益损失额折现累加计算

如果由于外界因素变化，导致车辆营运收益的减少额或投入成本的增加额能够估算出来，则可以直接按车辆继续使用期间每年的收益损失额折现累加，以求得车辆的经济性贬值用公式表示为：

$$车辆的经济性贬值=车辆年收益损失额×（1-所得税率）×(P/A_t,i,n) \quad (5-10)$$

式中　$(P/A_t,i,n)$——年金现值系数；

　　　i——折现率；

　　　n——车辆剩余使用年限。

年收益损失额只能根据外界因素来计量，不能把因技术落后等自身因素所造成的收益损失额归于此类。

【例 5-5】 某车主欲出售一辆已使用了 5 年的出租车。由于国家行业政策及检测标准的变化，该车每年较过去平均需增加投入 2 000 元才能满足有关规定的要求。试计算该出租车的经济性贬值。

解： 根据国家规定，出租车的使用年限为 8 年。从购车登记日起，至该车的评估基准日止，该车已使用年限为 5 年，该车的剩余使用年限为 3 年。

取所得税率为 33%，适用的折现率为 10%，则车辆的经济性贬值为：

$2\,000×(1-33\%)×(P/A,10\%,3)=2\,000×(1-33\%)×2.486\,9=3\,332.45（元）$

其中，折现系数 $(P/A,10\%,3)$ 为 2.486 9。

2）通过车辆利用率的变化估计

如果由于外部因素的影响，导致车辆的利用率下降，可按照下式估算车辆的经济性贬值率。

$$车辆的经济性贬值率=\left[1-\left(\frac{A}{B}\right)^x\right]×100\% \quad (5-11)$$

式中　A——车辆的实际工作量；

　　　B——车辆的正常工作量；

　　　x——规模效益指数，$0<x<1$，x 一般在 0.6～0.7 之间。

调整 $A=B$ 为 $A=B/2$ 时，计算的结果说明车辆的运输量与投入成本之间并非呈线性关系。当车辆的运输量降至正常运输量的一半时，其投入成本不会随之降至正常投入成本的一半。

【例 5-6】 某企业由于行业生产普遍不景气，工作量不足，一辆专用汽车的利用率仅为正常工作量的 70%；在该汽车的剩余使用年限内，这种情况也不会有所改变。经评估该汽车的重置成本为 29 万元,成新率为 60%。功能性贬值可忽略不计,试估算该车辆的经济性贬值。

解:(1) 计算车辆的经济性贬值率为:
$$车辆的经济性贬值率 = (1-0.7^x) \times 100\%$$
取 $x=0.7$,则:
$$车辆的经济性贬值率 = (1-0.7^{0.7}) \times 100\% = 22\%$$

(2) 车辆扣除实体性贬值和功能性贬值后的价格为:
$$29 \times 60\% = 17.4(万元)$$

(3) 车辆的经济性贬值为:
$$17.4 \times 22\% = 3.828(万元)$$

3) 注意事项

在经济性贬值评估中,一般考虑以下几点。

(1) 估算的前提。车辆经济性贬值的估算主要以评估基准日以后是否停用、闲置或半闲置作为估算依据。

(2) 已封存或较长时间停用,在近期内仍将闲置,但今后肯定要继续使用的车辆,最简单的估算方法是按其可能闲置时间的长短及资金成本估算其经济性贬值。

5.1.5 成新率的估算

成新率是反映二手车新旧程度的指标,它和实体性贬值率的关系是:成新率=1-实体性贬值率。

成新率的估算方法通常有以下几种,实际评估中可以根据被评估车辆的客观情况灵活选用不同的成新率。

1. 使用年限法

使用年限法是通过确定被评估二手车的尚可使用年限与规定使用年限的比值来确定二手车成新率的一种方法。其计算公式为:

$$C_y = \frac{Y_g - Y}{Y_g} \times 100\% = \left(1 - \frac{Y}{Y_g}\right) \times 100\% \tag{5-12}$$

式中 C_y——使用年限成新率;
　　　Y——二手车实际已使用年限(年或月);
　　　Y_g——车辆规定的使用年限(年或月);
　　　$Y_g - Y$——被评估二手车的尚可使用年限(年或月)。

使用年限法估算二手车的成新率基于这样的假设:二手车在规定的使用寿命期间,实体性损耗与时间呈线性递增关系,二手车价值的降低与其损耗大小成正比。因此,可利用被评估二手车的实际已使用年限与该车型规定使用年限的比值来判断其实体性贬值率(程度),进而估算被评估二手车的成新率。

利用使用年限法计算得到的成新率实际上反映的是车辆的时间损耗及时间折旧率,与车辆的日常使用强度和车况无关。

如果车辆的日常使用强度较大,在运用已使用年限指标时,应适当乘以一定的系数。

例如，对于某些以双班制运行的车辆，其实际使用时间为正常使用时间的两倍，因此该车辆的已使用年限，应该是车辆从开始使用到评估基准日所经历时间的两倍。

2. 行驶里程法

行驶里程法是通过确定被评估二手车的尚可行驶里程与规定行驶里程的比值来确定二手车成新率的一种方法。其计算公式为：

$$C_s = \frac{S_g - S}{S_g} \times 100\% = \left(1 - \frac{S}{S_g}\right) \times 100\% \quad (5-13)$$

式中 C_s——行驶里程成新率；
　　　S——二手车实际累计行驶里程(km)；
　　　S_g——车辆规定的行驶里程(km)。

行驶里程法计算成新率的前提是车辆里程表的记录必须是原始的，不能被人为地更改过。由于里程表容易被人为变更，因此，在实际应用中，较少直接采用此法进行评估。

3. 部件鉴定法

1) 计算方法

部件鉴定法（也称技术鉴定法）是指评估人员在确定二手车各组成部分技术状况的基础上，按其各组成部分对整车的重要性和价值量的大小加权评分，最后确定成新率的一种方法。采用部件鉴定法估算二手车成新率的计算公式为

$$C_B = \sum_{i=1}^{n}(C_i \times \beta_i) \quad (5-14)$$

式中 C_B——部件鉴定二手车成新率；
　　　C_i——二手车第 i 项部件的成新率；
　　　β_i——二手车第 i 项部件的价值权重。

2) 计算步骤

此方法的基本步骤如下。

(1) 先确定二手车各主要总成、部件，再根据各部分制造成本占整车制造成本的比重，确定其权重的百分比 $\beta_i(i=1,2,\cdots,n)$，表 5-4 为汽车各部分的价值权重参考表。

表 5-4　汽车各部分的价值权重参考表

序号	车辆各主要总成、部件名称	价值权重(%)		
		轿车	客车	货车
1	发动机及离合器总成	26	27	25
2	变速器及万向传动装置总成	11	10	15
3	前桥、前悬架及转向系统总成	10	10	15
4	后桥及后悬架总成	8	11	15
5	制动系统	6	6	5
6	车架	2	6	6

(续)

序号	车辆各主要总成、部件名称	价值权重(%)		
		轿车	客车	货车
7	车身	26	20	9
8	电气仪表	7	6	5
9	轮胎	4	4	5
	合计	100	100	100

(2) 以全新车辆对应的各总成、部件功能为满分(100分)，功能完全丧失为零分，再根据被评估二手车各相应总成、部件的技术状态估算出其成新率 $C_i(i=1,2,\cdots,n)$。

(3) 将各总成、部件估算出的成新率与权重相乘，得到各总成、部件的权重成新率 $C_i \times \beta_i (i=1,2,\cdots,n)$。

(4) 最后将各总成、部件的权重成新率相加，即得出被评估车辆的成新率。

在不同种类、档次的车辆中，各组成部分对整车的重要性及其价值占整车的比重各不相同，有些类型车辆之间相差还很大。因此，表5-4只能供评估人员参考，不可作为唯一的标准。在实际评估时，应根据评估车辆各部分价值量占整车价值的比重，调整各部分的权重。

3) 特点及使用范围

由上述计算步骤可见，采用部件鉴定法计算加权成新率比较费时、费力，但评估值更接近客观实际，可信度高。它既考虑了二手车的实际损耗，同时也考虑了二手车维修或换件等追加投资使车辆价值发生的变化。这种方法一般用于价值较高的二手车评估中。

4. 整车观测法

整车观测法是指评估人员采用人工观察的方法，辅助简单的仪器检测，判定被评估二手车的技术等级，以确定成新率的一种方法。整车观测法观察和检测的技术指标主要包括二手车的现时技术状态、使用时间及行驶里程、主要故障经历及大修情况、整车外观和完整性等。二手车技术状况的分级可参考表5-5。

表5-5 二手车技术状况的分级参考表

车况等级	新旧情况	有形损耗率(%)	技术状况描述	成新率(%)
1	使用不久	0~15	刚使用不久，行驶里程一般在3万~5万km，在用状态良好，能按设计要求正常使用	85~100
2	较新车	16~35	使用1年以上，行驶里程在15万km左右，一般没有经过大修，在用状态良好，故障率低，可随时出车使用	65~84
3	旧车	36~60	使用4~5年，发动机或整车经过大修一次，大修较好地恢复了原设计性能，在用状态良好，外观中度受损，恢复情况较好	40~64

(续)

车况等级	新旧情况	有形损耗率(%)	技术状况描述	成新率(%)
4	老旧二手车	61～85	使用5～8年，发动机或整车经过两次大修，动力性能、经济性能、工作可靠性都有所下降，外观油漆脱落受损、金属件锈蚀程度明显；故障率上升，维修费用、使用费用明显上升，但车辆符合《机动车安全技术条件》要求，在用状态一般较差	15～39
5	待报废车	86～100	基本达到使用年限，按照《机动车安全技术条件》进行检查，能使用但不能正常使用，动力性、经济性、可靠性下降，燃料费、维修费、大修费增长速度快，车辆收益与支出基本持平，排放污染和噪声污染达到极限	15 以下

5. 综合分析法

1) 估算方法

综合分析法是以使用年限法为基础，综合考虑二手车的实际技术状况、维护保养情况、原车制造质量、二手车用途及使用条件等多种因素对二手车价值的影响，以调整系数形式确定成新率的一种方法。其计算公式为：

$$C_F = C_y \times K \times 100\% \tag{5-15}$$

式中　C_F——综合成新率；

　　　C_y——使用年限成新率；

　　　K——综合调整系数。

2) 综合调整系数

影响二手车成新率的主要因素有二手车技术状况、二手车维护保养、二手车原始制造质量、二手车用途和使用条件5个方面，可采用表5-6推荐的综合调整系数，用加权平均数的方法进行调整。

根据被评估二手车是否需要进行项目修理或换件维修，综合调整系数有两种确定方法。

(1) 二手车无需进行项目修理或换件时，可采用表5-6推荐的调整系数，应用下式进行计算。

$$K = K_1 \times 30\% + K_2 \times 25\% + K_3 \times 20\% + K_4 \times 15\% + K_5 \times 10\% \tag{5-16}$$

式中　K——综合调整系数；

　　　K_1——二手车技术状况调整系数；

　　　K_2——二手车维护保养调整系数；

　　　K_3——二手车原始制造质量调整系数；

　　　K_4——二手车用途调整系数；

　　　K_5——二手车使用条件调整系数。

(2) 二手车需要进行项目修理或换件，或需要进行大修时，可采用"一揽子"评估方法，综合考虑确定表 5-6 所列因素的影响。所谓"一揽子"评估方法就是综合考虑修理后对二手车成新率估算值的影响，直接确定一个合理的综合调整系数而进行价值评估的一种方法。采用"一揽子"评估方法后，综合调整系数的确定不再用式(5-16)进行分别计算。

表 5-6 二手车成新率综合调整系数参考表

序号	影响因素	因素分级	调整系数	权重(%)
1	技术状况	好	1.0	30
		较好	0.9	
		一般	0.8	
		较差	0.7	
		差	0.6	
2	维护保养	好	1.0	25
		较好	0.9	
		一般	0.8	
		差	0.7	
3	制造质量	进口车	1.0	20
		国产名牌车	0.9	
		国产非名牌车	0.8	
4	车辆用途	私用	1.0	15
		公务、商务	0.9	
		营运	0.7	
5	使用条件	好	1.0	10
		一般	0.9	
		差	0.8	

表中的因素分级和调整系数只是一个参考，实际确定综合调整系数时，应根据具体情况进行适当的调整，单个因素的调整系数取值不要超过 1，综合调整系数的计算结果也不能超过 1。

3) 调整系数的选取

(1) 二手车技术状况调整系数 K_1。二手车技术状况调整系数是在对车辆技术状况鉴定的基础上对车辆进行分级，然后取调整系数来修正车辆的成新率。技术状况调整系数的取值范围为 0.6~1.0，技术状况好的取上限，反之取下限。

(2) 二手车维护保养调整系数 K_2。维护保养调整系数反映了使用者对车辆使用、维护和保养的水平，不同的使用者，对车辆使用、维护和保养的实际执行差别较大，因而直接影响到车辆的使用寿命和成新率。维护保养调整系数取值范围为 0.7~1.0，维护保养好的取上限，反之取下限。

(3) 二手车原始制造质量调整系数 K_3。确定该系数时，应了解被评估的二手车是国产车还是进口车，是国产车应了解是名牌产品还是一般产品。一般来说，国家正规手续进口的车辆质量优于国产车辆，名牌产品优于一般产品，但又有较多例外，故在确定此系数时应当慎重。对依法没收领取牌证的走私车辆，其原始制造质量系数建议视同国产名牌产品考虑。原始制造质量系数取值范围在 0.8~1.0 之间。

（4）二手车用途调整系数 K_4。二手车用途（或使用性质）不同，其繁忙程度不同，使用强度亦不同。一般车辆用途可分为私人工作和生活用车，机关企事业单位的公务和商务用车，从事旅客、货运、城市出租的营运用途。以普通小轿车为例，一般来说，私人工作和生活用车每年最多行驶 3 万 km；公务、商务用车每年不超过 6 万 km；而营运出租车每年行驶有的高达 15 万 km。可见二手车用途不同，其使用强度差异很大。二手车用途调整系数取值范围为 0.7~1.0，使用强度小的取上限，反之取下限。

（5）二手车使用条件调整系数 K_5。我国地域辽阔，各地自然条件差别很大，车辆的使用条件对其成新率影响很大。使用条件可分为道路使用条件和特殊环境使用条件。

① 道路使用条件。道路使用条件可分为好路、中等路和差路 3 类。

好路指国家道路等级中的高速公路，一、二、三级道路，好路率在 50% 以上。

中等路是指符合国家道路等级四级的道路，好路率在 30%~50%。

差路是指国家等级以外的路，好路率在 30% 以下。

② 特殊环境使用条件。特殊环境使用条件主要指特殊自然条件，包括寒冷、沿海、风沙和山区等地区，车辆使用条件调整系数取值范围为 0.8~1.0。取值时应根据二手车实际使用条件适当选取。如果二手车长期在道路条件为好路和中等路行驶，分别取 1 和 0.9；如果二手车长期在差路或特殊环境使用条件下工作，其系数取 0.8。

从上述影响因素中可以看出，各影响因素的关联性较大。一般来说，其中某一影响因素加强时，其他影响因素也随之加强；反之则减弱。影响因素作用加强时，其综合调整系数不要随影响作用的加强而无限加大，一般综合调整系数取值不超过 1。

4）特点及适用范围

综合分析法较为详细地考虑了影响二手车价值的各种因素，并用一个综合调整系数来调整二手车成新率，评估值的准确度较高，因而适用于具有中等价值的二手车评估。这是目前二手车鉴定评估最常用的方法之一。

6. 综合成新率法

1）计算方法

前面介绍的用使用年限法、行驶里程法、部件鉴定法和整车观测法计算二手车成新率只从单一因素考虑了二手车的新旧程度，是不完全也是不完整的。为了全面地反映二手车的新旧状态，可以采用综合成新率。所谓综合成新率就是采用定性和定量分析的方法，综合多种单一因素对二手车成新率的估算结果，并分别赋予不同的权重，计算加权平均成新率。这样，就可以尽量减少使用单一因素成新率计算给评估结果带来的误差，因而是一种较为科学的方法。

综合成新率法的数学计算公式为：

$$C_Z = C_1 \times \alpha_1 + C_2 \times \alpha_2 \tag{5-17}$$

式中　C_Z——综合成新率；
　　　C_1——二手车理论成新率；
　　　C_2——二手车现场查勘成新率；

$α_1$、$α_2$——权重系数，$α_1+α_2=1$。

权重系数的取值要求评估人员根据被评估二手车的实际情况而定。

2）二手车理论成新率 C_1

二手车理论成新率包括使用年限法和行驶里程法计算的成新率，是根据车辆实际使用的时间和行驶里程计算而得的，是一种对二手车成新率的定量计算，其结果一般不能人为改变。实际计算中，可将使用年限成新率和行驶里程成新率加权平均得到二手车理论成新率。计算公式为：

$$C_1 = C_y \times 50\% + C_s \times 50\% \qquad (5-18)$$

式中　C_1——二手车理论成新率；

C_y——使用年限成新率；

C_s——行驶里程成新率。

3）二手车现场勘查成新率 C_2

二手车现场勘查成新率是评估人员根据现场查看情况而确定的一个综合评价值。具体确定步骤是：评估人员先对二手车进行技术状况现场勘查（包括静态检查和动态检查），得出鉴定评定意见，然后对整车和重要部件分别进行综合评分，累加评分，其结果就是二手车现场勘查成新率。可见二手车现场勘查成新率是一个定性与定量相结合的结果。

（1）二手车技术状况现场勘查。

被评估二手车技术状况现场勘查的主要内容如下。

① 车身外观，包括车身颜色、光泽、有无褪色及锈蚀情况，车身是否被碰撞过，车灯是否齐全，前后保险杠是否完整和其他情况等。

② 车内装饰，包括装潢程度、颜色、清洁程度、仪表及座位是否完整和其他有关装饰情况等。

③ 发动机工作状况，包括发动机动力状况、是否更换部件（或代替部件）和修复现象、是否有漏油现象等。

④ 底盘，包括是否变形、是否有异响，变速器是否正常，前后桥状况是否正常，传动系统工作状况是否正常、是否有漏油现象，转向系统和制动系统工作状况是否正常等。

⑤ 电气系统，包括电源系统、发动机点火器、空调系统和音响系统是否工作正常等。

以上勘查情况，一般应由评估委托方或车辆所有单位技术人员签名，确认勘查情况后，评估人员必须对被评估车辆作出勘查鉴定结论。经过整理，就可以编制成如表5-7所示的二手车技术状况调查表。

表5-7　二手车技术状况调查表

评估委托方：×××　　　　　　　　　　　　　　评估基准日：××××年×月×日

	明细表序号	01	车辆牌号	×××××	厂牌型号	×××××
	生产厂家		×××××	已行驶里程	××km	规定行驶里程	
车辆基本情况	购置日期			登记日期		规定使用年限	
	大修情况						
	改装情况						
	耗油量			是否达到环保要求		事故次数及情况	

(续)

		现场勘探情况			
车辆实际技术状况	外形车身部分	颜色	光泽	褪色	锈蚀
		是否被碰撞	严重程度	修复	车灯是否齐全
		前、后保险杠是否完整	其他		
	车内装饰部分	装潢程度	颜色	清洁	仪表是否齐全
		座位是否完整	其他		
	发动机总成	动力状况评分	是否更换部件		有否替代部件
		漏油现象	严重□ 一般□ 轻微□ 无□		
	底盘各部分	是否变形	是否有异响	变速器状况	
		前桥状况	传动系统状况	漏油现象	严重□ 一般□ 轻微□ 无□
		转向系统情况		制动系统情况	
	电气系统	电源系统工作是否正常	发动机点火系统是否工作正常	空调系统是否有效	音响系统是否正常
		其他			
	鉴定意见				

资产占有单位人员签字：　　　　　　　　　　　　　　　评估人员签字：

（2）二手车现场勘查成新率。

在上述对二手车进行技术状况现场勘查的基础上，对整车和重要部件进行定性分析，并以评分形式给予量化，可参考表5-8，总分就是二手车现场勘查成新率。

表5-8　二手车成新率评定表

序号	项目名称	达标程度	参考标准分	评分
1	整车(满分20)	全新	20	15
		良好	15	
		较差	5	
2	车架(满分15)	全新	15	12
		一般	7	
3	前后桥(满分15)	全新	15	12
		一般	7	
4	发动机(满分30)	全新	30	28
		轻度磨损	25	
		中度磨损	17	
		重度磨损	5	

(续)

序号	项目名称	达标程度	参考标准分	评分
5	变速器(满分10)	全新	10	8
		轻度磨损	8	
		中度磨损	6	
		重度磨损	2	
6	转向及制动系统 (满分10)	全新	10	8
		轻度磨损	8	
		中度磨损	5	
		重度磨损	2	
总分 [现场勘查成新率(%)]			100	83

5.1.6 评估实例

1. 重置成本法的评估步骤

用重置成本法评估二手车价值，可按图 5.1 所示的步骤进行。

1) 确定重置成本

重置成本是被评估车辆在评估基准日时的全新车辆价格（包括上牌的各种税费），一般通过市场询价而取得，市场询价从新车生产厂家、经销商、各种媒体上取得，它是评估的第一步，价格资料、技术资料的真实与否直接关系到评估结论是否正确。

2) 确定成新率

确定成新率是重置成本法运用中的难点，评估人员在现场勘查的基础上，认真填好评估勘查作业表格，详细鉴定车况，可用 5.1.5 节所述的 6 种方法确定成新率。

图 5.1 重置成本法的评估步骤

3) 计算评估值

采用重置成本法的公式计算评估值。

2. 评估实例

实例【一】 某公司欲出售一辆进口高档轿车。根据调查，目前全新的此款车的售价为 35 万元。至评估基准日止，该车已经用了 2 年 6 个月，累计行驶里程 65 000km。经现场勘查，该车车身处有两处擦伤痕迹，后悬架局部存在故障，前排座椅电动装置工作不良，一侧电动车窗不能正常工作，发动机工作不正常，其他车况均与车辆的新旧程度相符。试评估该车的价值。

解：(1) 根据调查和比较，该车的重置成本为 35 万元，功能性贬值、经济性贬值均很小，可忽略不计。

(2) 由于被评估车辆的价值较高，故决定采用部件鉴定法确定其成新率。

根据被评估车辆上的各主要部分价值及重要性占整车价值及重要性的比重，按百分比确定各部分的权重,见表5-9。

(3) 对车辆进行技术鉴定,确定各部分的成新率及整车的成新率,见表5-9。

表5-9 车辆成新率估算明细表

总成部件	权重(%)	成新率(%)	加权成新率(%)
发动机及离合器总成	25	80	20
变速器及传动轴总成	12	80	9.6
悬架与车桥	18	65	11.7
制动系统	6	80	4.8
车身总成	28	70	19.6
电气仪表系统	7	70	4.9
轮胎	4	80	3.2
合计	100		73.8

(4) 计算车辆的评估值。

$$车辆的评估值 = 35 \times 73.8\% = 25.83(万元)$$

实例【二】 某一私家生活用轿车,已使用5年,行驶8万km。一般均在城市中行驶,使用条件较好,维修保养较好。现欲转让,需评估其现有价值。经调查同型号轿车现时市场销售价为26.8万元。购置附加税约为车价的10%。使用部件鉴定法评估其价值。

解:(1) 本题采用重置成本法评估该车价值,而成新率则采用部件鉴定法进行确定。

(2) 将该车分成9个不同的总成部件,各总成部件的权重(或称权分)见表5-10。

(3) 计算各总成部件的成新率。9个总成部件的成新率根据各总成的实际使用情况,具体数据填入表5-10成新率一栏内。栏内的成新率视大多数总成实际的技术状况进行了适当的调整。

表5-10 成新率估算明细表

总成部件	权重(%)	成新率(%)	加权成新率(%)
发动机及离合器总成	25	83	20.75
变速器及传动轴总成	12	80	9.6
前桥及转向器,前悬架总成	9	86	5.94
后桥及后悬架总成	9	75	6.75
制动系统	6	70	4.2
车架总成	0	0	0
车身总成	28	80	22.4
电气设备及仪表	7	65	4.55
轮胎	4	70	2.8
合计	100		76.99

(4) 求加权成新率。将各总成部件的成新率与权重相乘，其结果即为加权成新率。

(5) 计算整车的成新率 C。把各总成部件的加权成新率相加，就得到整车成新率，即 $C=76.99\%$。

(6) 计算该车的重置成本 B，按题意该车的重置成本必须考虑 10% 的购置税。所以，计算 $B=26.8\times(1+1/1.17\times10\%)=29.09$（万元）。

(7) 计算该轿车的评估价值。该轿车的评估价值为：
$$P=B\times C=29.09\times76.99\%\approx22.4(万元)$$

实例【三】 一辆大型普通客车欲转让。据该车辆的机动车行驶证和登记证书所记，该车登记日期为 2009 年 9 月，检验合格期至 2013 年 4 月有效。据现场勘查，该车的外观和内饰正常，能正常上路行驶，累计行驶里程数约为 13.55 万 km。使用重置成本法估算该车的价格（提示：同生产厂家与被评估车型相近大型客车的价格为 37 万元，其购置税约为车价的 10%）。

解：(1) 正常运营的大型客车一般较少人为调整里程表，表上显示的累计行驶里程数比较真实地反映了其使用强度，故可采用行驶里程法估算价格。

(2) 根据《汽车报废标准》，大型客车规定的累计行驶里程数为 50 万 km。已知该车里程表显示累计行驶里程约为 13.55 万 km。

(3) 该车的里程成新率为 $C_s=(1-13.55/50)\times100\%=72.9\%$。

(4) 该车的重置成本 $=37\times(1+1/1.17\times10\%)=40.16$（万元）。由于该车于 2005 年 9 月购置，存在功能性贬值，取其为 95%，则重置成本约为 38.15 万元。

(5) 评估值 $=$ 重置成本 $\times$ 成新率 $=38.15\times72.9\%=27.81$（万元）。

实例【四】 2005 年 6 月，某公司一辆一汽长春生产的奥迪 A41.8T 轿车，该车是舒适型，其基本配置为：手自一体变速器(CVT 链条式)、天窗、真皮座椅、倒车雷达等。该车为 2004 年 2 月登记上牌，行驶里程数为 8 700km。试采用重置成本法评估该车辆的价格（提示：该车型新车目前市场售价为 33.25 万）。

解：(1) 经市场调查确定重置成本 $B=33.25$（万元）。

(2) 计算成新率。根据国家规定，9 座及 9 座以下非营运乘用车的使用年限为 15 年，折合 180 个月，该车从初次登记之日至评估基准日已使用 16 个月。成新率计算为：
$$C=(1-16/180)\times100\%=91.11\%$$

(3) 计算综合调整系数：车况好，技术状况调整系数取 $K_1=1$；维护保养好，车辆使用与维护状态系数取 $K_2=1$；奥迪 A4 为国产名牌车，品牌调整系数取 $K_3=0.9$；工作性质为公务生活消费，车辆工作性质系数取 $K_4=0.7$；该车主要在市内使用，车辆工作条件系数取 $K_5=1$。

则综合调整系数为：
$$\begin{aligned}K&=K_1\times30\%+K_2\times25\%+K_3\times20\%+K_4\times15\%+K_5\times10\%\\&=1.0\times30\%+1.0\times25\%+0.9\times20\%+0.7\times15\%+1.0\times10\%\\&=0.935\end{aligned}$$

(4) 计算评估值为：
$$P=B\times C\times K=33.25\times91.11\%\times0.935=28.32(万元)$$

5.2 现行市价法

5.2.1 定义、特点、影响因素和适用范围

1. 定义

现行市价法又称市场法或市场价格比较法，是以市场最近售出的类似车辆为参照车辆（参照车辆可以是一个或几个车辆），将被评估车辆与参照车辆的构造、功能、性能、行驶里程、使用年限、新旧程度及交易价格等进行比较，找出两者的差别及其在价格上所反映的差额，经过适当调整，最终计算出被评估车辆的价格。

2. 特点

运用现行市价法要求充分利用类似的二手车成交价格信息，并以此为基础判断和估测被评估车辆的价值。运用已被市场检验了的结论来评估被评估车辆，显然容易被买卖双方当事人所接受。因此，现行市价法是最直接、最简单的一种评估方法，也是二手车价格评估最常用的方法之一。

用现行市价法评估二手车包含了被评估车辆的各种贬值因素，如实体性贬值、功能性贬值和经济性贬值。因为市场价格是综合反映了车辆的各种因素，则车辆的有形损耗及功能陈旧而造成的贬值，自然会在市场价格中有所体现。经济性贬值突出表现为供求关系的变化对市场价格的影响，因而，用市价法评估不再专门计算功能性贬值和经济性贬值。

1) 现行市价法的优点

（1）能够客观反映二手车目前的市场情况，其评估的参数、指标，可直接从市场获得，评估能反映二手车的市场现实价格。

（2）结果易于被各方理解和接受。

2) 现行市价法的缺点

（1）需要公开及活跃的二手车市场作为基础，然而在我国很多地方二手车市场建立时间短，发育不完全、不完善，寻找参照车辆比较困难。

（2）可比因素复杂，即使是同一个生产厂家生产的同一型号的产品，同一天登记，但可能由于不同的车主使用，其使用强度、使用条件、维护水平的不同而带来车辆技术状况不同，造成二手车评估价值差异。

（3）现行市价法对信息资料的数量和质量要求较高，而且要求评估人员要有较丰富的评估经验和评估技巧。

3. 影响因素

（1）二手车交易市场是否活跃，直接影响现行市价评估法的准确性。因为我国很多地方的二手车市场建立时间短、不完善，有些被评估车辆未在交易市场上出现过，这样用市价法评估就没有可比性。

（2）被评估车辆是否畅销。对畅销车型进行评估时，参照车辆容易寻找，且参照车辆

的一些数据充分可靠。

(3) 由于使用条件、维护水平不同，造成车辆技术状况存在不同，这样可能导致二手车评估价值产生差异。

(4) 评估人员的从业经验和对车辆技术状况的鉴定能力，也将影响评估的合理性和准确性。

4. 适用范围

现行市价法适用于产权转让的畅销车型的评估，如二手车收购、典当等业务。畅销车型的数据充分可靠，市场交易活跃，评估人员能快速且比较合理地进行评估定价。

5.2.2 评估方法及计算公式

运用现行市价法确定单台车辆的价值通常采用直接比较法、类比调整法和成本比率估价法。

1. 直接比较法

直接比较法又称直接市价法，是指在市场上找到与被评估车辆完全相同的车辆的现行市价，并依其价格直接作为被评估车辆评估价格的一种方法。直接比较法的评估公式为：

$$P = P' \tag{5-19}$$

式中　P——评估值；

　　　P'——参照车辆的市场价格。

应用直接比较法有以下两种情况。

1) 参照车辆与被评估二手车完全相同

所谓完全相同是指车辆型号、使用条件和技术状况相同，生产和交易时间相近。这样的参照车辆常见于市场保有量大、交易比较频繁的畅销车型，如普通桑塔纳、捷达等。

2) 参照车辆与被评估二手车相近

这种情况是指参照车辆与被评估车辆类别相同，主参数相同，结构性能相同，只是生产序号不同并只作局部改动，交易时间相同的车辆，也可以近似等同作为评估过程中的参照车辆。这种情况在我国汽车市场上是非常常见的，很多汽车厂商为了追求车型的变化，给消费者一个新的感受，每年都在原车型的基础上作出一些小的改动，如车身的小变化、内饰配置的变化等。

要注意的是，运用直接比较法时，被评估对象与参照物之间的差异必须是很小的，其价值量的调整也应很小，并且这些差异对该价值的影响容易直接确定。否则，不宜采用直接比较进行评估。

2. 类比调整法

1) 计算模型

类比调整法又称为类似比较法，是指评估车辆时，在公开市场上找不到与之完全相同，但能找到与之相类似的车辆，此时可以为参照车辆，并根据车辆技术状况和交易条件的差异对价格作出相应调整，进而确定被评估车辆价格的评估方法。其基本计算公式为：

$$P = P' + P_1 - P_2 \tag{5-20}$$

或

$$P = P' \cdot K \tag{5-21}$$

式中　　P——评估值；
　　　　P'——参照车辆的市场价格；
　　　　P_1——评估对象比参照车辆优异的价格差额；
　　　　P_2——参照车辆比评估对象优异的价格差额；
　　　　K——差异调整系数。

2）评估步骤

运用类比调整法评估二手车价值应按下列步骤进行，如图 5.2 所示。

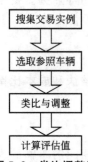

图 5.2　类比调整法的评估步骤

（1）搜集交易实例。运用类比调整法进行评估时，应准确搜集大量交易实例，掌握正常市场价格行情。搜集交易实例应包括下列内容：车辆型号，制造厂家，使用性质，使用年限，行驶里程，实际技术状况，经济环境和市场环境，车辆所处的地理位置，成交数量，成交价格，成交日期，付款方式等。

（2）选取参照车辆。根据了解到的被评估二手车资料，按照可比性原则，从二手车交易市场上寻找可类比的参照车辆，参照车辆的选择应在两辆以上。

有下列情形之一的交易实例，不宜选为参照车辆。

① 有利害关系人之间的交易。

② 急于出售或购买情况下的交易。

③ 受债权债务关系影响的交易。

④ 交易双方或一方对市场行情缺乏了解的交易。

⑤ 交易双方或一方有特别偏好的交易。

⑥ 特殊方式的交易。

⑦ 交易税费非正常负担的交易。

⑧ 其他非正常的交易。

车辆的可比因素主要包括以下方面。

① 车辆型号和生产厂家。

② 车辆用途，指的是私家车还是公务车，是乘用车还是商用车等。

③ 车辆使用年限和行驶里程。

④ 车辆实际技术性能和技术状况。

⑤ 车辆所处地区，由于地区经济发展的不平衡，收入水平存在差别，不同地区的二手车交易市场，同样车辆的价格会有较大的差别。

⑥ 市场状况，指的是二手车交易市场处于低迷期还是复苏期、繁荣期，车源丰富还是匮乏，车型涵盖面如何，交易量如何，新车价格趋势如何等。

⑦ 交易的动机和目的，指车辆出售是以清偿还是以淘汰转让为目的，买方是获利转手倒卖或是购买自用。不同情况下的交易作价往往有较大的差别。

⑧ 成交数量，单辆与成批车辆交易的价格会有一定差别。

⑨ 成交时间，应采用近期成交的车辆作为类比对象。由于国家经济、金融和交通政策及市场供求关系会随时发生一些变化，市场行情也会随之变化，引起二手车价格的波动，通常成交日期与评估时点不宜超过 3 个月。

（3）类比和调整。对被评估二手车和参照车辆之间的差异进行分析、比较，并进行适当的量化后调整为可比因素。主要差异及量化方法体现在以下方面。

① 结构性能的差异及量化。汽车型号、结构上的差别都会集中反映到汽车的功能和性能的差别上，功能和性能的差异可通过它们对汽车价格的影响进行估算（量化调整值＝结构性能差异值×成新率）。例如，同类型的汽油车，带 ABS 系统的要贵 3 000～5 000 元；对营运汽车而言，主要表现为生产能力、生产效率和运营成本等方面的差异，可利用收益现值法对其进行量化调整。

② 销售时间的差异与量化。在选择参照车辆时，应尽可能选择评估基准日的成交案例，以免去销售时间差异的量化；若参照车辆的交易时间在评估基准日之前，可采用价格指数法将销售时间差异量化并调整。

③ 新旧程度的差异及量化。被评估二手车与参照车辆在新旧程度上存在一定的差异，要求评估人员能够对二者作出基本判断，取得被评估二手车和参照车辆的成新率后，以参照车辆的价格乘以被评估二手车与参照车辆的成新率之差，即可得到两者新旧程度的差异量。

新旧程度差异量＝参照车辆价格×（被评估二手车成新率－参照车辆成新率）　（5-22）

④ 销售数量的差异及量化。销售数量的大小、采用何种付款方式均会对二手车成交单价产生影响，对这两个因素在被评估二手车与参照车辆之间产生的差别，应首先了解清楚，然后根据具体情况作出必要的调整。一般来讲，卖主充分考虑货币的时间价值，会以比较低的单价吸引购买者（常为经济人）多买，尽管价格比零售价格低，但可提前收到货币。当被评估二手车是成批量交易时，以单辆汽车作为参照车辆是不合适的；而当被评估二手车只有一辆时，以成批汽车作为参照车辆也不合适。销售数量的不同会造成成交价格的差异，必须对此差异进行分析，适当地调整被评估二手车的价值。

⑤ 付款方式的差异及量化。在二手车交易中，绝大多数为现款交易，在一些经济活跃的地区已出现了二手车的银行按揭销售。银行按揭的二手车与一次性付款的二手车价格差异由两部分组成：一是银行的贷款利息，贷款利息按贷款年限确定；二是汽车按揭保险费，各保险公司的汽车按揭保险费率不完全相同，会有一些差异。

（4）计算评估值。将各可比因素差异的调整值以适当的方式加以汇总，并据此对参照车辆的成交价进行调整，从而确定被评估二手车的评估价格。

3. 成本比率估价法

1) 成本比率估价法的定义

成本比率估价法是用二手车的交易价格与重置成本之比来反映二手车的保值程度。这种方法是在评估实践中，通过分析大量二手车市场交易的数据统计，得到同类型的车辆的保值率（相反即为贬值率）与其使用年限之间存在基本相同的函数关系。也就是说，只要是属于同一类别的车辆（即使实体差异较大），但使用年限相同，那么它们的重置成本与二手车交易价格之比是很接近的。根据这个规律，通过统计分析的方法，建立使用年限与二手车售价与重置成本之间的函数关系，以此来确定在二手车市场上无法找到基本相同或者相似参照物的被评估车辆的评估价。

2) 成本比率估价法的计算方法

参照物市场的交易价格与其重置成本之比称为成本比率，也可称为保值率，用 α 表示。

$$\alpha = \frac{P_0}{B_0} \times 100\% \qquad (5-23)$$

式中　α——参照物的成本比率或保值率(%)；

P_0——参照物的市场交易价格；

B_0——参照物的重置成本。

求出参照物的 α 值后，就可根据被评估对象的重置成本 B 来确定被评估对象的评估值。

$$P = B \times \alpha \qquad (5-24)$$

式中　P——被评估对象的评估值；

B——被评估车辆的重置成本；

α——参照物的成本比率。

重置成本的确定与重置成本法中所述相同。

而成本比率 α 的确定要注意的是参照物应为同类型的车辆，但级别、型号可以不同。此外，参照物的使用年限应与被评估车辆相同，否则，评估结果的准确性就要差些。

该方法的内涵是认为同类型的车辆，尽管车辆的型号、级别、生产规模、结构、配置等指标不同，但成本比率的变化规律应该是相同的。如果找出了成本比率的变化规律，而且被评估对象的重置成本又能确定，则可通过计算得出被评估车辆的评估值。

例如在评估某一品牌型号的微型轿车时，市场上找不到与之相同或相似的参照物。但能找到其他厂家生产的普通级或中级轿车作为参照物。且统计数据表明，与被评估车辆使用年限相同的普通级轿车售价都是其重置成本的 40%～45%，这就可以认为被评估车辆的售价也是其重置成本的 40%～45%。

值得指出的是，这种方法是通过大量市场交易数据统计分析得到的成本比率关系，评估人员必须确定这些数据是否适合被评估对象。目前我国二手车市场在绝大多数地区还不完善，二手车交易量还不大，要准确获得某类车型的成本比率 α 的值有一定困难。所以，评估人员在实际工作中，应该注意积累这些资料，通过统计分析市场数据，找出成本比率 α 值与使用年限之间的关系，以便在评估中应用。

根据使用年限不同，轿车类的成本比率 α 值见表 5-11。

表 5-11　轿车综合成本比率

已使用年限	1	2	3	4	5	6
成本比率 α	0.732 7	0.661 8	0.548 4	0.499 2	0.455 4	0.367 6
已使用年限	7	8	9	10	11	12
成本比率 α	0.315 8	0.273 3	0.253 3	0.191 3	0.149 5	0.121 0

根据这个规律，评估人员可通过大量的数据统计分析的方法，建立使用年限与成本比率之间的关系，据此来评估二手车市场上无法找到相同或相似的参照物的被评估车辆。

利用市场上获得的 α 值，可以计算得到市场中的成本比率 α 与使用年限 Y 之间的函数关系。常用的数学方法有线性回归和指数方程，通过线性回归计算可以对统计数据的离散性进行分析，以判断数据的精度。但需要涉及数学领域中的对数变换、最小二乘法和偏微分等数学知识。

用现行市场法进行评估已包含了该车辆的各种贬值因素：实体性贬值、功能性贬值和经济性贬值，这是因为市场价格综合反映了车辆的各种因素。车辆的有形损耗及功能陈旧而造成的贬值，自然会在市场价格中体现出来。经济性贬值的主要表现为供求关系的变化对市场价格的影响。因而用现行市价法评估不再专门计算功能性贬值和经济性贬值。由于经济性贬值和功能性贬值客观上存在，但在实践计算的过程中常常无法计算。因此，推荐采用现行市场法，而且国外的评估机构也通常优先采用现行市场法。在我国中等以上城市，特别是经济较为发达的地区和城市，一般情况下，每年成交的各种二手车少则几千辆，多则几万辆甚至十几万辆。这为现行市场法的应用奠定了良好的市场条件，通常总能够找到成交案例作为市场参照车辆。虽然，我国的汽车生产厂家较多，各种品牌林立，规格品种众多。但由于近几年来市场交易活跃，特别是各个城市有较多的经纪公司、置换公司并逐渐形成了各自主营的品牌，大部分车型都有交易案例。因此，评估机构和评估人员应不断收集各种品牌、车型的成交案例，作为各种评估对象参照车辆的资料存档，它是评估人员对市场价格行情的积累。

5.2.3 评估实例

实例【一】 现在要评估一辆轿车，与二手车市场上获得的市场参照物的品牌型号，购置年、月，行驶里程，整车的技术状况基本相同。区别在于以下两个方面。

(1) 被评估车辆的左后组合灯损坏需更换，费用约2 200元。

(2) 被评估车辆改装了一套DVD音响，价值5 000元。

参照物的市场交易价为225 000元，试计算被评估轿车的价值。

解：被评估轿车价值为：
$$P = P' + P_1 - P_2 = 225\ 000 + 5\ 000 - 2\ 200 = 227\ 800 \text{元}$$

实例【二】 某夏利出租车，初次登记日为2008年5月，至2012年5月，行驶45万km，该市出租车使用年限为8年，试运用现行市价法——直接比较法进行评估。

解：选择参照物分别为3辆2008年初次登记上牌的市场价分别为15 000元、15 500元、16 000元该车型夏利，使用年限相同均为4年，使用性质相同，均为出租车，配置完全一样，评估基准日与参照物成交日期相近，故所评估的夏利出租车的价值取3个参照物的平均数，即

$$P = \frac{15\ 000 + 15\ 500 + 16\ 000}{3} = 15\ 500 (\text{元})$$

采用现行市场价进行车辆评估，需要有公开、活跃的市场为基础，如果市场发育不充分，缺少足够的可比较数据，则难以运用，有一定的局限性。

实例【三】 某桑塔纳2000汽车及参照物性能的技术经济参数见表5-12，试运用现行市价法——类比调整法对该车进行评估。

表5-12 桑塔纳2000轿车及参照物的技术经济参数

序号	技术经济参数	参照物Ⅰ	参照物Ⅱ	参照物Ⅲ	被评估汽车
1	车辆型号	桑塔纳2000 电喷GLI	桑塔纳2000 时代超人GSI	桑塔纳2000 时代超人GSI	桑塔纳2000 时代超人GSI

(续)

序号	技术经济参数	参照物Ⅰ	参照物Ⅱ	参照物Ⅲ	被评估汽车
2	销售条件	公开市场	公开市场	公开市场	公开市场
3	交易时间	2003年10月	2003年9月	2003年9月	2003年10月
4	使用年限	15	15	15	15
5	初次登记年月	1999年4月	1999年5月	1999年5月	1999年6月
6	已使用时间	54个月	52个月	52个月	52个月
7	成新率	70%	72%	73%	73%
8	交易数量	1	1	1	1
9	付款方式	现款	现款	现款	现款
10	地点	南京	南京	南京	南京
11	物价指数	0.97	0.98	0.96	0.97
12	价格/万元	9.2	10.7	10.8	求评估值

解： 1. 以参照物Ⅰ为参照对象进行各项差异量化和调整

(1) 结构性能差异化与调整，参照物Ⅰ为老式车型。被评估物为新式车型，评估基准日该项结构差异为0.3万元，参照物Ⅰ发动机为AFE电喷发动机，有分电盘，进排气管在气缸同侧排列，与被评估车辆相比，还相差ABS，该调整结构为0.8万元，该项调整：$(0.8+0.3)×73\% = 0.8$万元。

(2) 销售时间差异量化与调整：$0.97/0.97 = 1$。

(3) 新旧程度差异化与调整：$9.2×(73\%-70\%) = 0.27$万元。

销售数量和付款方式无差异。

$$评估值 = (9.2+0.8+0.27)×1 = 10.27 万元$$

2. 以参照物Ⅱ为参照物对象进行各项差异化和调整

(1) 结构性能差异量化与调整，参照物与被评估车辆结构完全一样，故不进行调整。

(2) 销售时间量化差异调整：$0.97/0.98 = 0.99$。

(3) 新旧程度量化调整：$10.7×(73\%-72\%) = 0.107$万元。

销售数量和付款方式无差异。

$$评估值 = (10.7+0.107)×99\% = 10.69 万元$$

3. 以参照物Ⅲ为参照对象进行各项差异量化和调整

(1) 结构性能差异量化与调整，参照物与被评估车辆结构完全一样，故不进行调整。

(2) 销售时间量化差异调整：$0.97/0.96 = 1.01$。

(3) 新旧程度量化调整：成新率一样，故不进行调整。

销售数量和付款方式无差异。

$$评估值 = 10.8×1.01 = 10.9 万元$$

综合参照物Ⅰ、参照物Ⅱ和参照物Ⅲ，被评估车辆评估值 $= (10.27+10.69+10.9)/3 = 10.62$万元。

实例【四】 2005年3月，某评估公司对一辆伊兰特手动挡标准型轿车进行评估。该车为 2004 年 4 月购买并上牌,已行驶里程 2.7 万 km。由于该种车型 2004 年 3 月刚上市,目前市场暂无同品牌类型可比。因此,评估人员经市场调查,选择了凯越舒适版 LS 型、马自达福美来新锐级 GL 和宝来手动基本型 FV7161 作为参照物,以上几种车型近期在公开市场上都有交易且同为私家车。不同品牌各参照车型的技术经济参数见表 5-13,使运用现场市价法——类比调整法计算伊兰特轿车的评估值(已知伊兰特轿车的成新率为 85%,物价指数为 0.98)。

表 5-13 不同品种各参照车型的技术经济参数

品牌车型	凯越舒适版	宝来手动基本型 FV7161	马自达福美来新悦级 GL
上牌日期	2004 年 2 月	2004 年 2 月	2004 年 1 月
基准日期的新车价/万元	10.98	12.48	10.66
交易日期	2005 年 3 月	2005 年 1 月	2005 年 2 月
交易数量	2	1	1
成新率	83%~84%	85%	82%
付款方式	现款	现款	现款
公开市场成交价/万元	9.2、9.3	11	8.9
物价指数	0.97	0.98	1

根据市场调查掌握的资料情况,经分析,参照物凯越舒适版和马自达福美来新车价格与伊兰特相近,主要参数即配置也相近。而宝来手动基本型其新车价格为 12.48 万元,明显高于其他两种车型,也高于被评估的伊兰特。且其发动机为四缸、顶置 20 气门,可变配气相位,多点电喷汽油机,虽然排量与被评估的车辆相同,但已高一个档次,不可作为参照物。几款同类型汽车的技术经济参照比较见表 5-14。

表 5-14 同品牌各参照物车型的技术经济参数

品牌车型	凯越舒适版 SGM716LG	宝来手动基本型 BH7160M	马自达福美来新悦级 HMC7161GL
长×宽×高/ mm×mm×mm	4 515×1 725×1 445	4 526×1 725×1 425	4 365×1 705×1 410
轴距/mm	2 600	2 610	2 610
整备质量/kg	1 220	1 275	1 105
行李箱容积/L	405	415	416
发动机形式	四缸、顶置 18 气门、多点电喷汽油	四缸、顶置 18 气门、多点电喷汽油	四缸、顶置 18 气门、多点电喷汽油
最大功率/ [kW/(r/min)]	78/6 000	82/6 000	

（续）

品牌车型	凯越舒适版 SGM716LG	宝来手动基本型 BH7160M	马自达福美来新悦级 HMC7161GL
最大转矩/[N·m/(r/min)]	142/4 000	143/4 500	
等速百公里油耗/L	6.5	6.3	
油箱容积/L	60	55	55
最高车速/(km/h)	180	184	185
0~100km/h 加速时间/s	12.7	11.6	12.7
排放标准	欧Ⅲ	欧Ⅱ	欧Ⅱ
ABS	有（加 EBD）	有（加 EBD）	有（带制动力分配）
转向盘	不可调	倾角可调	倾角可调
轮胎规格	185/65R14	195/65R15	195/55R15
后座安全带	有	有	无
高位制动灯	无	有	有
防撞车身	无	有	有
防盗系统	有	无	无
价格/万元	10.98	10.61	10.66

解：1. 以参照物凯越舒适版进行各项差异调整

（1）结构性能差异量化与调整。从表 5-14 可以看出，被评估车辆伊兰特与凯越结构性能基本相同，故该项调整系数为 1。

（2）销售时间差异量化与调整。由于参照物与被评估物同为 2005 年 3 月成交与评估，故该项调整系数为 1。

（3）新旧差异量化与调整。

该调整数分别为：92 000×(85%－83%)＝1 840 元

93 000×(85%－84%)＝930 元

（4）销售数量虽为两辆，但已分别作为参照物，故不进行调整。

（5）付款方式无差异。

评估值凯越 1＝92 000＋1 840＝93 840 元

评估值凯越 2＝93 000＋930＝93 930 元

2. 以参照物福美来进行各项差异调整。

（1）结构性能差异量化与调整。从表 5-14 可以看出评估车辆伊兰特与福美来性能基本相同，故调整系数为 1。

（2）销售时间差异量化与调整。福美来成交时间为 2005 年 2 月，被评估车辆伊兰特评估基准日为 2005 年 3 月，故该项调整系数为 0.98/1＝0.98。

（3）新旧程度差异量化与调整。

该项调整数为：89 000×(85%－82%)＝2 670 元。

评估值=(89 000+2 670)×0.98=89 830 元

综合参照两辆凯越和一辆福美来，采用算数平均方法。

被评估伊兰特轿车的评估值=(93 840+93 930+89 830)/3=92 533 元

5.3 收益现值法

5.3.1 定义、特点、影响因素和适用范围

1. 定义

收益现值法是指估算被评估车辆在剩余寿命期内的预期收益，并折现为评估基准日的现值，即为二手车的评估值。

2. 特点

用收益现值法评估车辆时，一般都与投资决策相结合，容易被二手车买卖双方接受；同时，评估值能比较准确地反映车辆本金化的价格。但是，预期收益额的预测难度大，受买卖双方主观判断和未来不可预见因素的影响较大。

3. 影响因素

(1) 被评估车辆继续运营和获利的能力。
(2) 被评估车辆预期获利年限及预期收益的预测值。
(3) 被评估车辆在剩余寿命期内所担风险的预测值。

4. 适用范围

收益现值法确定的二手车评估值依赖于未来预期收益。二手车评估的前提是车辆必须能投入使用，且在剩余寿命期内能连续获利。因此，收益现值法适用于投资营运车辆的评估。

5.3.2 评估方法及计算公式

收益现值法评估的计算，实际上就是对被评估车辆未来预期收益进行折现的过程。被评估车辆的评估值等于剩余寿命期内各个收益期的收益现值之和，其基本计算公式为：

$$P = \sum_{t=1}^{n} \frac{A_t}{(1+i)^t} = \frac{A_1}{(1+i)^1} + \frac{A_2}{(1+i)^2} + \cdots + \frac{A_n}{(1+i)^n} \qquad (5-25)$$

式中　P——评估值；

　　　A_t——未来第 t 个收益期的预期收益额。二手车的收益期是有限的，A_t 中还包括收益期末车辆的残值，但一般估算把残值忽略不计；

　　　n——收益年限，即二手车的剩余使用年限；

　　　i——折现率；

　　　t——收益期，一般以年计。

当 $A_1=A_2=\cdots=A_n=A$ 时，即未来收益分别相同且为 A 时，则有

$$P = A \cdot \left[\frac{1}{1+i} + \frac{1}{(1+i)^2} + \cdots + \frac{1}{(1+i)^n} \right] = A \cdot \frac{(1+i)^n - 1}{i(1+i)^n}$$

即
$$P = A \cdot (P/A, i, n) \quad (5-26)$$

式中 $\dfrac{1}{(1+i)^n}$ ——第 n 个收益期的现值系数;

$\dfrac{(1+i)^n - 1}{i(1+i)^n}$ ——年金现值系数,简写为 $(P/A, i, n)$,可通过计算或查表得到。

1. 预期收益额的确定

在运用收益现值法中,收益的确定是关键。收益额是指由被评估对象在使用过程中产生的超出其自身价值的溢余额。其计算公式为:

$$年收益额 = (年总收入 - 年总支出) \times (1 - 所得税率) \quad (5-27)$$

在确定年收益额时,应考虑以下两点。

(1) 收益额指的是车辆使用带来的未来收益期望值,是通过预测分析获得的。无论对于所有者还是购买者,判断某车辆是否有价值,首先应判断该车辆是否带来收益。对其收入的判断,不仅是看现在的收益能力,更重要的是预期未来的收益能力。

(2) 收益额的构成,以企业为例,目前有几种观点:①企业所得税后利润;②企业所得税后利润与提取折旧额之和扣除投资额;③利润总额。

选择哪一种作为收益额,要针对二手车的评估特点与评估目的而定。为估算方便,推荐选择第一种观点,目的是准确反映预期收益额。为了避免计算错误,可列出车辆在剩余寿命期内的现金流量表。

下面举例说明预期收益 A 的确定过程及其进行的可行性分析。

【例 5-7】 某人预购买一辆桑塔纳轿车,准备从事出租车经营,调查分析预期收益情况。

解: 出租车全年可运营 320 天,每天平均毛收入 600 元,则预期的年收入为:
$$600 \times 320\ 元 = 19.2(万元)$$

预期的年支出为:

(1) 平均每天行驶 300km,每百公里耗油为 8L,每升油价为 7.6 元,则年支出耗油费用为:
$$7.6 \times 8 \times 300/100 \times 320 = 5.8(万元)$$

(2) 日常对车辆的维护保养、维修费约为 1.2 万元/年;平均大修费用为 0.8 万元/年,共计 2.0 万元/年。

(3) 保险费、车船税、牌照等杂费预计共计 1.4 万元/年。

(4) 人员的劳务工资为 3.0 万元/年。

(5) 不可预见的支出费用为 0.5 万元/年。

以上 5 项年支出费用合计为:
$$5.8 + 2.0 + 1.4 + 3.0 + 0.5 = 12.7(万元)$$

年毛收入为年总收入减去总支出,即
$$19.2 - 12.7 = 6.5(万元)$$

取应纳税率为 33%。故税后利润为:
$$A = 6.5 \times (1 - 33\%) = 4.36(万元)$$

上例预测出的年税后净收益额 A 值,若在不同的年份,其收入和支出可能均有变化。

若在条件允许的情况下,就应预测出未来每年不同的税后净收益值。

这种在可行性分析后预测出的收益额,可能与实际情况会有出入,所以在支出费用中增加了一项不可预见的开支费用,以提高净收益的可靠性,提高预测的准确度。一般不可预见费用为其总支出的5%~7%,但还是要视情况而定。在进行可行性分析时,调查得越周详,分析得越仔细,预测准确度越高。但市场情况是千变万化的,要完完全全把握住市场的变化情况,有相当的难度,所以任何投资都有风险。

2. 折现率的确定

收益现值法中折现率i的确定也是一个比较棘手的问题。折现率i必须谨慎确定,折现率的微小变化会给评估值带来较大影响。确定折现率不仅要有定性分析,更重要的还需有定量确定的方法。

1)折现率i的定义

折现率是指将未来预期收益折算成现值的比率,是换算车辆现值与预期收益的有效工具。

由于资金具有时间价值,一定数额的收益,发生在不同的时期,具有不同的价值。未来的一定量收益和现在同样量的收益,在价值上是不等的。一般来说,未来某一定量收益只能和现在某一个小于它的收益量在价值上相等。因此,收益必须和时间结合起来,才能真正反映二手车的价值。

2)折现率的确定原则

确定折现率时,应遵循如下4个方面的原则。

(1)折现率应高于无风险利率。无风险利率也称安全利率,是指投资者在不冒风险的情况下,就可以长期而稳定地获得投资收益的利率。显然,投资者在选择投资方式时,只有在资产的期望收益率高于无风险利率时,才有可能实施其投资行为。也即只有在体现投资收益率的折现率高于无风险利率时,投资者才会实施其投资计划。否则将资金存入银行或购买国债会更安全和有效地获利。

(2)折现率应体现投资回报率。折现率就是经验丰富的投资者对待评估资产进行投资所需获得的回报率。评估中的折现率反映的是资产期望的收益率,由于收益率是与投资风险成正比的,风险大,收益率也就高;反之,收益率就低。例如,将资金投入银行存款或购买国债,风险很小,但利率低,收益就小。若将资金投向股市、房地产市场,风险较大,收益率也高。因此,折现率反映的是应对某一风险状态下该资产的期望投资回报率,或称期望报酬率。

(3)折现率要能体现资产收益风险。某项资产未来收益的不确定性就是资产的收益风险,这种不确定性往往会给投资者带来难以估计的后果。两项资产未来能创造等量的收益,但它们可能承担的风险却会不一样,这与资产的使用者、使用资产时的使用条件、使用环境、用途、使用技巧、管理水平等密切相关,对这两项资产的评估当然应采取不同的折现率,才能得到比较切合实际的评估结果。由此可以看出,折现率是管理的报酬,有别于资金存入银行存款的利率报酬。这也体现了高风险高回报的市场法则。因此,折现率的选取应体现资产收益风险。

(4)折现率应与收益口径匹配。在使用资金这一指标时,要充分考虑年收益率的计算口径与资金收益额的计算口径的一致性。若不一致,会影响评估结果的合理性。

在采取收益现值法时，由于评估的目的不同，收益额计算可以有不同的口径。如收益额用净利润、净现金流量等，而折现率则既有按不同口径的收益额为分子计算的折现率，也有按统一口径的收益额为分子，而以不同口径投资额计算的折现率。因此，针对不同收益额进行评估时，应注意收益额与折现率之间结构与口径的匹配和协调，以保证评估结果的合理性。

3) 折现率的构成

折现率也称预期报酬率、回报率、收益率，这些称谓在二手车评估中都出现过。折现率是根据资金的时间价值这一特性，按复利计息原理把未来一定时期的预期收益折合成现值的一种比率。折现率是收益现值法评估中的一个关键性指标。从其构成上看，评估中的折现率由两部分构成：一是无风险报酬率；另一部分是风险报酬率。用公式来表示，即为：

$$i = i_1 + i_2 \qquad (5-28)$$

式中　i_1——无风险报酬率；

　　　i_2——风险报酬率。

如果风险报酬率中不包含通货膨胀率，那么折现率还包括通货膨胀率，则式(5-28)将改写成：

$$i = i_1 + i_2 + i_3 \qquad (5-29)$$

式中　i_1，i_2——无风险、风险报酬率；

　　　i_3——通货膨胀率。

4) 无风险报酬率 i_1 的选取

目前，我国的资产评估通常以银行定期存款利率为安全利率，也有以国债利率作为无风险报酬率的参量标准。国际上普遍以往期国债利率为安全利率。如美国就是以30年的国债利率作为安全利率的。在我国由于国债市场发展中还存在一些问题，一般不能简单照搬西方的做法。因为我国的国债利率并不能完全由市场供求情况来决定，其利率稍高于同期银行存款利率，目前则大致与银行同期存款利率持平，但国债利息不缴纳20%的所得税，实际还是比银行同期存款利率高。而我国银行存款利率是根据市场需求来制定的，反映了市场供求和投资收益的基本情况，故在当前的资产评估中，多采用银行定期存款利率作为安全利率，也即无风险报酬率。因此，目前在二手车评估中，建议采用我国银行5年期定期存款利率作为无风险报酬率。

5) 风险报酬率 i_2 的选取

风险报酬率的确定比较复杂。风险报酬率是指冒风险投资所得的风险补偿额与风险投资额的比率。风险必须付出代价，人们把这一代价称为风险补偿或风险报酬。

风险报酬率可通过计算获得，计算方法有累加法、股息增长模型法、资本资产定价模型法等，下面介绍累加法。

累加法是将确定了的主要风险因素所应获得的报酬率累加后得到风险报酬率。此方法比较主观，但它能直接反映伴随各主要风险而应得到的风险报酬。该方法列出了各风险的组成，并标示出了对应风险能取得的风险报酬率，见表5-15，将其累加即为期望的风险报酬率。

表5-15　风险报酬率

风险组成	通货膨胀	市场风险	购买力风险	经营风险	利率风险	总的期望风险报酬率
风险报酬率(%)	2.4	3.0	3.6	5.0	1.0	15

因为累加法分别给出了各种风险,并且直观地反映了各种风险补偿的个人期望值。所以累加法看起来较吸引人,但是,要精确地对表中各项风险补偿的期望报酬率进行量化是非常困难的。由于累加法在确定各种风险补偿因素时具有主观性,故在使用时要慎重对待。

5.3.3 评估实例

实例【一】 2010年5月,沈阳的王先生打算在二手车市场购置一辆捷达SDI型轿车用于个体出租车运营。该车的基本信息及经营预测如下。

2005年5月购买,并于当月完成车辆登记手续,已行驶里程为20万km。目前车辆技术状况良好,能正常运行;如用于出租车运营,全年预计可出勤320天。根据沈阳市场调查,该车型每天平均毛收入约550元,每天耗油费用150元,年检、保险及各种应支出费用每年10 000元,年日常维修保养费用约12 000元,年平均大修费用约1 000元,人员劳务费16 000元。根据目前银行储蓄年利率、行业收益等情况,确定资金预期收益率为15%,风险报酬率为5%。

假设每年的纯收入相同,试结合上述条件评估该车可接受的最大投资额是多少。

解:(1)根据题目条件,评估方法采用收益现值法。

(2)收益期n的确定:从车辆登记日(2005年5月)至评估基准日(2010年5月),该车已使用时间为5年,根据国家《汽车报废标准》的规定,出租车的规定运营年限为8年,车辆剩余使用寿命为3年,即收益期$n=3$。

(3)预期收益额的确定如下。

① 根据题设条件,计算预计年毛收入,具体计算见表5-16。

表5-16 车辆收入及各种费用支出

预计年收入/元	预计年支出/元		预计年毛收入/元
550×320=176 000	燃油费	150×320=48 000	79 000
	保险费、检车费、车船使用税、停车费等费用	10 000	
	维修保养费	12 000	
	车辆大修费	1 000	
	司机工资	26 000	

② 计算年预计纯收入:根据规定应缴纳的所得税税率为30%,故年预计纯收入为:
$$79\,000×(1-30\%)=55\,300\,元$$

③ 预期收益额:$A=$年预计纯收入,为55 300元。

(4)折现率的确定:折现率=无风险报酬率+风险报酬率=15%+5%=20%。

(5)计算评估值为:
$$P=A·(P/A,i,n)=55\,300×(P/A,20\%,3)=55\,300×2.106=116\,462(元)$$

实例【二】 某人拟购一辆桑塔纳普通型出租车,作为个体出租车经营使用,该车的各项数据和情况见表5-17。

表 5-17 出租车基本数据情况

评估基准日	2010 年 12 月 15 日
初次登记年月	2006 年 12 月 15 日
技术状况	正常
每年营运天数	350 天
每天毛收入	500 元
日营业所得税	50 元
每天燃油费、润滑油费	150 元
每年日常维护、保养费	6 000 元
每年保险及各项规费	12 000 元
营运证使用费	18 000 元
两名驾驶员劳务费、保险费	60 000 元

试用收益现值法评估此桑塔纳出租车的价值。

解：(1) 计算年收益值。

① 预计年收入：$350 \times 500 = 175\,000$(元)

② 预计年支出如下。

税费	$350 \times 50 = 17\,500$(元)
油费	$350 \times 150 = 52\,500$(元)
维护、保养费	6 000 元
保险及规费	12 000 元
营运证使用费	18 000 元
驾驶员劳务、保险费	60 000 元

③ 预计年收益为：

$$A = 17.5 - 1.75 - 5.25 - 0.6 - 1.2 - 1.8 - 6 = 0.9(万元)$$

(2) 确定折现率。

根据目前银行储蓄和贷款利率、债券、行业受益情况，确定资金预期收益率为 10%，风险报酬率为 5%，则折现率 i 为：10% + 5% = 15%。

该车剩余使用年限 4 年，假定每年的年收入相同，根据收益现值法公式，则可得该车的评估值为：

$$P = A \times \frac{(1+i)^n - 1}{i(1+i)^n} = 0.9 \times [(1+15\%)^4 - 1] / [15\% \times (1+15\%)^4]$$
$$= 0.9 \times 2.854 = 2.57(万元)$$

实例【三】 某个体人员拟购买一辆轻型货车从事营运经营，该车的剩余使用年限为 4 年，适用的折现率为 8%，经预测 4 年内该车的预期收益分别为 1 万元、0.9 万元、0.8 万元、0.7 万元。试用收益现值法评估该车辆目前的价格。

解： 由于每年的预期收益额不相等，根据收益现值法的式(5-26)，可得该车的评估值为：

$$P = 10\,000/(1+8\%) + 9\,000/(1+8\%)^2 + 8\,000/(1+8\%)^3 + 7\,000/(1+8\%)^4$$
$$= 9\,259 + 7\,716 + 6\,351 + 5\,145$$
$$= 28\,471(元)$$

5.4 清算价格法

5.4.1 定义、特点、影响因素和适用范围

1. 定义

清算价格法是以清算价格为依据，对二手车价格进行评估的一种方法，即指企业在停业或破产后，在一定的期限内将车辆拍卖，而得到的变现价格。

2. 特点

用清算价格法评估车辆价格时，具有以下特点。
(1) 预评估车辆时应附有企业破产处理文件或抵押合同及其他有效法律文件。
(2) 预评估车辆时可以快速出售变现。

3. 影响因素

在二手车评估中，影响清算价格的主要因素有以下几个方面。

1) 破产形式

如果企业丧失车辆处置权，那么卖方无讨价还价的可能，就以买方出价作为车辆售价；如果企业未丧失处置权，那么卖方仍有讨价还价的余地，就以双方议价作为售价。

2) 债权人处置车辆的方式

如果债权人以拍卖的方式处理车辆，价格取决于拍卖市场中的价格。若债权人在抵押合同中规定车辆收归己有，则车辆的实现价值等于抵押合同签订时的评估价格。

3) 拍卖时限

一般情况下，若规定的拍卖时限长，售价就会高些；若规定时限短，则售价就会低些。这是由资产快速变现原则的作用所决定的。

4) 车辆清理费用

在企业破产等情况下评估车辆价格时，应对车辆清理费用及其他费用给予充分的考虑。

5) 车辆现行市价

车辆现行市价是指车辆交易成交时，使交易双方都满意的公平市价。

6) 参照车辆价格

参照车辆价格是指与被拍卖车辆相同或类似的交易车辆的现行价格，若参照车辆价格高，则被拍卖车辆通常也会高。

4. 适用范围

清算价格法一般适用于企业被迫停业或破产、资产抵押、停业清理等情况下，急于将

车辆拍卖、出售时车辆价格的评估。清算价格法评估的车辆价格往往低于现行市场价格。

5.4.2 评估方法及计算公式

用清算价格法确定二手车价格时,主要有3种方法:现行市价折扣法、模拟拍卖法和竞价法。

1. 现行市价折扣法

首先在市场上找到参照车辆,然后根据市场调查和快速变现原则,确定一个合适的折扣率,再确定二手车的评估价格,其计算公式为:

$$P=P'\times \gamma \tag{5-30}$$

式中　P'——参照车辆交易价格(元);

　　　γ——折扣率(%)。

2. 模拟拍卖法

模拟拍卖法是通过向被评估车辆的潜在购买者询价,以此来获得市场信息,最后经评估人员分析确定其价格的一种方法,也称意向询价法。

这种方法确定的清算价格受供需关系影响很大,要充分考虑其影响的程度。

3. 竞价法

竞价法是由法院按照破产清算的法定程序或由卖方根据评估结果提出一个拍卖的底价,然后在公开市场或拍卖会上,由买方竞争出价,谁出的价格高就卖给谁。

5.4.3 清算价格法的评估步骤

1. 用其他评估方法确定评估底价

采用清算价格法时,一般采用市场比较法,重置成本法和收益现值法或综合运用几种方法的组合来确定被评估车辆的评估底价。

采用重置成本法确定被评估车辆评估底价的方法是:先确定重置成本,再计算成新率,最后确定评估值,即被评估车辆的评估底价。

2. 根据相关因素确定折扣率

影响折扣率(或快速变现系数)大小的因素有以下3方面。

(1) 被评估的车辆市场接受类型是通用车型还是专用车型,例如运钞车就比一般的小客车难以变现。

(2) 要综合考虑车辆的欠费情况,欠费较多的车辆只能用来拆零出售,价格相对较低。

(3) 拍卖时限。变现时间的长短影响快速变现系数:变现时间短,折扣率(或快速变现系数)就较低。

清算价格法虽然在运用时受许多条件的制约,但在实际运用中常利用其快速变现的特点,在确定评估拍卖底价时常运用其原理。只不过在评估报告中说明采用评估方法时应考虑规避风险,用重置成本法和市场比较法结合快速变现的因素进行描述,不直接运用清算价格法。

3. 确定被评估车辆的清算价格

$$被评估车辆的清算价格 = 评估底价 \times 折扣率（或快速变现系数）$$

5.4.4 评估实例

某法院欲将其扣押的一辆轻型载货汽车拍卖出售。至评估基准日止，该汽车已使用了1年6个月，车况与其新旧程度相符。试评估该车的清算价格。

解：（1）确定车辆的重置成本全价。

据市场调查，全新的此型车目前售价为 5.5 万元。根据相关规定，购置此型车时，要交纳 10% 的车辆购置税、3% 的货运附加费，故被评估车辆的重置成本费全价为：

$$重置成本全价 = 5.5 + 5.5/1.17 \times 10\% + 5.5 \times 3\% = 6.135（万元）$$

（2）确定车辆的成新率。

被评估车辆的价值不高，且车辆的技术状况与其新旧程度相符，故决定采用使用年限法中的等速折旧法来确定其成新率。

根据国家规定，被评估车辆的使用年限为 10 年（120 个月）。该车已使用年限为 1 年 6 个月（18 个月）。故被评估车辆的成新率为：

$$成新率 = 1 - (18/120) \times 100\% = 85\%$$

（3）确定被评估车辆在公平市场条件下的评估值。

根据调查了解，被评估车辆的功能损耗及经济性损耗均很小，可忽略不计。故在公平市场条件下，该车的评估值为：$6.135 \times 85\% \approx 5.2（万元）$

（4）确定折扣率。

根据市场调查，折扣率取 75% 时，可在清算日内出售车辆，故确定折扣率为 75%。

（5）确定被评估车辆的清算价格。

$$车辆的清算价格 = 5.2 \times 75\% = 3.9（万元）$$

5.5 成本折旧法

5.5.1 定义、特点、影响因素和适用范围

1. 定义

成本折旧法确定的是被评估车辆在预计的使用年限内由于时间的推移而逐渐转移的价值。企业一般根据这部分价值逐年从产品销售收入中提取一部分存入建立的车辆折旧基金中，用于当二手车辆不能使用或不再使用时购置新的车辆，实现车辆的更新。

2. 特点

成本折旧法按计算方法的不同分为等速折旧法和加速折旧法两种。

等速折旧法是将二手车的转移价值平均摊配于使用年限中，它的优点是计算简单，容易理解。但是，这种方法没有考虑车辆在各个使用年度中使用成本的摊配比例，也没考虑车辆在各个使用年度中无形损耗（功能性贬值和经济性贬值）的摊配比例。

加速折旧法克服了等速折旧法的不足，充分考虑了各个使用年度二手车摊配的使用成本，同时也反映了由于技术进步所带来的价值损耗情况。

3. 影响因素

（1）计算方法的选择。

（2）被评估车辆折旧年限的确定。

（3）被评估车辆的技术状况。

4. 适用范围

由于成本折旧法采用经济使用年限评估车辆价值，计算的二手车剩余价值相对比较小，这对二手车买方来说比较有利，减少了买方风险，因此，成本折旧评估法适用于二手车的收购。

5.5.2 评估方法及计算公式

用成本折旧法评估二手车时，不但要计算二手车已使用年数的累计折旧额，还要考虑二手车某些功能完全丧失，需要维修和换件而发生的维修费用。所以，二手车评估值的计算公式为：

$$P = P' - \Sigma A - \Sigma B \tag{5-31}$$

式中　P——二手车评估值(元)；

P'——重置成本全价(元)；

ΣA——折旧总额(元)；

ΣB——维修费用总额(元)。

说明：式中采用重置成本全价而不采用二手车原值，主要是考虑了其他因素给二手车带来的贬值(如功能性贬值和经济性贬值)。维修费用是指车辆在现状下，某些功能完全丧失，需要维修和换件的费用。

1. 用等速折旧法计算折旧总额

等速折旧法也称为年限平均法，是用车辆的总值(车辆原值减去残值)除以车辆使用年限，以求得每年平均折旧额的方法。计算公式为：

$$A = \frac{D - K}{N} \tag{5-32}$$

折旧总额为：$\Sigma A = A \times N$

式中　A——年平均折旧额(元)；

　　　D——车辆的原值(元)；

　　　K——车辆的残值(元)；

　　　N——车辆使用年限(年)。

说明：等速折旧法一般用于使用强度比较平均，且各期所取得的收入差距不大的二手车评估。在评估时，车辆的残值有时忽略不计。

2. 用加速折旧法计算折旧总额

加速折旧法也称递减折旧法，是指在汽车使用早期折旧多，在使用后期折旧少的一种方法，其计算方法有两种：年份数求和折旧法和双倍余额递减折旧法。

1) 年份数求和折旧法

年份数求和折旧法是指每年的折旧额可用车辆原值减去残值的差额乘一个逐年递减系数来确定折旧额。其计算公式为:

$$A_n = (D-K) \times \gamma_n \tag{5-33}$$

$$\gamma_n = \frac{N+1-T}{\frac{N(N+1)}{2}} \tag{5-34}$$

式中 A_n——第 n 年二手车年折旧额(元);
　　　D——二手车原值(元);
　　　K——二手车残值(元);
　　　γ_n——递减系数;
　　　N——规定使用年限(年);
　　　T——已使用的总月份数折算成的年度数(年)。

说明:递减系数的分子是预计使用年限减去已使用年限的差值;分母是预计可使用年限逐年使用年数的总和。递减系数是一个递减值,即每年递减系数的分母均相等,分子大小随剩余使用年限的减小而减少。

2) 双倍余额递减折旧法

双倍余额递减折旧法是根据每年年初二手车剩余价值和双倍等速折旧率计算二手车折旧的一种方法,其计算公式为:

$$\gamma = \frac{2}{N} \times 100\% \tag{5-35}$$

$$A_n = P_{n-1} \times \gamma \tag{5-36}$$

式中 A_n——第 n 二手车年折旧额(元);
　　　P_{n-1}——第 n 年初二手车剩余总价值(元);
　　　N——二手车预计使用年限(年);
　　　γ——双倍等速折旧率。

说明:二手车年初剩余价值的计算规律是第一年年初二手车剩余价值为二手车原值 P_0;第二年年初二手车剩余价值为 $P_1 = P_0 - A_1$;第三年年初二手车剩余价值为 $P_2 = P_1 - A_2$;以此类推,即 $P_n = P_0(1-\gamma)^n$。

5.5.3 评估实例

2010年5月,某二手车销售公司欲收购一辆一汽捷达轿车,车辆基本情况如下。车型:捷达伙伴;型号:CIF 基本型;注册登记日期:2008年5月;行驶里程:40 000km;车辆基本配置:排量1.6L、ATK多点电喷发动机、5挡手动变速器、发动机最大功率68kW、转向助力、ABS及EBV、电动门窗、防眩目后视镜、中控锁、发动机防盗、手动空调系统、单碟CD及调频收音机、四扬声器音响系统、钢轮毂。

经核对相关税费票据、证件(照)齐全有效。该车目前市场行情价位为7.48万元,试确定其收购价格(残值忽略不计)。

解:(1) 采用成本折旧法计算收购价格。

(2) 从2008年5月到2010年4月,该车已使用2年,按国家汽车报废标准,该车规定使用年限为 15 年。

(3) 重置成本价格 $P'=74\,800$ 元，残值忽略不计。

(4) 分别以等速折旧法、年份数求和折旧法和双倍余额递减折旧法计算累计折旧额。

① 以等速折旧法计算二手车的累计折旧额，年折旧额为：

$$A=\frac{D-K}{N}=4\,986(元)$$

所以，该车 2 年累计折旧额为 9 972 元，该种评估的价格为：$P=74\,800-9\,972=64\,828$（元）。

② 以年份数求和折旧法计算二手车的累计折旧额。

递减系数：$\gamma_n=\dfrac{N+1-T}{\dfrac{N(N+1)}{2}}=\dfrac{16-T}{120}$

所以，该车年折旧额 $A_n=(D-K)\times\gamma_n$，其计算结果见表 5-18。

表 5-18 二手车累计折旧额

年份	重置成本/元	递减系数	年折旧额/元	累计折旧额/元
2008.5～2009.4	74 800	15/120	9 350	9 350
2009.5～2010.4		14/120	8 726	18 076

该种评估的价格为：$P=74\,800-18\,076=56\,724$（元）。

③ 以双倍余额递减折旧法计算二手车的累计折旧额。

双倍等速折旧率：$\gamma=\dfrac{2}{N}=\dfrac{2}{15}$

所以，年折旧额 $A_n=P_{n-1}\times\gamma$，其计算结果见表 5-19。

表 5-19 二手车累计折旧额

年份	重置成本/元	年折旧率	年折旧额/元	累计折旧额/元
2008.5～2009.4	74 800	2/15	9 973	9 973
2009.5～2010.4	64 827	2/15	8 644	18 617

该种评估的价格为：$P=74\,800-18\,617=56\,183$（元）。

5.6 二手车评估方法的选择

1. 重置成本法与收益现值法

重置成本法与收益现值法的区别在于：前者是历史过程，后者是预期过程。重置成本法比较侧重对车辆过去使用状况的分析。尽管重置成本法中的更新重置成本是现时价格，但重置成本法中的其他许多因素都是基于对历史的分析，再加上对现时的比较后得出结论。例如，实体性贬值就是基于被评估车辆的已使用年限和使用强度等来确定的。由此可见，如果没有对被评估车辆的历史判断和记录，那么运用重置成本法评估车辆的价值是不可能的。

与重置成本法相比，收益现值法的评估要素完全是基于对未来的分析。收益现值法不必考虑被评估车辆过去的情况怎样，也就是说，收益现值法从不把被评估车辆的已使用年限和使用程度作为评估基础。收益现值法所考虑和侧重的是被评估对象未来能给予投资者带来多少收益。预期收益的测定是收益现值法的基础。一般而言，预期收益越大，车辆的价值越大。

2. 重置成本法与现行市价法

理论上讲，重置成本法也是一种比较方法。它是将被评估车辆与全新车辆进行比较的过程，而且这里的比较更侧重于性能方面。例如，评估一辆二手车时，首先要考虑重新购置一台全新的车辆需花多少成本，同时还需进一步考虑二手车的陈旧状况和功能、技术情况。只有当这一系列因素充分考虑周到后，才可能给二手车定价。而上述过程都涉及与全新车辆的比较，否则就无法确定二手车的价格。

与重置成本法相比较，现行市价法的出发点更多地表现在价格上。由于现行市价法比较侧重价格分析，因此对现行市价法的运用便十分强调市场化程度。如果市场很活跃，参照车辆很容易取得，那么运用现行市价法所取得的结论就会更可靠。现行市价法的这种比较性，相对于重置成本法而言，其条件更为广泛。

运用重置成本法时，也许只需有一个或几个类似的参照车辆即可。但是运用现行市价法时，必须有更多的市场数据。如果只取某一数据作比较，那么现行市价法所作的结论将肯定受到怀疑。

3. 收益现值法与现行市价法

如果说收益现值法与现行市价法存在某种联系，那么这一联系就是现行市价法与收益现值法的结合。通过把现行市价法和收益现值法结合起来评估车辆的价值，在二手车市场交易发达的国家应用得相当普遍。

从评估观点看，收益现值法中任何参数的确定，都具有人的主观性。因为预期收益、折现率等都是不可知的参数，也容易引起争议。但是这些参数在运用收益现值法评估车辆价值时必须明确，否则收益现值法就不能使用。然而，一旦从估计上来考虑收益现值法中的参数，那么这就涉及估计依据问题。对这样的问题，在市场发达的地方，解决的方式便是寻求参照车辆，通过选择参照车辆，进一步计量其收益折现率及预期年限，然后将这些参照车辆数据比较有效地运用到被评估车辆上，以确定车辆的价值。

把收益现值法和现行市价法结合起来使用，其目的在于降低评估过程中的人为因素影响，更好地反映客观实际，从而使车辆的评估更能体现市场观点。

4. 清算价格法与现行市价法

清算价格法与现行市价法都是基于现行市场价格确定车辆价格的方法。所不同的是，利用现行市价法确定的车辆价格，如果被出售者接受，而不被购买者接受，出售者有权拒绝交易。但利用清算价格法确定的清算价格，若不能被买方接受，清算价格就失去意义。这就使得利用清算价格进行的评估，完全是一种站在购买方立场上的评估，在某种程度上，这可以被认为是一种取悦于购买方的评估。

习题

一、选择题

1. 国家宏观政策对于二手车评估值产生的影响主要是（　　）。
   A. 功能性贬值　　　　　　　　B. 各种陈旧性贬值
   C. 实体性贬值　　　　　　　　D. 经济性贬(升)值

2. 采用收益现值法评估二手车价值时，其主要缺点是（　　），受较强的主观判断的影响大。
   A. 计算公式不准确　　　　　　B. 计算复杂
   C. 剩余使用年限不确定　　　　D. 预期收益预测难度大

3. 采用收益现值法评估二手车的主要优点是（　　）。
   A. 有利于二手车的评估
   B. 与投资决策相结合，容易被交易双方接受
   C. 能客观反映二手车目前的市场情况
   D. 其评估参数直接从市场获得，能反映市场现实价格

4. 因为二手车的技术状况和市场价格都随时间变化而变动，所以（　　）是非常重要的参数。
   A. 评估基准日　　　　　　　　B. 检验日期
   C. 车辆的出厂日期　　　　　　D. 初次注册登记日

5. 二手车在非正常市场上的限制拍卖价格遵守的是（　　）。
   A. 现行市价标准　　　　　　　B. 清算价格标准
   C. 重置成本标准　　　　　　　D. 收益现值标准

6. 二手车复原重置成本是指（　　）所需的成本。
   A. 在现时条件下，购置排量相同的车辆
   B. 在原来购车时，购置采用新工艺、新标准、新设计的功能基本相同的车辆
   C. 在现时条件下，购置与原车使用工艺、标准、设计的功能基本相同的车辆
   D. A、B、C都不是

7. 在用市场价格比较法评估二手车时，若参照车辆与被评估车辆完全相同，应使用（　　）法进行评估。
   A. 直接法　　　B. 比较法与间接法　　C. 相似比较法　　　D. 间接法

8. 在用市场价格比较法评估二手车时，参照物的价格应为（　　）。
   A. 新车的报价　　　　　　　　B. 预测的车价
   C. 新车的现行市价　　　　　　D. 二手车市场的现行市价

9. 应用市场价格比较法评估二手车的价格，其必要条件是（　　）。
   A. 公平和有效市场　　　　　　B. 任何市场均可
   C. 公平市场　　　　　　　　　D. 有效市场

10. 所谓近期是指参照物的交易时间与被评估车辆评估基准日相近，一般应在（　　）。
    A. 五个月之内　　B. 三个月之内　　C. 半年之内　　　D. 一年之内

11. 拍卖行二手车拍卖数据库中的价格资料，可作为（　　）。

A. 新车的销售价　　　　　　　　　B. 参照物的参考价格
　　C. 被评估车辆的价格　　　　　　　D. 可作预售的价格
12. 一辆二手车的重置成本价是指(　　)。
　　A. 二手车的售卖价格　　　　　　　B. 二手车的收购价格
　　C. 现行公开市场上的新车价格　　　D. 二手车拍卖价格
13. 北京市规定排量在1.0以下的出租车,规定使用年限由原来的8年减少至6年从而引起车辆的贬值,这种贬值属于(　　)。
　　A. 功能性贬值　　　　　　　　　　B. 实体性与功能性贬值
　　C. 实体性贬值　　　　　　　　　　D. 经济性贬值
14. 采用重置成本法评估二手车时,一般使用的是(　　)。
　　A. 折旧成本　　B. 更新重置成本　　C. 复原重置成本　　D. 税后成本
15. 无论是国产车还是进口车,一律采用国内现行市场(　　)作为被评估车辆的重置成本全价。
　　A. 预测的价格　　B. 销售商的报价　　C. 二手车的价格　　D. 新车的价格
16. 用(　　)来确定重置成本,对于已淘汰的产品,或是进口车辆查询不到现时市场价格时,是一种很好的办法。
　　A. 现行市价法　　B. 清算价格法　　C. 重置成本法　　D. 物价指数法
17. 机动车实体性贬值在(　　)就开始发生。
　　A. 开始使用后　　　　　　　　　　B. 进行二手车交易后
　　C. 制造完工后　　　　　　　　　　D. 销售以后
18. 用综合分析法来确定成新率时,综合调整系数取值应考虑如下5项影响因素。(　　)
　　A. 技术状况、维护保养、制造质量、工作性质、安全条件
　　B. 技术状况、维护保养、制造质量、实体性贬值、工作条件
　　C. 技术状况、维护保养、排放水平、工作性质、工作条件
　　D. 技术状况、维护保养、制造质量、工作性质、工作条件
19. 用使用年限法求成新率,一般适用于(　　)的评估。
　　A. 价值中等的车辆　　　　　　　　B. 价值不高的老旧车辆
　　C. 价值很高的车辆　　　　　　　　D. 价值特别高的车辆
20. 用部件鉴定法来求成新率,一般适用于(　　)的评估。
　　A. 价值中等的车辆　　　　　　　　B. 都不太适合
　　C. 价值高的车辆　　　　　　　　　D. 价值低的老旧车辆
21. 折现率应高于(　　)。
　　A. 折旧率　　B. 折扣率　　C. 无风险利率　　D. 成新率
22. 运用收益法评估车辆时,其折现率的选择应该(　　)。
　　A. 与银行存款利率无一定关系　　　B. 为银行存款利率
　　C. 小于银行存款利率　　　　　　　D. 大于银行存款利率
23. 评估中的折现率由(　　)构成。
　　A. 风险报酬率　　　　　　　　　　B. 风险报酬率－无风险报酬率
　　C. 无风险报酬率　　　　　　　　　D. 无风险报酬率＋风险报酬率

参考答案:1.D; 2.D; 3.B; 4.A; 5.B; 6.C; 7.A; 8.D; 9.A; 10.B; 11.B;

12. C；13. D；14. B；15. D；16. D；17. C；18. D；19. B；20. C；21. C；22. D；23. D。

二、计算题

1. 某人于 2002 年 1 月花 23.5 万元购置一辆帕萨特轿车作为私家用车，于 2007 年 10 月在本地二手车市场交易，该车初次登记日期为 2002 年 2 月，累计行驶 9.0 万 km，使用条件较好，维护保养较好，动态检查情况一般，2007 年该车的市场新车价格为 20.8 万元，用综合分析法确定成新率并估算该车价格。

2. 一辆捷达出租车，初次登记日期为 2000 年 4 月，2005 年 10 月欲将此出租车对外转让，现已知该款全新捷达车的市场销售价为 7.8 万元，该车常年工作在市区或市郊，工作强度高，但工作条件较好。经检查维护保养较低，但整车技术状况一般。考虑车辆购置税为 10%，其他税费不计。使用综合分析法求成新率并评估该车价值。

3. 1999 年 2 月一人购得一辆全顺 11 座客车，并上牌，该车属改进型金属漆，经市场调查得知全新普通漆全顺 11 座客车市场销售价格为 12.8 万元，而金属漆比普通漆高出 6 000 元，该车综合调整系数取为 0.75，评估该车在 2006 年 2 月的市场价格。

4. 有一辆上海通用别克 GL8 私用轿车，初次登记日期为 2002 年 3 月，于 2007 年 3 月到交易市场评估，经检查该车已经行驶 16 万 km，该车档次较高，车辆外观较完整，车辆侧面有几条划痕，右前翼子板更换过，后保险杠也有轻微碰撞痕迹，前风窗玻璃有轻微破损修复痕迹，传动带有老化痕迹，底盘两侧加强钢梁下方有轻微损伤，其他基本正常。该款新车类似配置的最低包牌价为 30 万元。试用综合分析法求该车价格。

5. 企业拟将一辆全顺 11 座旅行客车转让，某工商户欲将此车购置做载客营运，按国家规定，该车剩余使用年限为 3 年，经市场调查及预测，3 年内该车各年预期收入为：第一年 9 000 元，第二年 8 000 元，第三年 6 000 元，折现率为 10%。试评估该车的价值。

6. 一辆正常使用的载货汽车，该车评估时已使用 6 年，进行市场调查和预测，该车每年可带来预期收入 8 万元，而汽车投入营运成本每年为 3.4 万元，企业所得税为 33%，折现率为 12%，试评估该车的价值。已知 $(P/A, 12\%, 4) = 3.037\,3$

7. 一货车（不带拖车），该车评估时已使用 7 年，进行市场调查和预测，该车每年可给企业带来预期收入 6.5 万元，而汽车投入营运成本每年为 3 万元，企业所得税为 33%，平均投资回报率为 10%，试评估该车的价值。

8. 某人欲购买一辆捷达二手轿车，准备从事出租经营，经调查分析该车每年可带来预期收入 15 万元，营运成本每年为 10 万元，个人所得税为 30%，该二手车已使用 4 年，每年报酬为 14%，试评估该车的价值。已知 $(P/A, 14\%, 4) = 2.917\,3$

9. 被评估车辆甲每百公里耗油 23L，平均每年维修费用为 2.9 万元，以目前新出厂的同型号车辆乙为参照物，乙车每百公里油耗为 21L，平均年维修费为 1.9 万元，如果甲、乙两车其他方面的营运成本大致相同，甲车尚可使用 4 年，每年平均出车日为 320 天，每天运行 200km，所得税为 33%，适用折现率为 10%，试计算评估车辆甲的营运性功能损耗。油价 5.1 元/L，已知 $(P/A, 10\%, 4) = 3.196\,6$

10. A、B 两台 8 吨货车，A 车每百公里耗油 24L，平均年维修费为 3.4 万元，B 车每百公里油耗为 21L，平均年维修费为 2.2 万元，若每天运行 150km，每年平均出车日为 200 天，企业所得税为 33%，适用折现率为 12%，A 车还能继续营运 5 年。求 A 车的功能性贬值。已知 $(P/A, 12\%, 5) = 3.604\,8$

第 6 章
二手车鉴定评估流程

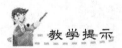
教学提示

本章详细地介绍了二手车鉴定评估的工作流程,是二手车鉴定评估的基本步骤,也是鉴定评估工作的实训内容。本章围绕二手车鉴定评估展开,教师可以通过实地的评估工作进行讲解和训练学生。

知识要点

本章是二手车鉴定评估的工作流程,要求有实战性。
1. 二手车鉴定评估工作流程;
2. 前期准备工作:业务洽谈、实地考察、签订委托书、拟定作业方案;
3. 现场鉴定工作:检查核对证件、鉴定二手车技术状况、车辆拍照;
4. 评定估算工作;
5. 撰写鉴定评估报告。

二手车鉴定与评估

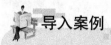

同一辆事故车，定损估价不一

  同一辆事故车，保险公司评估的价格却比价格认证中心估价少了 2 万元。车主孙先生驾车发生车祸后，保险公司给事故车评估了 6 万元的赔偿价格，而市价格认证中心则评估该事故车赔偿价为 8 万元。对此，保险公司以价格认证中心无资质进行评估为由，拒绝为孙先生赔付，随后孙先生提起诉讼并赢得了官司。之所以出现这种现象，因为物价部门都是按照 4S 店的价格进行评估的，4S 店的价格要比市场价高得多，保险公司定损不按照 4S 店的价格标准定损，而是按普通市场价格定损的。

  目前，多数保险公司不认可物价部门出具的评估报告。有关人士认为，保险公司既担任评估角色又担任理赔角色，存在一定不公平性，完善第三方定损理赔机制是当前亟待解决的问题。

6.1 二手车鉴定评估工作流程

  二手车鉴定评估工作流程也称为二手车鉴定评估操作流程，是指二手车鉴定评估机构在承接具体的车辆评估业务时，从接受立项、受理委托到完成评估任务、出具鉴定评估报告全过程的具体步骤和工作环节。二手车鉴定评估工作流程如图 6.1 所示。

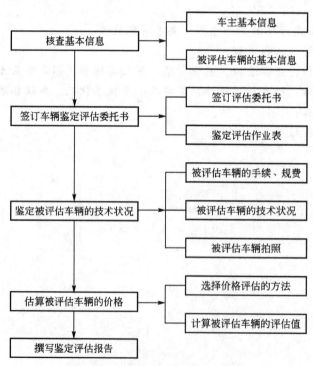

图 6.1 二手车鉴定评估工作流程

6.2 前期准备工作

鉴定评估的前期准备工作是指进行二手车鉴定评估前需要做的一系列工作，主要包括业务洽谈、实地考察、签订二手车鉴定评估委托书和制定鉴定评估作业方案等。

6.2.1 业务洽谈

业务洽谈是承接评估业务的第一步。与客户洽谈的主要内容有车主基本情况、车辆情况、委托评估的意向和时间要求等。通过业务洽谈，应该初步了解下述情况。

1. 车主基本情况

(1) 了解委托者(个人或单位)是否是原车主，因为只有车主才具有车辆处置权，否则，对车辆无权处置。

(2) 若原车主是个人，了解是否有工作单位，如果有工作单位，应进一步了解单位名称、隶属关系；如果没有工作单位，应了解车主所在地等具体信息。

2. 车主要求评估的目的

评估目的是评估所服务的经济行为的具体类型，根据评估目的(交易、拍卖、置换、抵押、担保、咨询、司法裁决等)，选择计价标准和评估方法。一般来说，委托二手车交易市场评估的大多数是属于交易类业务，车主要求评估价格的目的大都是作为买卖双方成交的参考价。

3. 被评估车辆基本信息

(1) 车辆使用类型：是私家车、公务用车、商业用车，还是专业运输车、出租车等。

(2) 车辆名称、型号、生产厂家及出厂日期。

(3) 新车来历：是市场上购买，还是走私罚没处理，或是捐赠免税车。

(4) 车辆初次注册登记日期和行驶里程。

(5) 车辆户籍所在地。

(6) 车辆配置情况：ABS、涡轮增压、变速器(手动、自动挡)、电动车窗、安全气囊及发动机等配置情况。

(7) 手续是否齐全，是否年检、尾气环保检验。

对上述基本情况了解清楚以后，就可以作出是否接受委托的决定。如果接受委托，就要签订二手车鉴定评估委托书。

6.2.2 实地考察

对于评估数量较多的业务，在签订二手车鉴定评估委托书之前，应安排到实地考察评估对象的情况。实地考察的目的是了解鉴定估价的工作量、工作难易程度和车辆现时状态(在用、已停放很久不用、在修或停驶待修)。

6.2.3 签订二手车鉴定评估委托书

二手车鉴定评估委托书是受托方与委托方对各自权利责任和义务的协定，是一项经济合同性质的契约。二手车鉴定评估委托书应写明的内容和样式见表6-1。

表6-1 二手车鉴定评估委托书(示范文本)

委托书编号：_____

_____二手车鉴定评估机构：

因□交易□拍卖□置换□抵押□担保□咨询□司法裁决的需要，特委托你单位对车辆(号牌号码_____车辆类型_____发动机号_____车架号_____)进行技术状况鉴定并出具评估报告书。

附：委托评估车辆基本信息

车主		身份证号码/法人代码证书		联系电话	
住址				邮政编码	
经办人		身份证号码		联系电话	
住址				邮政编码	
车辆情况	厂牌型号			使用用途	
	载重量/座位/排量			燃料种类	
	初次登记日期	年 月 日		车身颜色	
	已使用年限	年 个月	累计行驶里程(万 km)		
	大修次数	发动机(次)		整车(次)	
	维修情况				
	事故情况				
价值反映	购车日期	年 月 日	原始价格(元)		
	车主报价(元)				
备注：					

填表说明：

(1) 若被评估车辆使用用途曾经为营运车辆，需在备注栏中予以说明。

(2) 委托方必须对车辆信息的真实性负责，不得隐瞒任何情节，凡由此引起的法律责任及赔偿责任由委托方负责。

(3) 本委托书一式两份，委托方、被委托方各一份。

委托方：(签字、盖章)　　　　　　　　　　　经办人：(签字、盖章)

　　　　　　　　　　　　　　　　　　　　　(×××二手车鉴定评估机构盖章)

年 月 日　　　　　　　　　　　　　　　　　　年 月 日

二手车鉴定评估委托书必须符合国家法律、法规和资产评估业的管理规定。涉及国有资产占有单位要求申请立项的二手车鉴定评估业务，应由委托方提供国有资产管理部门关于评估立项申请的批复文件，经核实后，方能接受委托，签署委托书。

6.2.4 拟定鉴定评估作业方案

鉴定评估方案是二手车鉴定评估机构根据二手车鉴定评估委托书的要求而制定的规划和安排。其主要内容包括评估目的、评估对象和范围、评估基准日、安排具有鉴定评估资格的评估人员及协助评估人员工作的其他人员、现场工作计划、评估程序、评估具体工作和时间安排、拟采用的评估方法及其具体步骤等。

确定鉴定评估方案后，下达二手车鉴定评估作业表，进行鉴定评估工作。目前，二手车的鉴定评估作业表没有统一的样式，包含的基本内容大致相同，以下介绍一种作业表样式，见表6-2。

表6-2 二手车鉴定评估作业表

评估日期：____年____月____日　　　　　　　　　鉴定委托书编号：_____

车主			所有权性质	（　）公 （　）私	联系电话	
地址					经办人	
	车辆类型		（　）轿车　（　）客车　（　）越野车　（　）载货车 （　）摩托车　（　）其他			
	车辆品牌			型号		
	车牌号码			产地	（　）国产　（　）进口	
	发动机号			车架号		
	车身颜色			燃料种类	（　）汽油　（　）柴油	
	已使用年限			规定年限	（　）96个月　（　）120个月 （　）180个月	
	累计行驶里程					
核对证件	证件		（　）机动车行驶证　（　）资产证明或车主身份证　（　）其他			
现时技术状况	1. 外观状况		2. 内饰		3. 底盘	
	4. 发动机		5. 转向系统		6. 行驶系统	
	7. 离合器		8. 悬架系统		9. 润滑系统	
	10. 变速器		11. 制动系统		12. 冷却系统	
	13. 大修次数		14. 排污指标		15. 行驶平顺性	
	16. 操纵稳定性		17. 加速动力性			
	维修保养情况		（　）好　（　）一般　（　）较差			
	制造质量		（　）进口　（　）国产品牌　（　）国产非品牌			
	工作性质		（　）私用　（　）公务、商务　（　）营运			
	工作条件		（　）好　（　）一般　（　）较差			
价值反映	购入原价（万元）			车主报价（万元）		
	重置成本（万元）			市场波动系数		

如果被评估车辆需要大修或换件，请自行给定综合调整系数，并详细备注说明

备注说明：

注册二手车鉴定评估师（签名）　　　　　　　　　　　　　　　　　复核人（签名）

　　　　　　　　　　　　　　年 月 日　　　　　　　　　　　　　　　　　　　　年 月 日

6.3 现场鉴定工作

现场鉴定工作主要按照二手车鉴定评估作业表的项目进行,主要包括检查核对证件、被评估车辆的结构特点、鉴定现时技术状态并作出鉴定结论,给车辆拍照存档。

6.3.1 检查核对证件

核查证件是检验被鉴定评估车辆的证件资料,这些资料包括法定证件和税费两类。如对这些证件资料有疑问,应向委托方提出,由委托方向发证机关(单位)索取证明材料,或自行向发证机关(单位)查询核实。

1. 核查法定证件

法定证件主要有机动车来历证明、机动车行驶证、机动车登记证书、机动车号牌、道路运输证、机动车安全技术检验合格标志等。

2. 核查税费

二手车交易必须提供车辆购置税、车辆保险费、车船使用税等税费缴付证明。

6.3.2 鉴定二手车技术状况

二手车鉴定评估人员通过现场查勘,鉴定二手车现时技术状况,其目的是为了公正、科学地确定委托评估车辆的技术现状及价值。这项工作完成后,鉴定评估人员应客观地给出鉴定评估过程的描述和评估结论。

现场查勘主要进行静态检查,条件许可时,应进行路试检查,以全面了解被评估车辆的基本情况,并对被评估车辆的技术状况作出合理的判断。

1. 被评估车辆的基本情况

被评估车辆的基本情况主要包括车辆号牌号码、厂牌型号、车辆识别代码、车辆类型、发动机号、车架号、载重量/座位/排量、已使用年限、累计行驶里程、车辆出厂日期、初次登记日期以及车辆使用用途等。具体信息见表6-3。

表6-3 被评估车辆的基本信息

车主		所有权		联系电话	
地址				经办人	
车辆识别代码				厂牌型号	
发动机型号				车辆类型	
车辆出厂日期				车架号码	
车辆使用用途				初次登记日期	
载重量/座位/排量				累计行驶里程	
车身颜色		规定使用年限		已使用年限	

2. 被评估车辆的技术状况

被评估车辆的技术状况的鉴定主要指车身外观、车内装饰、发动机、底盘和电气系统等几个项目的鉴定，见表6-4。

表6-4 被评估车辆的技术状况的鉴定

序号	鉴定项目	内容及要求
1	车身外观	(1) 检查车身颜色是否一致，车身光泽度是否均匀
		(2) 检查表面漆有无褪色及锈蚀等情况
		(3) 检查车身有否被碰撞痕迹，腰线是否流畅
		(4) 检查配备的车灯是否齐全，安装是否牢固
		(5) 检查前后保险杠是否完整，安装是否牢固
		(6) 其他情况的检查
2	车内装饰	(1) 检查车内装饰装潢是否完好
		(2) 检查车内装饰颜色是否正常
		(3) 检查车内装饰是否清洁
		(4) 检查车内仪表是否完整和良好
		(5) 检查座椅表面是否良好，调节是否正常
3	发动机	(1) 检查发动机动力是否正常、急速是否稳定
		(2) 检查发动机连接胶管、传动带等是否老化
		(3) 检查发动机是否有异响
		(4) 检查发动机曲轴箱窜气量、尾气排放、机油状况
		(5) 检查发动机是否有漏油现象
4	底盘	(1) 检查离合器结合、断开是否正常，检查传动轴是否变形、有异响
		(2) 检查变速器是否有异响，操纵是否正常
		(3) 检查前后桥、悬架等是否有变形、裂纹等
		(4) 检查传动系统是否有漏油现象
		(5) 检查转向系统是否轻便，自动回正是否正常
		(6) 检查制动系统是否正常
5	电气系统	(1) 检查电源系统工作是否正常
		(2) 检查发动机点火系统工作是否正常
		(3) 检查空调系统工作是否正常
		(4) 检查音响系统工作是否正常

6.3.3 车辆拍照

车辆拍照是评估人员根据车牌号或评估登记号，使用数码照相机拍摄被评估车辆照片，并录入系统存档。拍照时要根据不同车型灵活选择拍摄距离、拍摄角度、光照方向等拍照要素。

1. 拍摄距离

拍摄距离是指拍摄立足点与被拍照二手车的远近，一般要求全车影像尽量充满整个像面。

2. 拍摄角度

拍摄角度是指拍摄立足点与被拍照二手车的方位关系。拍摄角度方位一般分为上下关系和左右关系。

1) 上下关系

拍摄角度的上下关系可分为俯拍、平拍和仰拍 3 种。俯拍是指在比被拍摄物高的位置向下拍摄；平拍是指拍摄点在物体的中间位置，镜头平置的拍摄，此种拍摄方法效果就是人两眼平视的效果；仰拍是指相机放置在较低部位，镜头由下向上仰置的拍摄，这种拍摄效果易发生变形。

2) 左右关系

拍摄角度的左右关系一般根据拍摄者确定的拍摄方位，分为正面拍摄和侧面拍摄两种。

正面拍摄是指面对被拍摄的物体或部位的正面进行拍摄；侧面拍摄是指在被拍摄物体的正侧面所进行的拍摄。

3. 光照方向

光照方向是指光线与相机拍摄方向的关系，一般分为正面光、侧面光和逆光 3 种。对二手车拍照应尽量采用正面光拍照，以使二手车的轮廓分明、牌照号码清晰、车身颜色真实。

4. 对二手车拍照的要求

(1) 车身要擦洗干净。

(2) 前风窗玻璃及仪表板上无杂物。

(3) 机动车号牌无遮挡。

(4) 关闭各车门。

(5) 转向盘摆正，前轮处于直线行驶状态。

5. 二手车常见拍摄位置

对二手车拍照一般要拍摄前面、侧面和后面 3 个方向的整体外形照，及发动机舱、驾驶室、行李箱等局部位置的照片。

(1) 整体外形照：采用平拍，其中，前面照（也称为标准照）是在与车左前侧呈 45°方向拍摄（图 6.2），侧面照是正侧面拍摄（图 6.3），后面照是在与车右后侧呈 45°方向拍摄（图 6.4）。

(2) 局部位置照：采用俯拍，如图 6.5 所示。

图 6.2 二手车的标准照

图 6.3 二手车的侧面照

图 6.4 二手车的后面照

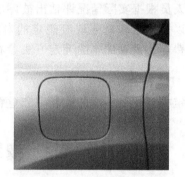
图 6.5 二手车的局部照

6.4 评定估算工作

评定估算工作就是对被评估车辆所收集的数据资料、技术鉴定资料进行整理,根据评估目的选择适用的估价标准和评估方法,本着客观、公正的原则对车辆进行评定估算,确定评估结果。

1. 选择价格估算的方法

第 5 章中介绍了重置成本法、现行市价法、收益现值法、清算价格法和成本折旧法 5 种估价方法,以及每种方法的特点和适用范围。鉴定方法很多,为鉴定评估人员提供了选择空间。如果鉴定评估人员能选择一种合适的鉴定评估方法,可以使评估过程快速而便捷,使二手车交易能公平、公正地进行,同时也可提高车辆鉴定评估的可信度,有利于车辆鉴定评估行业的发展。

鉴定评估人员在选择评估方法时,应注意以下几点。

(1) 必须严格依据二手车评估的计价标准。

(2) 必须充分收集被评估二手车辆的基本信息和技术数据,并以此为根据。

(3) 在几种方法都适用时,应考虑操作简单且易行的一种,这样可提高评估工作效率。

(4) 必须科学检查被评估车辆的技术状况,并以此为依据确定维修项目,计算评估价格。

2. 确定二手车成新率

二手车成新率的确定可根据鉴定评估目的和评估对象的实际情况，选择相应的计算公式。在这些计算成新率的方法中，由于综合分析法以使用年限法为基础，以调整系数形式调整二手车成新率，调整系数综合考虑了二手车的实际技术状况、维护保养情况、原车制造质量、二手车用途及使用条件等多种因素对二手车价值的影响，评估值准确度较高，因此是目前二手车鉴定评估业务中最常用的方法之一。综合成新率法也是以技术状况现场查勘为基础，因此，也是二手车鉴定评估业务中常用的方法。

3. 计算二手车重置成本

评估人员根据实际情况评估出被评估车辆的重置成本，包括被评估车辆的现行市场购置价格，以及国家和地方政府规定的对车辆加收的其他税费，如车辆购置税、车船使用税、上牌费等。重置成本的确定方法参看第5章讲解。

4. 计算评估值

在确定委托评估车辆的成新率和重置成本后，就可以计算出委托评估车辆的评估值。

6.5 撰写鉴定评估报告

6.5.1 二手车鉴定评估报告(书)的概念与作用

1. 二手车鉴定评估报告(书)的概念

二手车鉴定评估报告是指二手车鉴定评估机构按照评估工作制度的有关规定，在完成鉴定评估工作后向委托方和有关方面提交的说明二手车鉴定评估过程和结果的书面报告。它是按照一定格式和内容来反映评估目的、程序、依据、方法、结果等基本情况的报告书。

广义的鉴定评估报告还是一种工作制度。它规定评估机构在完成二手车鉴定评估工作之后必须按照一定的程序和要求，以书面形式向委托方报告鉴定评估过程和结果。

狭义的鉴定评估报告即鉴定评估结果报告书，既是二手车鉴定评估机构完成对二手车作价意见，提交给委托方的公正性的报告，又是二手车鉴定评估机构履行评估合同情况的总结，还是二手车鉴定评估机构为其所完成的鉴定评估结论承担相应法律责任的证明文件。

2. 二手车鉴定评估报告(书)的作用

二手车鉴定评估报告书不仅是一份评估工作的总结，而且是二手车价格的公正性文件以及交易双方认定二手车价格的参考依据。

二手车鉴定评估报告书对委托方来说，具有以下重要作用。

（1）作为产权交易变动的作价依据。二手车鉴定评估报告书是经具有机动车鉴定评估资格的机构根据被委托鉴定评估车辆的状况，由专业的二手车鉴定估价师，遵循评估的原则和标准，按照法定的程序，运用科学的方法对被委托评估的车辆价值进行评定和估算后，通过报告书的形式提出的作价意见。该作价意见不代表任何当事人一方的利益，是一种专家估价的意见，因而具有较强的公正性和科学性，可以作为二手车买卖交易谈判底价的参考依据，或作为投资比例出资价格的证明材料，特别是对涉及国有资产的二手车给出客观公正的作价，可以有效地防止国有资产的流失，确保国有资产价格的客观、公正、真实。

(2) 作为法庭辩论和裁决时确认财产价格的举证材料。

(3) 作为支付评估费用的依据。若委托方（客户）收到评估资料及报告后没有提出异议，也就是说评估的资料及结果符合委托书的条款，委托方应以此为前提和依据向受托方（评估机构）付费。

(4) 二手车鉴定评估报告书是反映和体现评估工作情况，明确委托方、受托方及有关方面责任的根据。二手车鉴定评估报告书采用文字的形式，对受托方进行二手车评估的目的、背景、产权、依据、程序、方法等过程和评定的结果进行说明和总结，体现了评估机构的工作成果；同时，也反映和体现了二手车鉴定评估机构与鉴定评估人员的权利和义务，并依此来明确委托方和受托方的法律责任。撰写评估结果报告书还行使了二手车鉴定评估人员在评估报告书上签字的权利。

二手车鉴定评估报告书对受委托的鉴定评估机构来说，具有以下重要作用。

(1) 二手车鉴定评估报告是评估机构评估成果的体现，是一种动态管理的信息资料，体现了评估机构的工作情况和工作质量。

(2) 二手车鉴定评估报告是建立评估档案，归集评估档案资料的重要信息来源。

6.5.2 撰写二手车鉴定评估报告书的基本要求

国家国有资产管理局以国资办发［1993］55号文发布了《关于资产评估报告书的规范意见》，对资产评估报告书的撰写提出了比较系统的规范要求，结合二手车鉴定评估的实际情况，主要要求如下。

(1) 鉴定评估报告必须依照客观、公正、实事求是的原则，由二手车鉴定评估机构独立撰写，如实反映二手车的鉴定评估的工作情况。

(2) 鉴定评估报告应有委托单位（或个人）的名称、二手车鉴定评估机构的名称和印章、二手车鉴定评估机构法人代表或其委托人和二手车鉴定估价师的签字以及提供报告的日期。

(3) 鉴定评估报告要写明评估基准日，并且不得随意更改。所有在评估中采用的税率、费率、利率和其他价格标准，均应采用基准日的标准。

(4) 鉴定评估报告中应写明评估的目的、范围、二手车的状态和产权归属。

(5) 鉴定评估报告应说明评估工作遵循的原则和依据的法律法规，简述鉴定评估过程，写明评估的方法。

(6) 鉴定评估报告应有明确的鉴定估算价值的结果，鉴定结果应有二手车的成新率、二手车原值、重置价值、评估价值等。

(7) 鉴定评估报告还应有齐全的附件。

6.5.3 二手车鉴定评估报告书的基本内容

二手车鉴定评估报告书没有统一的样式，但撰写二手车鉴定评估报告书时，一般包括以下内容。

1. 封面

二手车鉴定评估报告书的封面包含下列内容：二手车鉴定评估报告书名称、鉴定评估机构出具鉴定评估报告的编号、二手车鉴定评估机构全称和鉴定评估报告提交日期等。有服务商标的，评估机构可以在报告封面载明其图形标志。

2. 首部

鉴定评估报告正文的首部应包括以下两个方面。

1) 标题

标题应简练清晰，含有"××××（评估项目名称）鉴定评估报告书"字样，位置居中偏上。

2) 报告书序号

报告书序号应符合公文的要求，包括评估机构特征字、公文种类特征字（例如评报、评咨和评函，评估报告书正式报告应用"评报"，评估报告书预报告应用"评预报"）、年份、文件序号，例如××评报字（2012）第10号。

3. 绪言

写明该评估报告委托方全称、受委托评估事项及评估工作整体情况，一般应采用包含下列内容的表达格式。

"××××（鉴定评估机构）接受××××的委托，根据国家有关资产评估的规定，本着客观、独立、公正、科学的原则，按照公认的资产评估方法，对××××（车辆）进行了鉴定评估。本机构鉴定评估人员按照必要的程序，对委托鉴定评估车辆进行了实地查勘与市场调查，对其在××××年××月××日所表现的市场价值作出了公允反映。现将车辆评估情况及鉴定评估结果报告如下。

4. 委托方与车辆所有方简介

(1) 应写明委托方、委托方联系人的名称、联系电话及住址。

(2) 车主的名称。

5. 鉴定评估目的

应写明本次鉴定评估是为了满足委托方的何种需要，及其所对应的经济行为类型。其样式如下。

根据委托方的要求，本项目评估目的
√交易　□转籍　□拍卖　□置换　□抵押　□担保　□咨询　□司法裁决

6. 鉴定评估对象

简要写明纳入评估范围车辆的厂牌型号、号牌号码、发动机号、车辆识别代码/车架号、注册登记日期、年审检验合格有效日期、公路规费交至日期、车辆购置税证号码、车船使用税缴纳有效期。

7. 鉴定评估基准日

写明车辆鉴定评估基准日的具体日期，式样为：鉴定评估基准日是××××年××月

××日。

8. 评估原则

严格遵循"客观性、独立性、公正性、科学性"的原则。

9. 评估依据

评估依据一般包括行为依据、法律法规依据、产权依据和评定及取价依据等。对评估中所采用的特殊依据也应在本节内容中注明。

1）行为依据

行为依据主要是指二手车鉴定评估委托书、法院的委托书等经济行为文件，如"二手车鉴定评估委托书第 10 号"。

2）法律、法规依据

法律、法规依据应包括车辆鉴定评估的有关条款、文件及涉及车辆评估的有关法律、法规等。

3）产权依据

产权依据是指被评估车辆的机动车登记证书或其他能够证明车辆产权的文件等。

4）评定及取价依据

评定及取价依据应为鉴定评估机构收集的国家有关部门发布的统计资料和技术标准资料，以及评估机构收集的有关询价资料和参数资料等。举例如下。

(1) 技术标准资料：《最新资产评估常用数据与参数手册》。

(2) 技术参数资料：被评估二手车的技术参数表。

(3) 技术鉴定资料：车辆检测报告单。

(4) 其他资料：现场工作底稿、市场询价资料等。

10. 评估方法及计算过程

简要说明评估人员在评估过程中所选择并使用的评估方法；简要说明选择评估方法的依据或原因；如果评估时采用一种以上的评估方法，应适当说明原因并说明该资产评估价值的确定方法；对于所选择的特殊评估方法，应适当介绍其原理与适用范围；各种评估方法计算的主要步骤等。

11. 评估过程

评估过程应反映二手车鉴定评估机构自接受评估委托起至提交评估报告的工作全过程，包括接受委托、验证、现场查勘、市场调查与询证、评定估算和提交报告等过程。

12. 评估结论

给出被评估车辆的评估价格，金额（小写、大写）。

13. 特别事项说明

评估报告中陈述的特别事项是指在已确定评估结果的前提下，评估人员揭示在评估过程中已发现可能影响评估结论，但非评估人员执业水平和能力所能评定估算的有关事项；提示评估报告使用者应注意特别事项对评估结论的影响；揭示鉴定评估人员认为需要说明的其他问题。

14. 评估报告的法律效力

揭示评估报告的有效日期；特别提示评估基准日后事项对评估结论的影响以及评估报告的使用范围等。常见写法如下。

(1) 本项评估结论有效期为90天，自评估基准日至_____年_____月_____日止。

(2) 当评估目的在有效期内实现时，本评估结果可以作为作价参考依据；超过90天需重新评估。另外在评估有效期内若被评估车辆的市场价格或因交通事故等原因导致车辆的价值发生变化，对车辆评估结果产生明显影响时，委托方也需委托评估机构重新评估。

(3) 鉴定评估报告书的使用权归委托方所有，其评估结论仅供委托方为本项目评估目的使用和送交二手车鉴定评估主管机关审查使用，不适用于其他目的；因使用本报告书不当而产生的任何后果与签署本报告书的鉴定估价师无关；未经委托方许可，本鉴定评估机构承诺不将本报告书的内容向他人提供或公开。

15. 鉴定评估报告提出日期

写明评估报告提交委托方的具体时间。评估报告原则上应在确定的评估基准日后1周内提出。

16. 附件

附件应包括二手车鉴定评估委托书，二手车鉴定评估作业表，车辆行驶证、车辆购置税、车辆登记证书复印件，二手车鉴定评估师资格证书影印件，鉴定评估机构营业执照影印件，鉴定评估机构资质影印件和二手车照片等。

17. 尾部

尾部应写明出具评估报告的评估机构名称，并盖章；写明评估机构的法定代表人姓名并签名；注册二手车鉴定评估师签名并盖章；高级注册二手车鉴定评估师审核签章以及报告日期。

二手车评估报告书的示范文本如下，仅供参考。

二手车鉴定评估报告书
（示范文本）

一、绪言

××（鉴定评估机构）接受××××的委托，根据国家有关资产评估的规定，本着客观、独立、公正、科学的原则，按照公认的资产评估方法，对××××（车辆）进行了鉴定评估。本机构鉴定评估人员按照必要的程序，对委托鉴定评估车辆进行了实地查勘与市场调查，并对其在××××年××月××日所表现的市场价值作出了公允反映。现将车辆评估情况及鉴定评估结果报告如下：

二、委托方与车辆所有方简介

（一）委托方：×××，委托方联系人：×××，联系电话：××××××。

（二）根据机动车行驶证所示，委托车辆车主：×××。

三、评估目的

根据委托方的要求，本项目评估目的

□交易　□转籍　□拍卖　□置换　□抵押　□担保　□咨询　□司法裁决

　　四、评估对象

　　评估车辆的厂牌型号(　　)；号牌号码(　　　)；发动机号(　　　)；车辆识别代码/车架号(　　　)；登记日期(　　　)；年审检验合格至　　年　月；公路规费交至　　年　月；购置附加税(费)证(　　　)；车船使用税(　　　)。

　　五、鉴定评估基准日

　　鉴定评估基准日　　年　月　日。

　　六、评估原则

　　严格遵循客观性、独立性、公正性、科学性原则。

　　七、评估依据

　　(一)行为依据

　　二手车评估委托书第　　号。

　　(二)法律、法规依据

　　1.《国有资产管理办法》

　　2.《国有资产管理办法实施细则》

　　3.《二手车流通管理办法》

　　4.《二手车流通管理办法实施细则》

　　5.《汽车报废标准》

　　6.其他相关的法律、法规等。

　　(三)产权依据

　　委托鉴定评估车辆的机动车登记证书编号：

　　(四)评定及取价依据

　　技术标准资料：

　　技术参数资料：

　　技术鉴定资料：

　　其他资料：

　　八、评估方法

□重置成本法　□现行市价法　□收益现值法　□清算价格法　□成本折旧法　□其他[1]

　　计算过程如下：

　　九、评估过程

　　按照接受委托、验证、现场查勘、评定估算、提交报告的程序进行。

　　十、评估结论

　　车辆评估价格　　　元，金额大写

　　十一、特别事项说明[2]

　　十二、评估报告法律效力

　　(一)本项评估结论有效期为 90 天，自评估基准日至　　年　月　日止；

　　(二)当评估目的在有效期内实现时，本评估结果可以作为作价参考依据。超过 90 天，需重新评估。另外在评估有效期内若被评估车辆的市场价格或因交通事故等原因导致车辆的价值发生变化，对车辆评估结果产生明显影响时，委托方也需重新委托评估机构重

新评估;

（三）鉴定评估报告书的使用权归委托方所有，其评估结论仅供委托方为本项目评估目的使用和送交二手车鉴定评估主管机关审查使用，不适用于其他目的；因使用本报告书不当而产生的任何后果与签署本报告书的鉴定估价师无关；未经委托方许可，本鉴定评估机构承诺不将本报告书的内容向他人提供或公开。

附件：
一、二手车鉴定评估委托书
二、二手车鉴定评估作业表
三、车辆行驶证、购置附加税（费）证复印件
四、鉴定估价师职业资格证书复印件
五、鉴定评估机构营业执照复印件
六、二手车照片（要求外观清晰，车辆牌照能够辨认）

注册二手车鉴定评估师（签字、盖章）：　　　　　　复核人[①]（签字、盖章）：
（二手车鉴定评估机构盖章）
年　月　日

① 复核人须具有高级鉴定评估师资格
备注：本报告书和作业表一式三份，委托方两份，受托方一份。
[1] 指利用两种或两种以上的评估方法对车辆进行鉴定评估，并以它们评估结果的加权值为最终评估结果的方法。
[2] 特别事项是指在已确定评估结果的前提下，评估人员为需要说明在评估过程中已发现可能影响评估结论，但非评估人员执业水平和能力所能评定估算的有关事项以及其他问题。

6.5.4　编制二手车鉴定评估报告书的步骤及注意事项

1. 编制二手车鉴定评估报告书的步骤

编制二手车鉴定评估报告书是完成评估工作的最后一道工序，也是评估工作中的一个很重要的环节。评估人员通过评估报告不仅要真实准确地反映评估工作情况，而且表明评估者在今后一段时期里对评估的结果和有关的全部附件资料承担相应的法律责任。二手车鉴定评估报告是记述鉴定评估成果的文件，是鉴定评估机构向委托方和二手车鉴定评估管理部门提交的主要成果。鉴定评估报告的质量高低，不仅反映鉴定评估人员的水平，而且直接关系到有关各方的利益。这就要求评估人员编制的报告要思路清晰、文字简练准确、格式规范、有关的取证与调查材料和数据真实可靠。为了达到这些要求，评估人员应按下列步骤进行评估报告的编制。

1）评估资料的分类整理

被评估二手车的有关背景资料、技术鉴定情况资料及其他可供参考的数据记录等评估资料是编制二手车鉴定评估报告的基础。一个较复杂的评估项目是由两个或两个以上评估人员合作完成的，他们将评估资料进行分类整理，包括评估鉴定作业表的审核、评估依据的说明和最后形成评估的文字材料。

2) 鉴定评估资料的分析讨论

在整理资料工作完成后，应召集参与评估工作过程的有关人员，对评估的情况和初步结论进行分析讨论。如果发现其中有提法不妥、计算错误、作价不合理等方面的问题，要求进行必要的调整。若采用两种不同方法评估并得出两个不同结论的，需要在充分讨论的基础上得出一个正确的结论。

3) 鉴定评估报告书的撰写

评估报告的负责人应根据评估资料讨论后的修正意见，进行资料的汇总编排和评估报告书的撰写工作；然后将二手车鉴定评估的基本情况和评估报告书初稿得到的初步结论与委托方交换意见，听取委托方的反馈意见后，在坚持客观、公正、科学、可行的前提下，认真分析委托方提出的问题和意见，考虑是否应该修改评估报告书，对报告书中存在的疏忽、遗漏和错误之处进行修正，待修正完毕即可撰写出正式的二手车鉴定评估报告书。

4) 评估报告的审核

评估报告先由项目负责人审核，再报评估机构经理审核签发，同时要由二手车鉴定评估人员签字并加盖评估机构公章。送达客户签收，必须要求客户在收到评估书后，按送达回证上的要求认真填写并要求收件人签字确认。

2. 编制二手车鉴定评估报告书时应注意的事项

（1）实事求是，切忌出具虚假报告。报告书必须建立在真实、客观的基础上，不能脱离实际情况，更不能无中生有。报告拟定人应是参与鉴定评估并全面了解被评估车辆的主要鉴定评估人员。

（2）坚持一致性做法，切忌出现表里不一。报告书文字、内容要前后一致，正文、评估说明、作业表、鉴定工作底稿、格式甚至数据要相互一致，不能出现相互矛盾的不一致情况。

（3）提交报告书要及时、齐全和保密。在正式完成二手车鉴定评估报告工作后，应按业务约定书的约定时间及时将报告书送交委托方。送交报告书时，报告书及有关文件要送交齐全。

××公司鉴定评估资料公开制度

1. 本制度所称的鉴定评估资料是指委托鉴定评估车辆的价格形成资料，包括车辆登记信息资料、车辆技术状况资料、鉴定评估方法及评估计算资料。

2. 公开原则：车辆鉴定评估为车辆交易服务，为保证交易公平，交易各方对车辆状况信息必须对称，委托鉴定评估车辆的价格形成资料应对交易各方公开。

3. 公开范围：鉴定评估报告的使用人及拟参与交易的购买人。

4. 公开内容如下。

① 车辆基本信息资料：车辆登记证上记载的车辆信息资料、车辆规费交纳情况资料、营运车辆经营许可资料、特种车辆运输许可证等资料。

② 车辆技术状况资料：委估车辆现时技术状况，是否有过交通事故、事故损坏程度及修复情况，车辆的使用维护情况资料。

③ 鉴定评估方法及评估计算资料：鉴定评估方法、取价依据、计算过程。

5. 公开方式如下。

① 以机动车鉴定评估作业表的方式，作为鉴定评估报告的附件随鉴定评估报告一起，直接向报告使用人公开。

② 在满足公开条件并履行本公司公开程序后向拟参与交易的购买人公开。

6. 公开程序如下。

① 车辆交易信息由委托方在媒体上公开，交易对象不特定的，拟参与交易的购买人凭媒体上公开的交易信息资料，向本公司申请查询。

② 车辆交易信息未公开的，拟参与交易的购买人凭委托方的许可证明，向本公司申请查询。

③ 查询申请可直接向该车鉴定评估项目负责人提出，该车鉴定评估项目负责人可自行或指定该项目的执业人员向查询人公开该车的鉴定评估资料，并对查询人提出的与该车鉴定评估有关的问题作出说明、解释。

④ 查阅资料在本公司人员在场的情况下进行，鉴定评估资料不得外借，不得涂改损坏。

收购与评估技巧

在现实的二手车收购业务中，除了参考当前新车的售价以外，有时也要考虑二手车的原始价格，以平衡买卖双方的利益。

例如，某车是在半年前购买的，使用较少，行驶里程很短。当时发票上注明的价格是 11.48 万元，而该车当时的厂家指导价为 11.98 万元，由此可见是优惠了 0.5 万元后购买的。而现在，厂家和 4S 店加大了对该车型的优惠幅度，达到 1.5 万元，目前提车时，发票上所注价格为 10.48 万元。那么，根据重置成本法中有关重置成本方面的要求，需要按 10.48 万元作为重置成本评估标准。假使按第一年折旧率 15%～20% 来计算，该车的收购行情价在 8.38 万～8.91 万元之间。那么就与该车主的原购买价有近 3 万元的差距。试想一下，11 万多元购买的新车，购车仅半年，且车况良好，卖车时损失近 3 万元，车主显然是无法接受的。

在二手车交易具体环节中，买卖双方都会追求自身利益的最大化，只有交易双方达成一致，在认可价格的基础上，才能达成交易。对于上述这辆车，如果二手车经营者想达成交易，就要保证车主的损失不应过大，至少应该在其可以接受的范围之内。所以，比较现实的做法就是再依据购车发票上的原始价格，即 11.48 万元来进行价值评估，评估价范围在 9.18 万～9.76 万元之间。当然，如果收购价格达到 9.76 万元，与当前新车优惠后的购买价，即 10.48 万元过于接近，对二手车经营者来说，必然造成经营风险，所以现实中是采取"折中"的办法，选择两次评估价值的重叠区域最好，双方心理上都能接受。没有重叠区域时，一般会选择两次评估价值的接近限值，如 8.91 万～9.18 万元。因为选择 9 万左右这样的收购价，二手车商家再转手时，例如增加 0.5～1 万元的利润，销售价也不会超过 10 万元，这让消费者在心理上也可以接受。但如果转手价超过 10 万元，就与新车售价（即 10.48 万元）非常接近，消费者是很难接受的。

从上面的例子可见原购车发票价格的重要性。所以在二手车评估环节中，不应过分依赖评估方法和各种公式,应权衡利弊,斟酌损益。二手车经营的最终目的是顺利地达成交易,实现经济利益。但需要注意的是,对于一些使用年限短,通常为使用一年以内而且行驶里程短的车辆适用于上述办法。对于使用时间超过一年的车辆,采用重置成本法较为有效。

6.6 业务案例分析

案例【一】

××××资产评估事务所

××××有限责任公司拟转让车辆

资产评估报告书

××评报字[2010]第××号

××××资产评估事务所接受××××有限责任公司的委托。

1. 委托方及资产占有方简介

××××有限责任公司于××××年××月××日成立,住所为××市区××路××号,法定代表人为×××,注册资本为人民币×××万元,公司类型为有限责任公司(法人独资)。

2. 评估目的

本次评估的目的是为××××有限责任公司拟转让的车辆提供价值参考依据。

3. 评估范围和对象

根据本次评估的经济行为和评估目的,评估对象为固定资产——车辆1台。

具体评估对象和评估范围详见资产占有单位填写的评估明细表。

4. 价值类型和定义

根据经济行为,本次评估的价值类型为市场价值,即指自愿买方和自愿卖方在各自理性且未受任何强迫的情况下,评估对象在评估基准日进行正常公平交易的价值估计数额。

5. 评估基准日

本项目评估基准日是2010年05月20日。

本次评估中的一切取价标准均为评估基准日的有效价格标准。

评估基准日是根据本次目的的要求,由委托方、资产占有方确定的。

6. 评估原则

(1) 遵循独立性原则、客观性原则、科学性原则等工作原则。

(2) 遵循贡献原则、替代原则、预期原则等经济原则。

7. 评估依据

1) 行为依据

(1) ××××有限责任公司字[2010]1号《关于转让××××捷达车的请示的批

复》。
　　（2）资产评估业务委托协议书。
　2）法律法规根据
　　（1）中华人民共和国国务院［1991］第91号令《国有资产评估管理方法》。
　　（2）中华人民共和国财政部令第14号《国有资产评估管理若干问题的规定》。
　　（3）原国家国有资产管理局国资办发［1992］36号《国有资产评估管理办法实行细则》。
　　（4）中国资产评估协会［1996］23号《资产评估操作规范意见（试行）》。
　　（5）《资产评估准则-评估报告》等资产评估准则。
　　（6）《注册资产评估师关注评估对象法律权属指导意见》。
　　（7）其他资产评估有关的法律法规等。
　3）产权依据
　　（1）车辆行驶证。
　　（2）资产占有方账簿记录及提供的其他资料。
　4）取价依据及参考资料
　　（1）易车网。
　　（2）委托方及资产占有方提供的有关资料。
　　（3）评估机构和评估人员掌握的二手车的有关资料。
　8. 评估方法
　　本次评估车辆经专业技术人员现场勘查、技术鉴定，主要采用"重置成本法"进行评估。
　1）评估值的确定

$$评估值＝重置成本×成新率$$
$$重置成本＝车辆购置费$$

　　本次评估车辆购置费的确定是以市场询价及网上询价等为依据进行的，包括车辆购置价格、车辆购置税、车辆购置其他费用。
　2）成新率的确定
　　评估值按以下3种方法确定成新率。
　　（1）使用年限法。根据车辆已使用年限、现场勘查评定尚可使用年限，按下式计算成新率

$$成新率＝尚可使用年限／（已使用年限＋尚可使用年限）×100\%$$

　　（2）观察法。根据现场勘查的车辆技术状况、外观及出厂质量、出厂时间、运行负荷、维护、保养、检修、故障、工作环境等综合分析鉴定，确定成新率。
　　（3）综合成新率的确定。对于既采用年限法又采用观察法分别确定成新率的被评估车辆，其最终成新率按下式确定

$$综合成新率＝年限成新率×40\%＋鉴定成新率×60\%$$

　　本次评估采用综合成新率。
　9. 评估过程
　　略
　10. 评估结论

在实施了上述资产评估程序和方法后，××××有限责任公司××××捷达车的评估值为 51 573 元（金额大写为伍万壹仟伍佰柒拾叁元整），评估结论的详细情况请见评估明细表。

11. 特别事项注意

（1）本次评估结果是反映评估对象在本次评估目的下，根据公开市场原则确定的现行公允市场价值，但未考虑以下因素。

① 将来可能承担的抵押、质押、担保等事宜的影响。

② 特殊的交易方或交易方式可能追加的付出价格等对评估价值的影响。

③ 国家宏观经济政策发生变化以及遇到其他不可抗力对资源价格的影响。

当前述评估目的、评估条件以及评估中遵循的持续经营原则等其他情况发生变化时，评估报告结果一般会失效。

（2）本项评估是在独立、公正、客观、科学的原则下由本评估机构作出的，本评估机构及参加本次评估的工作人员和技术人员与委托方及资产占有方或其他当事人无任何利害关系，评估工作是在有关法律监督下完成的，评估人员在评估过程中恪守职业道德和规范，并作出了充分的努力。

（3）本报告是委托方、资产占有方提供的委估资产产权及历史价值等文件数据资料的基础上作出的。资产占有方对所提供的会计记录、会计凭证、会计报表以及其他资料的数据的真实性、可靠性、合法性和完整性负责，若委托方、资产占有方有意隐瞒或提供虚假的资料误导评估工作致使评估结果失真，资产占有方应承担由此产生的一切法律后果，本评估机构不负连带责任。本评估机构及注册资产评估师不对评估对象的法律权属提供保证。

（4）保护资产安全、完整是委托方及资产占有方的责任，因资产流失而导致评估结论出现偏差，本评估机构及评估人员不承担相关责任。

（5）本评估报告仅对委托方、资产占有方提供的评估范围进行评估，对超出这一评估范围的部分不承担任何疏忽和遗漏方面的责任。

（6）评估结论不应当被认为是对评估对象可实现价格的保证。

（7）如委托方、资产占有方知晓存在可能影响资产评估值的瑕疵事项，但在评估中未作特殊说明而评估人员根据专业经验一般不能获悉而造成评估结果出现偏差，评估机构及评估人员不承担相关责任。

（8）评估报告的使用者仅包括委托方和业务委托协议书中明确的其他评估报告使用者及国家法律法规明确的其他评估报告使用者。

（9）本报告含有若干附件，附件是构成本报告的重要组成部分，与本报告正文具有同等法律效力。

（10）评估报告使用者应注意以上特别事项对评估结论的影响。

12. 评估报告评估基准日后重大事项

期后事项是评估基准日至评估报告提出日期之间发生的重大事项。

若在评估基准日后，评估报告书有效期内资产数量发生变化，应根据原评估方法对资产额进行相应调整，若资产价格标准发生变化，对资产评估价值产生明显影响的，资产占有方应及时聘请评估机构重新确定评估价值。

截至评估报告日，资产占有方未提供应披露的期后重大事项。

13. 评估报告法律效率

（1）根据现行有关规定，本次评估结论的有效期为一年即自 2010 年 05 月 20 日起，到 2011 年 05 月 19 日止。当评估目的在评估基准日起一年内实现时，可以以评估结论作为底价或依据，还需结合基准日后的期后事项调整。超过一年，需要重新评估。

（2）根据现行有关规定，本次评估报告如需核准（或备案），企业应按现行规定程序申报核准（或备案）并待政府主管部门批准后，方可按批准文件的要求使用评估结论。

（3）提供必要材料并保证所提供材料的真实性、合法性、完整性，恰当使用评估报告是委托方和相关当事方的责任，并且评估结论不应该被认为是对评估对象可实现价值的保证。另外，评估报告使用者应合理理解并恰当使用评估报告，本评估机构不承担相关当事人决策的责任。因此本评估报告只能用于载明的评估目的，不得用于其他任何目的，因使用不当造成的后果与签字资产评估师及评估机构无关。报告未经资产占有方许可，本评估机构承诺不向他人提供或公开。

14. 附件

附件一　二手车鉴定评估委托书（略）
附件二　二手车鉴定评估作业表
附件三　车辆行驶证、购置附件税（费）证复印件（略）
附件四　注册资产评估师职业资格证书复印件（略）
附件五　鉴定评估机构营业执照复印件（略）
附件六　二手车照片（要求外观清晰，车辆牌照能够辨认）（略）

15. 评估报告日

本评估报告签发日为 2010 年 05 月 20 日。（本页无正文）

法定代表人：×××
注册资产评估师：×××　　　　　　　　注册资产评估师：×××
××××资产评估事务所　　　　　　　　2010 年 05 月 20 日

附件二　　　　　　　　　二手车鉴定评估作业表

车主		×××公司	联系电话		×××××
住址		×××			
鉴定评估目的：√交易　转籍　拍卖　置换　抵押　担保　咨询　司法裁决					
原始情况	品牌型号	一汽大众捷达伙伴	号牌号码		××××
	车辆识别代码/车架号	×××			
	发动机号	×××	车身颜色		白
	总质量/核定载质量/总牵引总质量	1 850kg	核定载客/排量功率/燃料种类		5人/1.6/汽油
	注册登记日	2008年5月	已使用年限	24个月	规定年限	180个月
	累计行驶里程	4万km	车辆种类	小型客车	现实状态	在用

(续)

检查核对交易证件	证件	√原始发票　　√机动车登记证　　√机动车行驶证 √法人代码证或身份证　　其他		
	税费	√购置附加税　　√车船行驶税　　其他		
车况说明	此车为在用车辆，年检正常，技术状况、维修保养、工作条件等良好；随车工具齐全，车身一处划痕；左前保险杠部有明显碰撞修复痕迹；其他良好			
调整系数 (取值)0.76	技术状况：　√好 0.8　　　一般 0.7　　　差 0.6　　　※权重 30% 维修保养：　√好 0.8　　　一般 0.7　　　差 0.6　　　※权重 25% 制造质量：　进 0.8　　　√国产名牌 0.7　　国产非名牌 0.6　※权重 20% 工作性质：　私用 0.8　　　√公务用车 0.7　　营运 0.6　　　※权重 15% 工作条件：　√好 0.8　　　一般 0.7　　　差 0.6　　　※权重 10%			
价值反映	账面价值(元)		车主报价(元)	
	重置成本(元)	78 000　　成新率　　87%	评估价格(元)	51 573
鉴定评估说明：采用重置成本法计算评估值，采用综合分析法确定成新率 重置成本＝同种车型现行新车市价＋车辆购置税＋上牌费用 评估值＝重置成本×成新率×调整系数＝7.8万元×87%×76%＝51 573元(取整)				

实例【二】 关于奥迪 A6 2.8 轿车的评估的报告

×××× 鉴定评估机构报字(2005)第 ×× 号

案例提示：二手车评估中经常会遇到发生重大交通事故的车辆，要求评估人员能够鉴别事故的大小及其对车辆的技术状况和价值的影响，经常采用的方法是说明事故的大小，在正常重置成本法——市场比较法的基础上，确定折损率并加以评估。本次采用重置成本法(综合调整系数)及确定折损率评估。

1. 绪言

××(鉴定评估机构)接受××××的委托，根据国家有关资产评估的规定，本着客观、独立、公正、科学的原则、按照公认的资产评估方法，对奥迪车辆进行了解评估。本机构鉴定评估人员按照必要的程序，对委托鉴定评估的车辆进行了实地查勘与市场调查，并对在 2005 年 8 月 31 日所表现的市场价值作出了公允反映。现将车辆评估情况及鉴定评估结果报告如下。

2. 委托方与车辆所有权简介

委托方××××，委托方联系人×××，联系电话××××××××××××。
根据机动车行驶证所示，委托车辆车主×××。

3. 评估目的

根据委托方的要求，本项目评估目的是为调解买卖奥迪车过程中的价格纠纷，提供价格依据。

4. 评估对象

评估车辆的厂牌号(奥迪 Audi A6 2.8)；车牌号(××-×××)；发动机号(×××××××)；车辆识别代码/车架号(××××××××××××)；初次登记日期(2003 年 8 月)；年审检

验合格至 2005 年 8 月；养路费交至 2005 年 12 月；购置附加税（费）证（齐全）；车辆使用税（已交）。

5. 鉴定评估基准日

鉴定评估基准日：2005 年 8 月 31 日。

6. 评估原则

严格遵循客观性、独立性、公正性、科学性原则。

7. 评估依据

1) 行为依据

《机动车鉴定评估委托书》（×××）号。

2) 法律、法规依据

(1)《国有资产评估管理方法》（国务院令第 91 号）。

(2) 原国家国有资产管理局《关于印发〈国有资产评管理办法施行细则〉的通知》（国资办发 [1992] 36 号）。

(3) 原国家国有资产管理局《关于转发〈资产评估操作规范意见（试行）〉的通知》（国资办发 [1996] 32 号）。

(4) 国家经贸委等部门《汽车报废标准》（国资办发 [1997] 456 号）、《关于调整汽车报废标准若干规定的通知》（国资办发 2000] 1202 号）。

(5) 其他相关的法律、法规等。

3) 产权依据

委托鉴定评估车辆的机动车登记书编号：×××××。

4) 评定及取价依据

技术标准资料：《机动车运行安全技术条件》（GB 7258—2004）。

技术参数资料：一汽-大众奥迪 A6 系列车型性能、装备一览表。

技术鉴定资料：①评估鉴定人员现场勘查记录表；②某修理厂提供的事故定损修理清单；③某保险公司提供的事故理赔清单。

8. 评估方法

本次评估采用重置成本、等速折旧、综合调整系数、变现系数法，并考虑了交通事故所造成的车辆损失对车辆市场价格的影响。

鉴定评估鉴定和计算过程如下。

1) 技术状况鉴定

鉴定评估人员接受委托后，对评估的奥迪 A6 2.8 现场勘查，并进行试驾，经鉴定发现了以下问题：前减振器支架左右相差 3cm，严重超出国家标准；在举升架上勘查车辆底部，发现车身有明显的碰撞后的焊痕，关门时也发现声音异响，判断有重大交通事故发生；路试过程中，车速达到 100km/h 时，车身感觉摇晃，与其他奥迪车相比，明显缺少安全舒适感。

为客观公正地评估该车，鉴定评估人员经市场调查，调阅了该车的各项维修记录，发现该车曾有两次重大事故。一次追尾，造成的损失约 11 万元；另一次被追尾，造成的损失约 8 万元。修理部门和保险公司提供了相关的清单。清单显示：两次碰撞，造成的修理费用：换壳 3 578 元、车门骨架焊接总成 2 504 元、安全气囊传感器 7 400 元、防盗传感器 726 元……修理项目达 200 多项，总计损失 19 万元（详见修理定损清单）。

2) 评估计算过程

本次评估采用重置成本法，2003年8月奥迪A6 2.8技术领先型市场售价为523 200元。其基本配置有变速器形式：无级/手动一体；发动机型式：2.8L/V型6缸/5气门电控多点燃油喷射/双顶置凸轮轴/可变相位/可变长进气歧管；整车装备：带记忆电动外后视镜、动力转向助力调节系统。在2005年8月评估基准日，该车型已不再生产，被新车型所替代。但仍然有库存车辆销售，其售价为445 000元。

(1) 确定重置成本。
$$B = 445\,000 + \frac{445\,000}{117} \times 10\% = 483\,034 \text{(元)}$$

(2) 确定成新率。

规定使用年限 $Y=15$ 年，已使用年限 $G=2$ 年1个月，采用年分数求和法计算成新率

$$C = \left(1 - \frac{25}{180}\right) \times 100\% = 86.1\%$$

(3) 计算综合调整系数。

车况一般，技术状况调整系数取 $K_1 = 0.8$。

维护保养一般，车辆使用与维护状态系数 $K_2 = 0.9$。

奥迪车为合资名牌车，考虑地域因素，品牌调整系数 $K_3 = 0.9$。

工作性质为公务工作消费，车辆工作性质系数取 $K_4 = 0.8$。

该车主要在市内使用，车辆工作条件系数取 $K_5 = 0.9$。

则综合调整系数为：

$$\begin{aligned} K &= K_1 \times 30\% + K_2 \times 25\% + K_3 \times 20\% + K_4 \times 15\% + K_5 \times 10\% \\ &= 0.8 \times 30\% + 0.9 \times 25\% + 0.9 \times 20\% + 0.8 \times 15\% + 0.9 \times 10\% \\ &= 0.855 \end{aligned}$$

(4) 确定二手车的变现系数。

该车已经用了25个月，根据变现系数表，取变现系数 Φ 为0.90。

(5) 确定事故折损率。

由于事故修复后，对车辆的技术状况有影响，因此需要事故折损率。根据评估人员的经验确定，该车事故折损率为26%。

(6) 确定评估值。

$$\begin{aligned} \text{评估值} &= \text{重置成本} \times \text{成新率} \times \text{综合调整系数} \times \text{变现系数} \times (1-\text{折损率}) \\ &= 483\,034 \times 86.1\% \times 0.855 \times 0.90 \times (1-26\%) \\ &\approx 237\,000 \text{(元)} \end{aligned}$$

9. 评估结论

车辆评估价格：人民币23.7万元，金额大写：贰拾叁万柒仟元整。

10. 特别事项说明

(1) 评估机构或评估人员对评估标的没有现实或潜在的利益。

(2) 因事故造成的修理费用的定损清单，评估机构与买卖双方均已沟通，并获得双方认可。

11. 评估报告法律生效

(1) 本项评估结论有效期为90天，自评估基准日至2005年11月30日止。

(2)当评估目的在有效期内,若被评估车辆的市场价格或以事故等原因导致车辆的价格变化,对车辆评估结果明显影响时,委托方也需重新委托评估机构进行评估。

评估报告的使用权归委托方所有,其评估委托方为本项评估目的的使用和送交二手车评估主管机关审查使用,不适用于其他目的;因使用本报告不当而产生的任何后果与签署报告的鉴定评估师无关;不经委托方许可,本鉴定评估机构承诺不将报告的内容向其他人提供或公开。

附件:
(1)二手车评估委托书(略)。
(2)二手车评估作业表(略)。
(3)车辆行驶证、购置附加税(费)证复印件(略)。
(4)鉴定评估师职业资格证书复印件(略)。
(5)鉴定评估机构营业执照复印件(略)。
(6)二手车照片(要求外观清晰,车牌照能够辨认)(略)。

二手车鉴定评估师　　　　　　　　　　　　　　　　　复核人
(签字、盖章)×××　　　　　　　　　　　　　　　(签字、盖章)×××
　　　　　　　　　　　　　　　　　　　　　　(二手车鉴定评估机构盖章)
　　　　　　　　　　　　　　　　　　　　　　2005年8月31日

案例【三】 关于别克SGM7250G轿车的评估报告

××××鉴定评估机构报字(2005)第××号

案例提示:二手车评估中经常会选用市场法和成本法评估同一辆车,其结论往往不一致,有时相差较大,这就要求我们根据市场经验取不同权数修正评估结果。

1. 绪言

××××××(鉴定评估机构)接受××××的委托,根据国家有关资产评估的规定,本着客观、独立、公正、科学的原则,按照公认的资产评估方法,对别克车辆进行了解评估。本机构鉴定评估人员按照必要的程序,对委托鉴定评估的车辆进行了实地查勘与市场调查,并对在2005年6月30日所表现的市场价值作出了公允反映。现将车辆评估情况及鉴定评估结果报告如下。

2. 委托方与车辆所有方简介

委托方××××,委托方联系人×××,联系电话××××××××××。
根据机动车行驶证所示,委托车辆车主×××。

3. 评估目的

根据委托方的要求,本项目评估目的是为调解买卖别克车过程中的价格纠纷,提供价格依据。

4. 评估对象

评估车辆的厂牌号(别克SGM7250G);车牌号(××-×××);发动机号(×××××××);车辆识别代码/车架号(××××××××××××);初次登记日期(2002年6月);年审检验合格至2005年6月;养路费交至2005年12月;购置附加税(费)证(齐全);车辆使用

税(已交)。

5. 鉴定评估基准日

鉴定评估基准日：2005 年 6 月 30 日。

6. 评估原则

严格遵循客观性、独立性、公正性、科学性原则。

7. 评估依据

1) 行为依据

机动车鉴定评估委托书(×××)号。

2) 法律、法规依据

(1)《国有资产评估管理方法》(国务院令第 91 号)。

(2) 原国家国有资产管理局《关于印发〈国有资产评管理办法施行细则〉的通知》(国资办发〔1992〕36 号)。

(3) 原国家国有资产管理局《关于转发〈资产评估操作规范意见(试行)〉的通知》(国资办发〔1996〕32 号)。

(4) 国家经贸委等部门《汽车报废标准》(国资办发〔1997〕456 号)、《关于调整汽车报废标准若干规定的通知》(国资办发〔2000〕1202 号)。

(5) 其他相关的法律、法规等。

3) 产权依据

委托鉴定评估车辆的机动车登记书编号：××××××××。

4) 评定及取价依据

技术标准资料：《机动车运行安全技术条件》(GB 7258—2004)。

技术参数资料：上海通用别克轿车系列车型性能、装备一览表；随车说明书。

技术鉴定资料：①评估鉴定人员现场勘查记录表；②评估鉴定人员市场调查资料。

8. 评估方法

本次评估采用重置成本、等速折旧、综合调整系数、变现系数法，变现系数法和市场比较法加权平均来确定市场价格。

鉴定评估和计算过程如下。

1) 运用重置成本法计算

(1) 确定重置成本。

$$重置成本 = 新车购价 + 上牌税费$$

新车购价经市场调查 2005 年 5 月，别克老款 SGM7250G 已经不再生产，现生产的别克君威 2.5G 市场售价 20.98 万元。其配置差异见表 6-5。

表 6-5 配置差异

车型		车型配置	安全配置
别克老款	SGM7250G	非真皮转向盘、木纹内饰 CD 唱机、自动挡、灰色布饰座椅	前排双安全气囊、前座高度可调解安全带、ABS 4 轮防抱死制动系统、OBD 车载电脑诊断系统、高位制动灯和转位指示灯、地门前后门侧面防撞杆、全金属封闭承载式车身

(续)

车型	车型配置	安全配置
别克君威 2.5G	SGM7250G	标准配置、CD播放系统、钛晶石英钟、木纹内饰、电子控制空调系统、米色布饰座椅	前排双安全气囊、前座高度可调解安全带、ABS 4轮防抱死制动系统、OBD车载电脑诊断系统、高位制动灯和转位指示灯、地门前后门侧面防撞杆、全金属封闭承载式车身

从表6-5可以看出，两款别克轿车安全配置基本相同，均无天窗。别克君威2.5车型配置较为新潮，两款车一次性功能贬值相差约12 000元，因此确定重置价为209 800－12 000＝197 800(元)。

$$重置成本 = 197\,800 + \frac{197\,800}{1.17} \times 10\% = 214\,706(元)$$

(2) 确定成新率。

该车为2002年6月上牌，至基准日已经使用36个月，规定使用年限为180个月。

$$C = \left(1 - \frac{36}{180}\right) \times 100\% = 80\%$$

(3) 计算综合调整系数。

车况较好，技术状况调整系数取 $K_1 = 0.9$。

维护保养好，车辆使用与维护状态系数 $K_2 = 1.0$。

别克轿车为合资名牌车，考虑地域因素，品牌调整系数取 $K_3 = 0.9$。

工作性质为公务工作消费，车辆工作性质系数取 $K_4 = 0.7$。

该车主要在市内使用，车辆工作条件系数取 $K_5 = 1.0$。

则综合调整系数为

$$\begin{aligned}K &= K_1 \times 30\% + K_2 \times 25\% + K_3 \times 20\% + K_4 \times 15\% + K_5 \times 10\% \\ &= 0.9 \times 30\% + 1.0 \times 25\% + 0.9 \times 20\% + 0.7 \times 15\% + 1.0 \times 10\% \\ &= 0.9\end{aligned}$$

(4) 确定二手车的变现系数。

该车已经用了36个月，根据变现系数表，取变现系数 Φ 为0.92。

(5) 确定评估值。

$$\begin{aligned}评估值 &= 重置成本 \times 成新率 \times 综合调整系数 \times 变现系数 \\ &= 214\,706 \times 80\% \times 0.9 \times 0.92 \\ &= 142\,221(元)\end{aligned}$$

2) 运用市场比较法计算

评估人员根据市场调查资料选用两款别克轿车作为参照物，其分析见表6-6。

表6-6 调查分析表

品牌	参照物Ⅰ 别克 SGM7250G(老款)	参照物Ⅱ 别克君威 SGM7252G	被评估车辆 别克 SGM7250G(老款)
上牌日期	2002年8月价25.8万	2003年3月价24.38万	2002年6月价25.8万
交易日期	2005年5月	2005年4月	2005年6月

(续)

品牌	参照物Ⅰ 别克 SGM7250G(老款)	参照物Ⅱ 别克君威 SGM7252G	被评估车辆 别克 SGM7250G(老款)
交易数量	1	1	1
成新率	73%	81%	72%
付款方式	现款	现款	现款
物价指数	1	1.01	0.98
公开市场成交价	120 000	150 000	求评估值

(1) 以参照物Ⅰ为参照对象进行各项差异量化和调整。

结构性能差异量化与调整,老式车型和被评估车一样,无需调整。

销售时间差异量化与调整为:0.98/1=0.98。

新旧程度差异量化与调整,该项调整系数为:120 000×(72%−73%)=−1 200(元)。

销售数量和付款方式无差异。

$$评估值=(120\ 000-1\ 200)\times 0.98=116\ 424(元)$$

(2) 以参照物Ⅱ为参照对象进行各项差异量化和调整。

结构性能差异量化与调整,参照物Ⅱ为新式车型,被评估物为老式车型,评估基准日该项结构差异为12 000元,该调整系数为12 000×72%=8 640(元)。

销售时间差异量化与调整为:0.98/1.01=0.98。

新旧程度差异量化与调整,该项调整系数为:150 000×(72%−81%)=−13 500(元)。

销售数量和付款方式无差异。

$$评估值=(150\ 000-8\ 640-13\ 500)\times 0.98=125\ 303(元)$$

综合参照物Ⅰ及参照物Ⅱ,被评估车辆评估值=(116 424+125 303)/2=120 863(元)。

3) 评估值

运用重置成本法计算的结论和市场比较法的结论分别为142 221元、120 863元,评估鉴定人员考虑别克轿车虽然属名牌车但其经济性能较差、百公里油耗较高、保值率相对不高,因此市场比较法权数和重置成本法权数分别取0.7、0.3。

$$被评估车辆评估值=142\ 221\times 0.3+120\ 863\times 0.7=127\ 270(元)$$

9. 评估结论

车辆评估价格人民币:127 270元。金额大写:壹拾贰万柒仟贰佰柒拾元整。

10. 特别事项说明

(1) 评估机构或评估人员对于评估标的没有现实或潜在的利益。

(2) 评估标的产权明晰,评估时未考虑车辆曝光、欠费等对车辆价格的影响。

11. 评估报告法律效力

(1) 本项评估结论有效期为90天,自评估基准日至2005年9月30日止。

(2) 当评估目的在有效期内实现时,本评估结果作为作价参考依据。超过90天需重新评估。另外在评估有效期内若被评估车辆的市场价格或因交通事故等原因导致车辆的价格变化,对车辆评估结果产生明显影响时,委托方也需重新委托评估机构进行评估。

评估报告的使用权归委托方所有，其评估结论仅供委托方为本项评估目的使用和送交二手车评估主管机关审查使用，不适用于其他目的；因使用本报告不当而产生的任何后果与签署报告的鉴定评估师无关；未经委托方许可，本鉴定评估机构承诺不将报告的内容向他人提供或公开。

附件：
（1）二手车评估委托书（略）。
（2）二手车评估作业表（略）。
（3）车辆行驶证、购置附加税（费）证复印件（略）。
（4）鉴定评估师职业资格证书复印件（略）。
（5）鉴定评估机构营业执照复印件（略）
（6）二手车照片（要求外观清晰，车辆牌照能够辨认）（略）。

二手车鉴定评估师　　　　　　　　　　　　　　　　复核人
（签字、盖章）×××　　　　　　　　　　　　　　（签字、盖章）×××
　　　　　　　　　　　　　　　　　　　　　　　　（二手车鉴定评估机构盖章）
　　　　　　　　　　　　　　　　　　　　　　　　2005 年 7 月 3 日

1. 简述二手车的鉴定评估流程。
2. 被评估车辆基本信息包括哪些？
3. 简述鉴定评估方案的主要内容。
4. 二手车常见拍摄位置有哪些？
5. 鉴定评估人员在选择评估方法时，应注意哪些事项？
6. 简述二手车鉴定评估报告（书）的作用。
7. 简述撰写二手车鉴定评估报告书的基本要求。

第 7 章
二手车交易流程

教学提示

本章详细地介绍了二手车交易的工作流程,是二手车交易业务中经常遇到的问题,需要学生很好地掌握。

知识要点

本章是二手车交易的工作流程,具有很强的实用性。
1. 常见二手车交易类型;
2. 二手车交易流程;
3. 办理交易过户业务;
4. 办理车辆转移登记手续;
5. 办理其他税、证变更。

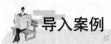

导入案例

买卖二手车莫忘保险过户

如今,随着二手车交易的增多,一个新问题也随之产生。很多人在买卖二手车时,以为只要向当地车管所提出机动车转籍更新申请即可,却忘记同时还应通知车辆的保险公司,给车辆保险办理相关的批改手续。

实际上,在二手车买卖的过程中,办理车险过户是非常重要的一个环节,因为车辆所有权的转移并不意味着车辆的保险合同也跟着转移了。

前不久,有位张先生就因为这样的疏忽,失去了要求保险公司为自己车辆赔偿的权利。2003年11月,张先生向某机械厂购买了一辆二手丰田小型栏板货车,并办理了相关的转籍入户手续。此前,该车已投保车辆损失险和附加险,保险金额为人民币20万元,保险期限为2003年1月1日零时至12月31日24时。但张先生买下此车后,并未将车主、车牌号变更的情况及时通知保险公司。

11月底,该车发生重大交通事故,保险公司接到报案后,才发现车主及车牌已经变更。由于被保险人未及时履行如实告知义务,保险公司拒绝了保险车辆的赔偿要求。

对此,张先生难以接受,一纸诉状将保险公司告上法庭。他认为保险合同约定的是对车辆的保险,在此案中,虽然车主与车牌改变,但车辆本身并未变更,保险公司理应承担此次事故的赔偿责任。

法院开庭审理后,法院判决不予以支持张先生的诉讼请求。因为,保险合同是一种基于最大诚信原则订立的合同,双方的诚信义务高于一般合同,法律要求投保人对保险标的的陈述必须真实。一般情况下,保险利益随着保险标的所有权的转让而灭失,只有经保险公司同意批改后,保险合同方才重新生效。

同时,机动车辆保险条款中均有规定,在保险有效期内,保险车辆转卖、转让、赠送他人、变更用途或增加危险程度,被保险人应当书面通知保险公司并申请办理批改,否则保险公司有权拒绝赔偿。

7.1 常见二手车交易类型

7.1.1 二手车交易类型

二手车交易是一种产权交易,实现二手车所有权从卖方到买方的转移过程。二手车必须完成所有权转移登记(即过户)才算是合法、完整的交易。《二手车流通管理办法》规定,二手车交易有以下几种类型。

1. 直接交易

二手车直接交易是指二手车所有人不通过经销企业、拍卖企业和经纪机构将车辆直接出售给买方的交易行为。交易可以在二手车交易市场内进行,也可以在场外进行。

2. 中介经营

中介经营是指二手车买卖双方通过中介方的帮助而实现交易，中介方收取约定佣金的一种交易行为。中介经营包括二手车经纪、二手车拍卖等。

1）二手车经纪

二手车经纪是指二手车经纪机构以收取佣金为目的，为促成他人交易二手车而从事的居间、行纪或者代理等经营活动。

2）二手车拍卖

二手车拍卖是指二手车拍卖企业以公开竞价的形式将二手车转让给最高应价者的经营活动。

3. 二手车销售

二手车销售是指二手车销售企业收购、销售二手车的经营活动。

二手车典当不赎回的情况也可以算作一种二手车销售。二手车典当是指二手车所有人将其拥有的、具有合法手续的车辆质押给典当公司，典当公司支付典当当金，封存质押车辆，双方约定在一定期限内由出典人（二手车所有人）结清典当本息、赎回车辆的一种贷款行为。典当时二手车所有人须持合法有效的手续到典当行办理典当手续，由典当行工作人员和车主当面查验，填写机动车抵押/注销抵押登记申请表（表7-1，此申请表必须交到车辆管理所备案），然后封入典当公司的专业车辆库房。如果到约定的赎回期限二手车所有人不赎回车辆，则典当行就可以依据协议自行处置该车，如出售。

4. 二手车置换

二手车置换也是一种二手车经销行为。所谓二手车置换就是客户在汽车销售公司购买新车时，将目前在用的汽车经过该公司的检测估价后以一定的折价抵扣部分新车款的一种交易方式。目前二手车置换业务主要是在同品牌的车型中开展，汽车销售企业将置换的汽车经过一定的检测、维修后，作为一辆认证二手车卖给消费者。目前，我国已有部分汽车品牌开展了认证二手车销售业务。

表7-1 机动车抵押/注销抵押登记申请表

机动车登记证书编号			号牌号码	
申请登记种类		□抵押登记	□注销抵押登记	
抵押人	姓名/名称		抵押人签章： （个人签字/单位盖章） 年　月　日	
	住所地址			
	身份证明名称		号码	
	联系电话			
	邮政编码			
抵押权人	姓名/名称		抵押权人签章： （个人签字/单位盖章） 年　月　日	
	住所地址			
	身份证明名称		号码	
	联系电话			
	邮政编码			

(续)

相关资料			☐主合同 合同编号：_____		☐抵押合同 合同编号：_____	
抵押人的代理人		姓名/名称				
		住所地址			联系电话	
		身份证明名称		号码		抵押人的代理人签章：
	经办人	姓名				
		身份证明名称		号码		（个人签字/单位盖章）
		住所地址				
		签字			年 月 日	年 月 日
抵押权人的代理人		姓名/名称				
		住所地址			联系电话	
		身份证明名称		号码		抵押权人的代理人签章：
	经办人	姓名				
		身份证明名称		号码		（个人签字/单位盖章）
		住所地址				
		签字			年 月 日	年 月 日

填表说明（在背面）：

(1) 填写时使用黑色、蓝色墨水笔，字体工整。
(2) 标注有"☐"符号的为选择项目，选择后在"☐"中画"√"。
(3) 抵押人、抵押权人的住所地址栏，属于个人的，填写实际居住的地址；属于单位的，填写组织机构代码证书上签注的地址。
(4) 申请方式栏，属于由抵押人、抵押权人委托代理单位或者代理人代为申请的除在"☐"内画"√"外，还应当在下划线处填写代理单位或者代理人的全称。
(5) 抵押人或抵押权人的签字/盖章栏，属于个人的，由抵押人或抵押权人签字；属于单位的，盖单位公章。
(6) 抵押人的代理人栏和抵押权人的代理人栏，属于个人代理的，填写代理人的姓名、住所地址、身份证明名称、号码，在代理人栏内签名，不必填写经办人姓名等项目；属于单位代理的，应填写代理人栏的所有内容，代理单位应盖单位公章，经办人应签字。

7.1.2 二手车交易者类型

二手车可以在任何身份的人群中交易。根据二手车买卖双方身份的不同，二手车交易者有以下4种类型。

1. 个人对个人交易

这种交易类型是二手车所有权人为个人，二手车买受人也是个人。

2. 个人对单位交易

这种交易类型是二手车所有权人为个人，二手车买受人是单位。

3. 单位对个人交易

这种交易类型是二手车所有权人为单位,二手车买受人是个人。

4. 单位对单位交易

这种交易类型是二手车所有权人为单位,二手车买受人也是单位。

7.1.3 二手车交易的相关规定

根据《二手车交易规范》,(附录三),有以下的规定。

1. 二手车交易地点

二手车应在车辆注册登记所在地交易,也就是说,二手车不允许在异地交易。

2. 二手车办理转移登记手续地点

二手车转移登记手续应按照公安部门有关规定在原车辆注册登记所在地公安机关交通管理部门办理。需要进行异地转移登记的,由车辆原属地公安机关交通管理部门办理车辆转出手续,在接收地公安机关交通管理部门办理车辆转入手续。

3. 建立二手车交易档案

交易后,二手车交易市场经营者、经销企业、拍卖公司应建立交易档案。交易档案主要包括以下内容。

(1) 法定证明、凭证复印件(主要包括车辆号牌、机动车登记证书、机动车行驶证和机动车安全技术检验合格标志)。

(2) 购车原始发票或者最近一次交易发票复印件。

(3) 买卖双方身份证明或者机构代码证书复印件。

(4) 委托人及授权代理人身份证或者机构代码证书以及授权委托书复印件。

(5) 交易合同原件。

(6) 二手车经销企业的车辆信息表、二手车拍卖公司的拍卖车辆信息和二手车拍卖成交确认书。

(7) 其他需要存档的有关资料。

交易档案保留期限不少于3年。

7.2 常见二手车交易流程

二手车交易不像一般商品交易那么简单,需要遵守相关的政策规定,按照一定的交易程序(流程)进行,这样才能保障买卖双方的利益。不论是哪一种交易类型,都必须办理过户相关手续,实现车辆所有权变更。目前,我国没有统一的二手车交易流程标准,各地二手车交易市场在完成二手车交易过程中流程可能有差异,但主要流程是基本相同的。下面以北京市二手车交易为例,介绍二手车交易的基本流程。根据二手车交易类型和开具销售发票的权限,二手车交易流程有以下几种。

7.2.1 直接交易的流程

二手车个人直接交易和通过二手车经纪机构进行的二手车交易，卖方不能直接给买方开具二手车销售统一发票。根据《二手车流通管理办法》的规定，买卖双方达成交易意向后应当到二手车交易市场办理过户业务，由二手车交易市场经营者按规定向买方开具税务机关监制的统一发票——二手车销售统一发票（发票上必须盖有工商验证章才有效），以便办理车辆相关证件及手续的变更。直接交易的流程如图7.1所示。

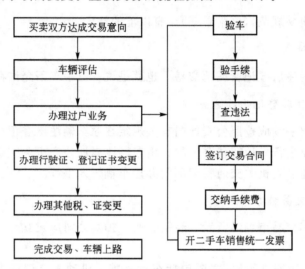

图 7.1　二手车直接交易的流程

1. 买卖双方达成交易意向

买卖双方达成交易意向是指买卖双方已就二手车交易谈妥了相关条件（如成交价格），达成了成交愿望。交易意向的达成是买卖双方的一个谈判过程，一旦谈妥就可以进入办理交易过户的相关手续，完成交易。

2. 车辆评估

二手车鉴定评估是买卖双方达成交易意向后自愿选择的项目。2005年12月实施《二手车流通管理办法》以前，二手车在买卖过程中，二手车交易中心会对车辆进行评估定价，然后在评估价的基础上收2.5%的过户费用。实际上，这种评估成了一种强制性的规定。但是，由于缺乏统一的标准和规范，导致车辆评估的随意性比较大，评估结果可信度低，强制评估实际上成了收取过户费的工具。实施《二手车流通管理办法》以后，交易二手车时，除属国有资产的二手车外，二手车鉴定评估应本着买卖双方自愿的原则，不得强制执行，更不能以此为依据强制收取评估费。表7-2是一家二手车评估公司的收费标准。

表7-2　××公司二手车鉴定评估收费标准表

类别		车辆评估鉴定价值	收费标准/(元/车、次)
汽车	三轮汽车		100
	低速货车		100

(续)

类别		车辆评估鉴定价值	收费标准/(元/车、次)
汽车	其他汽车	2.5万元以下	200
		2.5万~5万元(含5万元)	300
		5万~10万元(含10万元)	400
		10万元以上	500
	摩托车	排气量50mL	50
		排气量50mL以上	80

消费者要求鉴定评估的目的主要是：一是想通过鉴定评估了解二手车的技术状况，尤其是发现车辆存在的故障和安全隐患；二是了解二手车的真实价值。对于不熟悉汽车性能的普通消费者来说，在购买二手车时，委托二手车鉴定评估机构作鉴定评估还是十分必要的。但一定要委托正规的、有资质的第三方评估机构(如二手车鉴定评估中心、资产评估事务所、价格认证中心)，并签订鉴定评估委托书，以使自己的权益得到保证。消费者得到的鉴定评估结果是二手车鉴定评估报告书，由评估机构签章后生效，作为车辆交易的参考价值。

3．办理过户业务(详见7.3节)

4．办理机动车行驶证、机动车登记证书变更(详见7.4节)

5．办理其他税、证变更(详见7.5节)

7.2.2 二手车销售交易的流程

由于二手车销售企业能够直接给购车者开具二手车销售统一发票，所以只要购车者和二手车销售企业达成交易意向，双方即可签订二手车交易合同，购车者付清车款后，企业按规定给购车者开具二手车销售统一发票，那么购车者就可以携带发票和要求的证件去相关部门办理车辆相关证件及手续的变更，交易程序如图7.2所示，有关车辆的合法性手续，二手车经销企业在收购车时已经查验过，可以通过二手车交易合同加以保证。

7.2.3 二手车拍卖交易的流程

根据《二手车流通管理办法》的规定，二手车拍卖企业也能够直接给买受人开具二手车销售统一发票，所以在拍卖会结束后，买受人和拍卖企业签订成交确认书(相当于二手车交易合同)、交款得到二手车销售统一发票，凭成交确认书到指定地点提车，然后携带发票和要求的证件去相关部门办理车辆相关证件及手续的变更。拍卖交易的流程如图7.3所示。有些拍卖企业虽然有二手车拍卖业务，但没有开具二手车销售统一发票的资格，此时，在交款后需要到指定的二手车交易市场办理相关过户手续，由市场按规定开具二手车销售统一发票。

有关车辆的合法性手续，二手车拍卖企业在接受拍卖委托时已经查验过，可以通过二手车拍卖成交确认书加以保证。

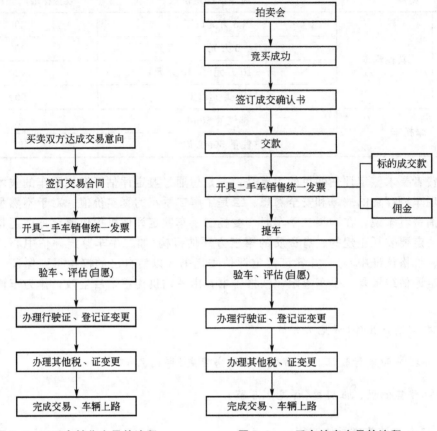

图 7.2　二手车销售交易的流程　　　图 7.3　二手车拍卖交易的流程

7.3　办理交易过户业务

二手车过户过程实际上分为两个步骤：车辆交易过户和转移登记过户，两个步骤缺一不可。交易过户业务在二手车交易市场里办理，获取二手车销售统一发票，转移登记过户业务在车管所办理，主要完成机动车登记证书的变更登记、核发机动车行驶证及机动车号牌。办理二手车交易时，如果原车主不来，可以授权委托其他人来办理交易及过户手续，但必须签署授权委托书。此委托书只在办理交易过户业务时使用，而办理转移登记过户业务不用。

办理交易过户业务的流程参考图 7.1 所示。

1. 验车

验车是买卖双方到二手车交易市场办理过户业务的第一道程序，由市场主办方委派负责过户的业务人员办理。验车的目的主要是检查车辆和行驶证上的内容是否一致，对车辆的合法性进行验证。检查的内容包括车主姓名、车辆名称、车辆的号牌号码、车辆类型、车辆识别代码、发动机号、排气量、初次登记日期等，经检查无误后，填写车辆检验单

（图7.4），进入查验手续阶段。

```
          北京××二手车交易市场车辆检验单
   卖方：_____   电话：_____
   买方：_____   电话：_____
   号牌号码：_____   车辆类型：_____
   车辆名称：_____   使用性质：_____
   车辆识别代码：_____   发动机号：_____
   排气量：_____  年份：_____  颜色：_____
   注册登记日：_____     登记证号：_____
   原购车价：_____  交易管理费：_____  有效期：_____
   验车员：_____
                                   _____年____月____日
   备注：
```

图7.4　车辆检验单

2．验手续

验手续主要查验车辆手续和机动车所有人身份证明。其目的是检验买卖双方所提供的所有手续是否具备办理过户的条件，检查有无缺失以及不符合规定的手续。

1）车辆手续检查

车辆手续是指能够满足机动车上路行驶所需要的各种手续，主要包括按照国家有关法律法规以及地方法规要求应该办理的各项有效证件和应该交纳的税、费凭证。在对车辆进行价值评估时，除了车辆本身的实体价值以外，车辆合法证件和税费等均属于无形价值，是构成车辆具有使用价值的重要组成部分。只有手续合法，所应交纳的税费及其凭证无缺失，才能使车辆在交易环节具有完全的价值。如果车辆出现在使用中拖欠车船使用税、欠缴购置附加税、不按时年检等情况，即使车辆状况很好，也不具有实际使用价值。

2）机动车所有人身份证明

机动车所有人身份证明是证实车主身份的证明，目的是查验机动车所有人是否合法拥有该车的处置权。车主的身份证明有以下几种情况。

（1）如果车主为自然人，则身份证件为个人身份证。个人身份又有本地和外地个人之分：本市个人，只需身份证原件；外地个人，需身份证原件和暂住证原件。

（2）如果车主为企业，则身份证件为企业的法人代码证书。

（3）如果车主为外籍公民，则身份证件为其护照及工作(居留)证。

3．查违法

查违法就是查询交易的二手车是否有违法行为记录。具体方法是登录车辆管理部门的信息数据库或查询网站进行查询。如北京市机动车违法行为的查询可登录北京市公安局公安交通管理局网站，输入车牌号和发动机号(图7.5)即可查询到该车是否有违法记录。

图 7.5 机动车违法行为查询

4. 签订交易合同

根据《二手车流通管理办法》的规定，二手车交易双方应该签订交易合同，要在合同当中对二手车的状况、来源的合法性、费用负担以及出现问题的解决方法等各方面进行约定，以便分清各自的责任和义务。

二手车经过查验和评估后，其车辆的真实性和基本价格已基本确定。如果车主不同意评估价格，可以和二手车销售企业协商达成最终交易的价格，同时，需要原车主对其车辆的一些其他事宜(使用年限、行驶里程、安全隐患、有无违章记录等)作出一个书面承诺。这些都是以签订交易合同的形式来确定的。交易合同是确立买卖双方交易关系和履行责任的法律合约，是办理交易手续和过户手续的必要凭证之一。

5. 交纳手续费

手续费俗称过户费，是指在二手车交易市场中办理交易过户业务相关手续的服务费用。对于服务费的收取标准，国家没有统一规定，由各个市场根据服务项目和内容自己决定。

目前，很多二手车交易市场的服务费是按照汽车的排量来进行定额收取的，小排量少收，大排量多收。如北京市二手车交易市场收取标准按排量、年份、价格来划分，并设有起始价和最低价。车辆初次登记日期一年以内的车型按起始价收取费用，然后按使用年份逐年递减，直至最低价。微型轿车的过户费用 200 元起，1.0L 排量的轿车 300 元起，两者的过户费用最高均为 600 元。然后随着排量的增大，过户费用也随之增加，3.0L 排量的轿车最高的过户费用为 4 000 元，最低为 500 元。相应的相同排量的客车与货车的过户费用低于轿车，最低的微型货车和农用车的过户费用只需 100 元。北京中联二手车交易市场服务费采用定额收取的方式，统一标准为每辆车 800 元。对于 1.3~3.0L 排量的车型实行减半，即 400 元的优惠征收标准；对于 1.3L 排量以下的，执行 200 元的优惠征收标准。

6. 开具二手车销售统一发票

二手车销售发票是二手车的来历证明，是办理转移登记手续变更的重要文件，因此，它又被称为过户发票。二手车销售发票的有效期为一个月，买卖双方应在此期间内到车辆管理部门办理机动车行驶证、机动车登记证的相关变更手续。

二手车销售统一发票由从事二手车交易的市场、有开票资格的二手车经销企业或拍卖企业开具；二手车经纪公司和消费者个人之间的二手车交易发票由二手车交易市场统一开具。二手车销售统一发票是采用压感纸印制的计算机票，一式5联，其中存根联、记账联、入库联由开票方留存；发票联交购车方、转移登记联交公安车辆管理部门办理过户手续。二手车销售发票的价款中不包括过户手续费和评估费。

开具的二手车销售统一发票必须经驻场工商部门审验合格后，在上加盖工商行政管理局二手车市场管理专用章，发票才能生效，该步骤称为工商验证。

7. 二手车交易完成后卖方应向买方交付的手续

二手车交易完成后，卖方应当及时向买方交付车辆、号牌及车辆法定证明、凭证。车辆法定证明、凭证主要包括以下几个。

（1）机动车登记证书。
（2）机动车行驶证。
（3）有效的机动车安全技术检验合格标志。
（4）车辆购置税完税证明。
（5）车船使用税缴付凭证。
（6）车辆保险单。

7.4 办理车辆转移登记手续

二手车交易像买房子一样属于产权交易范畴，涉及相关的证明文件和必要手续。二手车交易后必须办理这些证明文件的转移登记手续，以完成手续完备的、合法的成交。机动车产权证明是机动车登记证书、机动车行驶证和机动车号牌。根据买卖双方的住所是否在同一车辆管理所管辖区内，机动车产权转移登记手续可分为同一车辆管理所管辖区内的所有权转移登记（即同城转移登记）和不同车辆管理所管辖区的所有权转移登记（即异地转移登记）两种登记方式。

二手车同城转移登记手续应当在原车辆注册登记所在地的公安交通管理部门办理。需要进行异地转移登记的，由车辆原属地公安交通管理部门办理车辆迁出手续，在接收地公安交通管理部门办理车辆迁入手续。办理二手车转移登记手续的流程如图7.6所示。

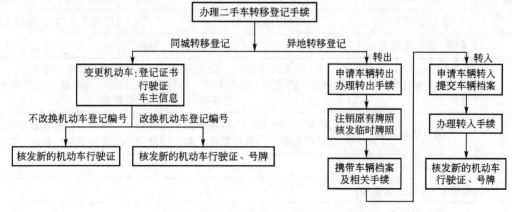

图7.6 办理二手车转移登记手续的流程

7.4.1 二手车办理转移登记所需的手续及证件

二手车在同城交易和所有权转移登记时，根据买卖双方身份不同，二手车交易办理转移登记时所需的手续和证件也略有不同。

(1) 买方、卖方是个人的，需要个人身份证原件及复印件。
(2) 买方、卖方是单位的，需要法人代码证原件及复印件（须在年检有效期之内）。
(3) 车辆原始购置发票或上次交易过户发票的原件及复印件。
(4) 过户车辆的机动车登记证书原件及复印件。
(5) 过户车辆的机动车行驶证原件及复印件。
(6) 二手车买卖合同。
(7) 过户车辆到场。
(8) 买方、卖方个人是外地户口的，还需持暂住证。
(9) 卖方是单位的，须按实际成交价格给买方个人（或单位）开具成交发票（需复印）。

7.4.2 同城车辆所有权转移登记

已注册登记的机动车在同城（同一车辆管理所管辖区内）发生所有权转移时，只需要更改车主姓名（单位名称）和住所等资料，机动车及机动车号牌可以不变更。这种变更情形习惯上称为办理过户手续，即把机动车原车主的登记信息变更为新车主的登记信息。

1. 过户登记的流程

(1) 提出申请：现车主向车辆管理所提出机动车产权转移申请，填写机动车转移登记申请表（表7-3）。

表7-3 机动车转移登记申请表

机动车登记证书编号				号牌号码	
申请事项	□机动车在车辆管理所辖区内的转移登记　　□机动车转出车辆管理所辖区内的转移登记					
现机动车所有人	姓名/住址			联系电话	
	住所地址			邮政编码	
	身份证明名称		号码		□常住人口　□暂住人口
	居住/暂住证明名称			号码	
机动车	机动车使用性质	□公路客运　□公交客运　□出租客运　□旅游客运 □租赁　□货运　□非营运　□警用　□消防　□救护　□工程抢险 □营转非　□出租营转非				
	机动车获得方式	□购买　□中奖　□仲裁裁决　□继承　□赠予　□协议抵偿债务 □资产重组　□资产整体买卖　□调拨　□法院调解、裁定、判决				
	机动车品牌型号				
	车辆识别代码/车架号				
	发动机号码				

(续)

相关资料	来历凭证	□销售/交易发票　□《调解书》　□《裁定书》　□《判决书》 □《仲裁裁决书》　□相关文书　□批准文件　□调拨证明 □权益转让证明书	现机动车所有人： (个人签字/ 单位盖章) 年　月　日
	其他	□《中华人民共和国海关监管车辆解除监管证明书》 □《协助执行通知书》　□《公证书》 □身份证明　□行驶证	
事项明细	转入地车辆管理所名称	车辆管理所	
申请方式	□由现机动车所有人申请 □现机动车所有人委托＿＿＿＿＿＿＿＿＿＿＿代理申请		
代理人	姓名/名称		联系电话	代理人： (个人签字/ 单位盖章) 年　月　日
	住所地址			
	身份证明名称		号码	
	经办人 姓名			
	经办人 身份证明名称		号码	
	经办人 住所地址			
	经办人 签字		年　月　日	

填表说明：
(1) 填写时使用黑色、蓝色墨水笔，字体工整。
(2) 标注有"□"符号的为选择项目，选择后在"□"中画"√"。
(3) 现机动车所有人的住所地址栏，属于个人的，填写实际居住的地址；属于单位的，填写组织机构代码证书上签注的地址。
(4) 机动车栏的"机动车品牌型号"、"车辆识别代码/车架号"、"发动机号码"项目，按照车辆的技术说明书、合格证等资料标注的内容与车辆核对后填写。
(5) 申请方式栏，属于由机动车所有人委托代理单位或者代理人代为申请的，除在"□"内画"√"外，还应当在下划线处填写代理单位或者代理人的全称。
(6) 机动车所有人的签字/盖章栏，属于个人的，由机动车所有人签字；属于单位的，盖单位公章。
(7) 代理人栏，属于个人代理的，填写代理人的姓名、住所地址、身份证明名称、号码，在代理人栏内签名，不必填写经办人姓名等项目；属于单位代理的，应填写代理人栏的所有内容，代理单位应盖单位公章，经办人应签字。

(2) 交验车辆：现车主将机动车送到机动车检测站检测，查验车辆识别代码/车架号码是否有凿改，和车辆识别代码/车架号码的拓印膜是否一致。如果是已经超过检验周期的机动车，还要进行安全检测。

(3) 受理审核资料：受理转移登记申请，查验并收存相关资料，向现车主出具受理凭证。

审批相关手续，符合规定的在计算机登记系统中确认；不符合规定的说明理由开具退办单，将资料退回车主。

（4）办理新原车主信息资料的转移登记手续：如果需要改变机动车登记编号的，则进行机动车号牌选号、照相，重新确定机动车登记编号，最后，在机动车登记证书上记载转移登记事项。

（5）收回原机动车行驶证，核发新的机动车行驶证。

（6）需要改变机动车登记编号的，收回原机动车号牌、机动车行驶证，确定新的机动车登记编号，重新核发机动车号牌、机动车行驶证和检验合格标志。

2．过户登记需要的材料

（1）机动车转移登记申请表。

（2）现车主的身份证明。

（3）机动车登记证书（原件）。

（4）机动车行驶证（原件）。

（5）解除海关监管的机动车，应当提交监管海关出具的《中华人民共和国海关监管车辆解除监管证明书》。

（6）机动车来历凭证（二手车交易的机动车来历凭证就是二手车销售统一发票）。

（7）车辆购置税完税证明。

（8）所购买的二手车。

3．过户登记的事项

（1）现车主的姓名或者单位名称、身份证明名称及号码、住所地址、邮政编码和联系电话。

（2）机动车获得方式：人民法院调解、裁定、判决，仲裁机构仲裁裁决，购买，继承，赠予，中奖，协议抵偿债务，资产重组，资产整体买卖和调拨等。

（3）机动车来历凭证的名称、编号。

（4）转移登记的日期。

（5）海关解除监管的机动车，登记海关出具的《中华人民共和国海关监管车辆解除监管证明书》的名称、编号。

（6）改变机动车登记编号的，登记机动车登记编号。

4．不能办理过户登记的情形

有下列情形之一的，不能办理过户登记。

（1）车主提交的证明、凭证无效。

（2）机动车来历凭证涂改，或者机动车来历凭证记载的车主与身份证明不符。

（3）车主提交的证明、凭证与机动车不符。

（4）机动车未经国家机动车产品主管部门许可生产、销售或者未经国家进口机动车主管部门许可进口。

（5）机动车的有关技术数据与国家机动车产品主管部门公告的数据不符。

（6）机动车达到国家规定的强制报废标准。

（7）机动车属于被盗抢车辆。

(8) 机动车与该车的档案记载的内容不一致。

(9) 机动车未被海关解除监管。

(10) 机动车在抵押期间。

(11) 机动车或者机动车档案被人民法院、人民检察院、行政执法部门依法查封、扣押。

(12) 机动车涉及未处理完毕的道路交通安全违法行为或者交通事故。

7.4.3 异地车辆所有权转移登记

二手车交易后，如果新车主和原车主的住所不在同一城市里，不能直接办理机动车登记证书和机动车行驶证的变更，需要到新车主住所所属的车辆管理所管辖区内办理。这就牵涉到二手车转出和转入的登记问题。

1. 转出登记

车辆转出登记是指在现车辆管理所管辖区内已注册登记的车辆，办理车辆档案转出的手续。一般是由于现车主的住所或工作地址变动等原因需要将车辆转出本地。

1) 转出登记的规定

根据《机动车登记规定》（见附录四），二手车交易后且现车主的住所不在原车辆管理所管辖区的，现车主应当于机动车交付之日（以二手车销售发票上登记日期为准）起30日内，向原二手车管辖地车辆管理所提出转移登记申请，有些地方还要求车主签订外迁保证书。

2) 转出登记流程

现车主提出申请（填写机动车转移登记申请表，见表7-3）→车辆管理所受理审核资料→确认车辆→在机动车登记证书上记载转出登记事项→收回机动车号牌和机动车行驶证→核发临时行驶车号牌，密封机动车档案→交机动车所有人。

3) 转出登记需要的资料

现车主在规定的时间内，持下列资料，向原二手车管辖地车辆管理所申请转出登记，并交验车辆。

(1) 机动车转移登记申请表。

(2) 现车主的身份证明。

(3) 机动车登记证书（原件）。

(4) 机动车来历凭证（二手车销售发票注册登记联原件）。

(5) 如果属于解除海关监管的机动车，应当提交监管海关出具的《中华人民共和国海关监管车辆解除监管证明书》。

(6) 交回机动车号牌和机动车行驶证。

4) 转出登记事项

车辆管理所办理转出登记时，要在机动车登记证书上记载下列转出登记事项：除包括过户登记的6种事项外，还需登记转入地车辆管理所的名称。

完成转出登记的办理后，核发临时行驶车号牌，密封机动车档案，交给车主到转入地办理转入登记手续。

2. 转入登记

1) 机动车转入登记的条件

(1) 现车主的住所属于本地车管所登记规定范围。

(2) 转入机动车符合国家机动车登记规定。

2) 转入登记规定

根据《机动车登记规定》,机动车档案转出原车辆管理所后,机动车所有人必须在90日内携带车辆及档案资料到住所地车辆管理所申请机动车转入登记。

3) 转入登记流程

(1) 提出申请:车主向转入地车辆管理所提出转入申请,填写机动车注册登记/转入申请表(表7-4)。

表7-4 机动车注册登记/转入申请表

	申请事项	□注册登记 □转入		
机动车所有人	姓名/名称		联系电话	
	住所地址		邮政编码	
	身份证明名称	号码	□常住人口 □暂住人口	
	居住/暂住证明名称	号码		
机动车	机动车使用性质	□公路客运 □公交客运 □出租客运 □旅游客运 □货运 □非营运 □租赁 □警用 □消防 □救护 □工程抢险 □营转非 □出租营转非		
	机动车获得方式	□购买 □仲裁裁决 □继承 □赠予 □协议抵偿债务 □中奖 □调拨 □资产重组 □资产整体买卖 □境外自带 □法院调解、裁定、判决		
	机动车厂牌型号			
	车辆识别代码/车架号			
	发动机型号			
相关资料	来历凭证	□销售/交易发票 □《调解书》 □《裁定书》 □《判决书》 □《仲裁裁决书》 □相关文书 □批准文件 □调拨证明	现机动车所有人: (个人签字/单位盖章) 年 月 日	
	进口凭证	□货物进口证明 □没收走私汽车、摩托车证明书 □《中华人民共和国海关监管车辆解除监管证明书》		
	其他	□国产机动车的整车出厂合格证 □《协助执行通知书》 □《公证书》 □身份证明 □机动车档案		
事项明细	转入地车辆管理所名称	省(区) 地(市) 县(市)		
申请方式	□由现机动车所有人申请 □现机动车所有人委托_____代理申请			

(续)

代理人	姓名/名称			联系电话		代理人：
	住所地址					
	身份证明名称		号码			
	经办人	姓名				（个人签字/单位盖章）
		身份证明名称		号码		
		住所地址				年　月　日
		签字		年　月　日		

填表说明（在背面）：

(1) 填写时使用黑色、蓝色墨水笔，字体工整。
(2) 标注有"□"符号的为选择项目，选择后在"□"中画"√"。
(3) 机动车所有人的住所地址栏，属于个人的，填写实际居住的地址；属于单位的，填写组织机构代码证书上签注的地址。
(4) 机动车栏的"机动车品牌型号"、"车辆识别代码/车架号"、"发动机号码"项目，按照车辆的技术说明书、合格证等资料标注的内容与车辆核对后填写。
(5) 申请方式栏，属于由机动车所有人委托代理单位或者代理人代为申请的，除在"□"内画"√"外，还应当在下划线处填写代理单位或者代理人的全称。
(6) 机动车所有人的签字/盖章栏，属于个人的，由机动车所有人签字；属于单位的，盖单位公章。
(7) 代理人栏，属于个人代理的，填写代理人的姓名、住所地址、身份证明名称、号码，在代理人栏内签名，不必填写经办人姓名等项目；属于单位代理的，应填写代理人栏的所有内容，代理单位应盖单位公章，经办人应签字。

(2) 交验车辆：车主将机动车送到机动车检测站检测，车管所民警确认机动车的唯一性，查验车辆识别代码(车架号码)有无凿改嫌疑。

(3) 车辆管理所受理申请：受理转入登记申请，查验并收存机动车档案，向车主出具受理凭证。

(4) 审核资料：审批相关手续，符合规定的在计算机登记系统中确认，不符合规定的说明理由开具退办单，将资料退回车主。

(5) 办理转入登记手续：审验合格后，进行机动车号牌选号、照相、确定机动车登记编号，并在机动车登记证书上记载转入登记事项。

(6) 核发新的机动车号牌和机动车行驶证。

4) 转入登记需要的资料

(1) 机动车注册登记/转入申请表。
(2) 车主的身份证明。
(3) 机动车登记证书。
(4) 机动车密封档案(原封条无断裂、破损)。
(5) 申请办理转入登记的机动车的标准照片。
(6) 海关监管的机动车，还应当提交监管海关出具的《中华人民共和国海关监管车辆进(出)境领(销)牌照通知书》。

由于各地区对车辆环保要求执行不同的标准,例如北京市执行国Ⅲ标准,并要求所有机动车在办理注册登记,以及申请转入本市的车辆,须加装OBD(On-Board Diagnostics)车辆诊断系统。满足上述条件的,允许机动车注册登记,并接受转入登记的申请。所以,车主在将车辆转入转入地前,应向转入地的车辆管理部门征询该车辆是否符合转入条件。

5) 转入登记事项

车辆管理所办理转入登记时,要在机动车登记证书上记载下列登记事项。

(1) 车主的姓名或者单位名称、身份证明号码或者单位代码、住所的地址、邮政编码和联系电话。

(2) 机动车的使用性质。

(3) 转入登记的日期。

属于机动车所有权发生转移的,还应当登记下列事项。

(1) 机动车获得方式。

(2) 机动车来历凭证的名称、编号和进口机动车的进口凭证的名称、编号。

(3) 机动车办理保险的种类、保险的日期和保险公司的名称。

(4) 机动车销售单位或者交易市场的名称和机动车销售价格。

6) 不能办理转入登记的情形

有下列情形之一的,不予办理转入登记。

(1) 机动车所有人擅自改动、更换机动车或者机动车档案。

(2) 存在本节7.4.2中"4. 不能办理过户登记的情形"的。

7.5 办理其他税、证变更

二手车交易中,买方在变更车辆产权之后还需要进行车辆购置税、养路费、保险合同等文件的变更。各地在变更时对文件的要求不同,可以先到规定办理的单位窗口咨询一下。

7.5.1 车辆购置税的变更

车辆购置税的征收部门是车辆登记注册地的主管税务机关,办理变更时,需填写《车辆变动情况登记表》,并携带相关资料办理。

1. 车辆购置税同城过户业务办理

1) 办理车辆购置税同城过户业务需提供的资料

(1) 新车主的身份证明。

(2) 二手车交易发票。

(3) 机动车行驶证。

(4) 车辆购置税完税证明(正本)。

上述资料均需提供原件及复印件。

2) 办理车辆购置税同城过户的业务流程

填写车辆变动情况登记表→报送资料→办理过户→换领车辆购置税完税证明。

2. 车辆购置税转籍(转出)业务办理

1) 办理转籍(转出)业务需提供的资料

(1) 车主身份证明。

(2) 车辆交易有效凭证原件(二手车交易发票)。

(3) 车辆购置税完税证明(正本)。

(4) 公安车管部门出具的车辆转出证明材料。

上述资料均需提供原件及复印件。

2) 办理转籍(转出)的业务流程

填写车辆变动情况登记表→报送资料→领取档案资料袋。

3. 车辆购置税转籍(转入)业务办理

1) 办理转籍(转入)业务需提供的资料

(1) 车主身份证明。

(2) 本地公安车管部门核发的机动车行驶证。

(3) 车辆交易有效凭证原件(二手车交易发票)。

(4) 车辆购置税完税证明。

(5) 档案转移通知书。

(6) 转出地车辆购置税办封签的档案袋。

2) 办理转籍(转入)的业务流程

填写车辆变动情况登记表→报送资料→换领车辆购置税完税证明(正本)。

7.5.2 车辆保险合同的变更

在二手车买卖的过程中,办理车辆保险过户是非常重要的一个环节,因为车辆所有权的转移并不意味着车辆保险合同也转移。一般情况下,保险利益随着保险标的所有权的转让而灭失,只有经保险公司同意批改后,保险合同方才重新生效。所以,保险车辆依法过户转让后应到保险公司办理保险合同主体的变更手续,否则车辆受损时保险公司是有权拒赔的。我国《保险法》第34条规定:保险标的的转让应当通知保险人,经保险人同意继续承保后,依法变更合同。保险公司和车主签订的保险合同一般也约定,在保险合同的有效期限内,保险车辆转卖、转让、赠送他人、变更用途或增加危险程度,被保险人应当事先书面通知保险人并申请办理批改,否则,保险人有权解除保险合同或者有权拒绝赔偿。

1. 办理车辆保险过户的方式

办理车辆保险过户有以下两种方式。

第一种是对保单要素进行更改,如更换被保险人与车主。

第二种就是申请退保,即把原来那份车险退掉,终止以前的合同。这时保险公司会退还剩余的保费。之后,新车主就可以到任何一家保险公司去重新办理一份车险。

2. 车辆保险合同变更的程序

(1) 填写一份汽车保险过户申请书,向原投保的保险公司申请办理批改被保险人称谓的手续。申请书上注明保险单号码、车牌号、新旧车主的姓名及过户原因,并签字或盖章,以便保险公司重新核保。

(2)带保险单和已过户的机动车行驶证到保险公司的业务部门办理。

一般情况下,保险公司都会受理并出具一张变更被保险人的批单,批单上面写明了被保险人的变化情况。

7.6 二手车交易合同

7.6.1 订立二手车交易合同的基本准则

二手车交易合同是指二手车经营公司、经纪公司与法人、其他组织和自然人相互之间为实现二手车交易的目的,明确相互权利义务关系,所订立的协议。

订立交易合同时须遵守以下基本原则。

1. 合法原则

订立二手车交易合同,必须遵守法律和行政法规。法律法规集中体现了人民的利益和要求。合同的内容及订立合同的程序、形式只有与法律法规相符合,才会具有法律效力,当事人的合法权益才可得到保护。任何单位和个人都不得利用经济合同进行违法活动,扰乱市场秩序,损害国家和社会利益,牟取非法收入。

2. 平等互利、协商一致原则

订立合同的当事人的法律地位一律平等,任何一方不得以大欺小、以强凌弱,把自己的意愿强加给对方,双方都必须在完全平等的地位上签订二手车交易合同。二手车交易合同应当在当事人之间充分协商、意思表示一致的基础上订立,采取胁迫、乘人之危、违背当事人真实意志而订立的合同都是无效的,也不允许任何单位和个人进行非法干预。

7.6.2 交易合同的主体

二手车交易合同主体是指为了实现二手车交易目的,以自己名义签订交易合同,享有合同权利、承担合同义务的组织和个人。根据《中华人民共和国合同法》的规定,我国合同当事人从其法律地位来划分,可分为以下几种。

1. 法人

法人是指具有民事权利能力和民事行为能力,依法独立享有民事权利和承担民事义务的组织。

它必须具备以下条件。

(1)依法成立。
(2)有必要的财产或经费。
(3)有自己的名称、场所和组织机构。
(4)能够独立承担民事责任的企业法人、机关法人、事业单位法人和社会团体法人。

2. 其他组织

其他组织是指合法成立、有一定的组织机构和财产,但又不具备法人资格的组织,如私营独资企业、合伙组织和个体工商户。

3. 自然人

自然人是指具有完全民事行为能力，可以独立进行民事活动的人。

7.6.3 交易合同的内容

1. 主要条款

（1）标的：合同当事人双方权利义务共同指向的对象，可以是物也可以是行为。二手车交易合同的标的是被交易的二手车。

（2）数量。

（3）质量：是标的内在因素和外观形态优劣的标志，是标的满足人们一定需要的具体特征。

（4）履行期限、地点和方式。

（5）违约责任。

（6）根据法律规定的或按合同性质必须具备的条款及当事人一方要求必须规定的条款。

2. 其他条款

其他条款包括合同的包装要求、某种特定的行业规则和当事人之间交易的惯有规则。

7.6.4 交易合同的变更和解除

1. 交易合同的变更

交易合同的变更通常是指依法成立的交易合同尚未履行或未完全履行之前，当事人就其内容进行修改和补充而达成的协议。

交易合同的变更必须以有效成立的合同为对象，凡未成立或无效的合同，不存在变更问题。交易合同的变更是在原合同的基础上，达成一个或几个新的合同作为修正，以新协议代替原协议。所以，变更作为一种法律行为，使原合同的权利义务关系消灭，新权利义务关系产生。

2. 交易合同的解除

交易合同的解除是指交易合同订立后，没有履行或没有完全履行以前，当事人依法提前终止合同。

3. 交易合同变更和解除的条件

合同法规定，凡发生下列情况之一，允许变更或解除合同。

（1）当事人双方经协商同意，并且不因此损害国家利益和社会公共利益。

（2）由于不可抗力致使合同的全部义务不能履行。

（3）由于另一方在合同约定的期限内没有履行合同。

7.6.5 违约责任

违约责任是指交易合同一方或双方当事人由于自己的过错造成合同不能履行或不能完

全履行，依照法律或合同约定必须承受的法律制裁。

1. 违约责任的性质

1) 等价补偿

凡是已给对方当事人造成财产损失的，就应当承担补偿责任。

2) 违约惩罚

合同当事人违反合同的，无论这种违约是否已经给对方当事人造成财产损失，都要依照法律规定或合同约定，承担相应的违约责任。

2. 承担违约责任的条件

1) 要有违约行为

要追究违约责任，必须有合同当事人不履行或不完全履行的违约行为。它可分为作为违约和不作为违约。

2) 行为人要有过错

过错是指当事人违约行为主观上出于故意或过失。故意是指当事人应当预见自己的行为会产生一定的不良后果，但仍用积极的作为或者消极的不作为希望或放任这种后果的发生；过失是指当事人对自己行为的不良后果应当预见或能够预见，而由于疏忽大意没有预见或虽已预见但轻信可以避免，以致产生不良后果。

3. 承担违约责任的方式

1) 违约金

违约金指合同当事人因过错不履行或不适当履行合同，依据法律规定或合同约定，支付给对方一定数额的货币。

根据《中华人民共和国合同法》及有关条例或实施细则的规定，违约金分为法定违约金和约定违约金。

2) 赔偿金

赔偿金指合同当事人一方过错违约给另一方当事人造成损失超过违约金数额时，由违约方当事人支付给对方当事人的一定数额的补偿货币。

3) 继续履行

继续履行指合同违约方支付违约金、赔偿金后，应对方的要求，在对方指定或双方约定的期限内，继续完成没有履行的那部分合同义务。

违约方在支付了违约金、赔偿金后，合同关系尚未终止，违约方有义务继续按约履行，最终实现合同目的。

7.6.6 合同纠纷的处理方式

合同纠纷指合同当事人之间因对合同的履行状况及不履行的后果所发生的争议。根据《中华人民共和国合同法》及有关条例的规定，我国合同纠纷的解决方式一般有协商解决、调解解决、仲裁和诉讼4种方式。

1. 协商解决

协商解决是指合同当事人之间直接磋商，自行解决彼此间发生的合同纠纷。这是合同当事人在自愿、互谅互让基础上,按照法律、法规的规定和合同的约定,解决合同纠纷的一种方式。

2. 调解解决

调解解决是指由合同当事人以外的第三人(交易市场管理部门或二手车交易管理协会)出面调解,使争议双方在互谅互让基础上自愿达成解决纠纷的协议。

3. 仲裁

仲裁是指合同当事人将合同纠纷提交国家规定的仲裁机关,由仲裁机关对合同纠纷作出裁决的一种活动。

4. 诉讼

诉讼是指合同当事人之间发生争议而合同中未规定仲裁条款或发生争议后也未达成仲裁协议的情况下,由当事人一方将争议提交有管辖权的法院按诉讼程序审理作出判决的活动。

7.6.7 二手车交易合同的种类

二手车交易合同按当事人在合同中处于出让、受让或居间中介的不同情况,可分为二手车买卖合同和二手车居间合同两种。

1. 二手车买卖合同

(1) 出让人(售车方):有意向出让二手车合法产权的法人或其他组织、自然人。

(2) 受让人(购车方):有意向受让二手车合法产权的法人或其他组织、自然人。

典型的二手车买卖合同见附录六。

2. 二手车居间合同(一般有三方当事人)

(1) 出让人(售车方):有意向出让二手车合法产权的法人或其他组织、自然人。

(2) 受让人(购车方):有意向受让二手车合法产权的法人或其他组织、自然人。

(3) 中介人(居间方):合法拥有二手车中介交易资质的二手车经纪公司。

典型的二手车居间合同见附录七。

7.7 二手车质量保证

二手车质量保证就是在二手车销售的同时,销售商承诺对车辆进行有条件、有范围、有限期的质量保证,并切实履行承诺的责任和义务。

二手车的质量保证是二手车销售环节中的一个不可或缺的重要一环。没有质量保证的二手车销售是不完整的销售。

7.7.1 二手车质量保证的意义

1. 保护消费者权益

长期以来,二手车交易存在车辆信息不透明、买卖双方信息不对称的问题,消费者时刻面临着质量欺诈、价格欺诈和购买非法车辆等风险。消费者对所购买的二手车，最难以把握的是车辆原来的使用状况和技术状况。尤其是车辆买到手后，各种故障便在短时间内连连发生，使消费者对二手车的质量可靠性心存疑虑，因此普遍希望二手车销售商能提供质量保证。为二手车消费者提供质量担保，是销售商保护消费者权益的具体体现，同时也是一种社会责任。

2．促进二手车行业的规范发展

以前，二手车买卖成交后，销售商的责任即告结束，对此后车辆出现的各种故障全不负责。这一方面使得消费者的权益得不到充分保障；另一方面，一些不法销售商又有恃无恐地干着坑蒙拐骗的勾当。这使二手车交易在消费者的心目中形成了二手车都是技术状况差和问题多质量不好的印象。很多消费者不敢购买二手车，极大地损害了二手车交易行业的发展。事实上，二手车交易中大多数纠纷都是由于售后发现质量问题而引起的。

实行二手车质量保证可以从根本上消除这种畏惧心理，激发中低收入者潜在的购车能量。在鼓励、扶持那些诚实守信、规范运作的经营企业的同时，行业管理部门还将规范、监督和约束那些不讲信誉、不讲服务的销售行为，逐步净化二手车的消费环境，提升行业的社会形象。可以说在我国诚信体系尚不完善的情况下，承诺服务将更好地推动二手车行业发展。

3．有利于经营品牌的创立

二手车交易与新车销售一样是一个与服务密切相关的经营行为。二手车销售企业实行二手车质量保证，将服务延伸到售后，切实履行保护消费者利益的责任，赢得消费者的信任，有利于创立二手车经营品牌。这与二手车直接交易、中介经营有非常大的差别，体现了品牌经销商的优势所在，也成为鉴别二手车经营企业之间诚信差异、品牌优劣的重要标志。这方面的工作谁做得好，谁就赢得市场。

4．有利于开辟新的交易方式

目前，在二手车交易中，通常采用到有形市场现场看车的方式来确定车辆状况。这种方式对买卖双方而言均耗时、费力、效率低，是一种比较原始的方式。随着社会车辆的逐渐增多，二手车交易的日趋活跃，这种低效率的交易方式对提高交易量的制约影响将日益突现。因此，致力于交易方式的拓展将是一个现实的课题。如开展网上交易形式等，将有形市场与无形市场相结合，有利于扩大二手车交易的范围，促成二手车这一社会资源得到更合理的配置。实现这种新的交易模式的重要前提是经营企业诚信体系的建立、二手车质量保证的承诺以及社会和消费者对此承诺的高度认同。

7.7.2 二手车质量保证的前提及质量保证期

二手车质量保证很重要，但并不是所有销售的二手车都能得到质量保证。根据我国目前二手车的发展水平，这种质量保证只能是有条件、有范围和有限期的质量保证。

1．提供质量保证的企业

根据《二手车交易规范》的规定，二手车质量保证只对二手车经销企业要求，对直接交易，经纪、拍卖和鉴定评估等中介交易形式无要求。

2. 二手车质量保证的前提

根据《二手车交易规范》的规定，二手车经销企业向最终用户销售二手车应提供质量保证的前提是：使用年限在3年以内或行驶里程在6万km以内的车辆(以先到者为准，营运车除外)。

3. 二手车质量保证期限

根据《二手车交易规范》的规定，二手车经销企业向最终用户销售二手车时，应向用户提供不少于3个月或5 000km(以先到者为准)的质量保证。

4. 二手车质量保证的范围

根据《二手车交易规范》的规定，二手车质量保证范围为发动机系统、转向系统、传动系统、制动系统和悬架系统等。

7.7.3 二手车的售后服务

如果说二手车经销企业在向最终用户销售二手车时提供质量保证是让买主买得放心，那么，如果同时也向用户提供售后服务，则是让买主使用得无忧，消除对二手车使用的担心。

1. 二手车售后服务的规定

《二手车交易规范》对二手车售后服务进行了以下规定。
(1) 二手车经销企业向最终用户提供售后服务时，应向其提供售后服务清单。
(2) 在提供售后服务的过程中，不得擅自增加未经客户同意的服务项目。
(3) 二手车经销企业应建立售后服务技术档案，售后服务技术档案的保存时间不少于3年。

2. 售后服务技术档案的内容

售后服务技术档案包括以下内容。
(1) 车辆基本资料，主要包括车辆品牌型号、车牌号码、发动机号、车辆识别代码/车架号、出厂日期、使用性质、最近一次转移登记日期、销售时间和地点等。
(2) 客户基本资料，主要包括客户名称(姓名)、地址、职业和联系方式等。
(3) 维修保养记录，主要包括维修保养的时间、里程和项目等。

这样，有了质量保证和售后服务的承诺，再加上交易合同的保证，车辆的真实信息将难以隐瞒，二手车交易变得更加透明，真正成为一种阳光交易。

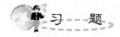

1. 简述二手车交易类型。
2. 二手车交易的相关规定中有哪些注意事项？
3. 简述二手车鉴定评估在二手车拍卖工作中的地位和作用。
4. 办理二手车交易过户业务的流程有哪些？
5. 二手车交易办理正常过户手续时必须提供什么证件？

6. 不能正常办理二手车交易过户的情形有哪些？
7. 简述车辆保险合同变更的必要性。
8. 简述承担二手车交易违约责任的方式。
9. 简述二手车合同纠纷处理的方式。
10. 简述二手车质量保证的意义。

附录一　汽车报废标准

(一) 国家经济贸易委员会　国家计划委员会　国内贸易部　机械工业部　公安部　国家环境保护局关于发布《汽车报废标准》的通知

(1997年7月15日 国经贸经[1997]456号)

各省、自治区、直辖市、计划单列市经贸委(经委、计经委)，计委、内贸(物资)厅(局)、供销合作社、冶金厅(局)、汽车更新领导小组办公室、机械厅(局)、交通厅(局)、公安厅(局)、环境保护局：

随着国民经济的发展，我国汽车保有量迅速增大，1986年制定的《汽车报废标准》已不适应汽车生产和交通运输发展以及交通安全、节能、环保等需要。经国务院领导同志同意，现将修订后的《汽车报废标准》印发给你们，请遵照执行。

汽车报废标准(1997年修订)

凡在我国境内注册的民用汽车，属下列情况之一的应当报废：

一、轻、微型载货汽车(含越野型)、矿山作业专用车累计行驶30万km，重、中型载货汽车(含越野型)累计行驶40万km，特大、大、中、轻、微型客车(含越野型)、轿车累计行驶50万km，其他车辆累计行驶45万km；

二、轻、微型载货汽车(含越野型)、带拖挂的载货汽车、矿山作业专用车及各类出租汽车使用8年，其他车辆使用10年；

三、因各种原因造成车辆严重损坏或技术状况低劣，无法修复的；

四、车型淘汰，已无配件来源的；

五、汽车经长期使用，耗油量超过国家定型车出厂标准规定值百分之十五的；

六、经修理和调整仍达不到国家对机动车运行安全技术条件要求的；

七、经修理和调整或采用排气污染控制技术后，排放污染物仍超过国家规定的汽车排放标准的。

除19座以下出租车和轻、微型载货汽车(含越野型)外，对达到上述使用年限的客、货车辆，经公安车辆管理部门依据国家机动车安全排放有关规定严格检验，性能符合规定的，可延缓报废，但延长期不得超过本标准第二条规定年限的一半。对于吊车、消防车、钻探车等从事专门作业的车辆，还可根据实际使用和检验情况，再延长使用年限。所有延长使用年限的车辆，都需按公安部规定增加检验次数，不符合国家有关汽车安全排放规定的应当强制报废。

八、本标准自发布之日起施行。在本标准发布前已达到本标准规定报废条件的车辆，允许在本标准发布后12个月之内报废。本标准由全国汽车更新领导小组办公室负责解释。

(二) 关于调整轻型载货汽车报废标准的通知

国经贸经[1998]407号

各省、自治区、直辖市、计划单列市经贸委(经委、计经委)、计委、公安厅(局)、环境保护局、汽车更新领导小组办公室：

为了鼓励技术进步、节约资源、保护环境及公平竞争，现决定将《汽车报废标准》

(1997年修订)中轻型载货汽车(含越野型)的行驶里程、使用年限及办理延缓的报废标准调整为:

一、累计行驶40万km;

二、使用10年;

三、达到使用年限,汽车性能仍符合有关规定的,允许办理最长不超过5年的延缓报废。延缓报废的审定工作,按国经贸经[1997]456号文件的有关规定办理。

轻型载货汽车是指厂定最大总质量大于1.8t、小于等于6t的载货汽车。

请遵照执行

国家经济贸易委员会　国家发展计划委员会
公　　安　　部　　国家环境保护总局
一九九八年七月七日

(三) 关于调整汽车报废标准若干规定的通知

国经贸资源[2000]1202号

为了鼓励技术进步、节约资源,促进汽车消费,现决定将1997年制定的汽车报废标准中非营运载客汽车和旅游载客汽车的使用年限及办理延缓的报废标准调整为:

一、9座(含9座)以下非营运载客汽车(包括轿车、含越野型)使用15年。

二、旅游载客汽车和9座以上非营运载客汽车使用10年。

三、上述车辆达到报废年限后需继续使用的,必须依据国家机动车安全、污染物排放有关规定进行严格检验,检验合格后可延长使用年限。但旅游载客汽车和9座以上非营运载客汽车可延长使用年限最长不超过10年。

四、对延长使用年限的车辆,应当按照公安交通管理部门和环境保护部门的规定,增加检验次数。一个检验周期内连续三次检验不符合要求的,应注销登记,不允许再上路行驶。

五、营运车辆转为非营运车辆或非营运车辆转为营运车辆,一律按营运车辆的规定报废。

六、本通知没有调整的内容和其他类型的汽车(包括右置转向盘汽车),仍按照国家经贸委等部门《关于发布〈汽车报废标准〉的通知》(国经贸经[1997]456号)和《关于调整轻型载货汽车报废标准的通知》(国经贸经[1998]407号)执行。

七、本通知所称非营运载客汽车是指:单位和个人不以获取运输利润为目的的自用载客汽车;旅游载客汽车是指:经各级旅游主管部门批准的旅行社专门运载游客的自用载客汽车。

八、本通知自发布之日起施行。

国家经济贸易委员会
国家发展计划委员会　文件
公　　安　　部
国家环境保护总局
二〇〇〇年十二月十八日

(四) 机动车强制报废标准规定(征求意见稿)

第一条 为保障道路交通安全、鼓励技术进步、加快建设资源节约型、环境友好型社会,根据《中华人民共和国道路交通安全法》及其实施条例、《中华人民共和国大气污染防治法》、《中华人民共和国噪声污染防治法》，制定本规定。

第二条 根据机动车使用和安全技术、排放检验状况，国家对达到报废标准的机动车实施强制报废，对达到一定行驶里程的机动车引导报废。

第三条 商务、公安、环保等部门依据各自职责，负责机动车强制报废标准有关执行工作。

第四条 已注册机动车有下列情形之一的应当强制报废，其所有人应当将机动车交售给报废机动车回收拆解企业，由报废机动车回收拆解企业按规定进行登记、拆解、销毁等处理，并将报废的机动车登记证书、号牌、行驶证交公安机关交通管理部门注销：

（一）达到本规定第五条规定使用年限的；

（二）经修理和调整仍不符合机动车安全技术国家标准对在用车有关要求的；

（三）经修理和调整或者采用控制技术后，向大气排放污染物或者噪声仍不符合国家标准对在用车有关要求的；

（四）在检验有效期届满后连续3个机动车安全技术检验周期内未取得机动车检验合格标志的。

第五条 各类机动车使用年限分别如下：

（一）小、微型出租客运汽车使用8年，中型出租客运汽车使用10年，大型出租客运汽车使用12年；

（二）租赁载客汽车使用15年；

（三）小型教练载客汽车使用10年，中型教练载客汽车使用12年，大型教练载客汽车使用15年；

（四）公交客运汽车使用13年；

（五）其他小、微型营运载客汽车使用10年，其他大、中型营运载客汽车使用15年；

（六）大、中型非营运载客汽车（大型轿车除外）使用20年；

（七）三轮汽车、装用单缸发动机的低速货车使用9年，装用多缸发动机的低速货车以及微型载货汽车使用12年，危险品运输载货汽车使用10年，其他载货汽车（包括半挂牵引车和全挂牵引车）使用15年；

（八）有载货功能的专项作业车使用15年，无载货功能的专项作业车使用30年；

（九）全挂车、危险品运输半挂车使用10年，集装箱半挂车20年，其他半挂车使用15年；

（十）正三轮摩托车使用12年，其他摩托车使用13年。

对小、微型出租客运汽车和摩托车，省、自治区、直辖市人民政府有关部门可结合本地实际情况，制定严于上述使用年限的规定，但小、微型出租客运汽车不得低于6年，正三轮摩托车不得低于10年，其他摩托车不得低于11年。

小、微型非营运载客汽车、大型非营运轿车、轮式专用机械车无使用年限限制。

机动车使用年限起始日期按照注册登记日期计算，但自出厂之日起两年内未办理注册登记手续的，按照出厂日期计算。

第六条 变更使用性质或者转移登记的机动车应当按照下列有关要求确定使用年限和报废：

（一）营运载客汽车与非营运载客汽车相互转换的，按照营运载客汽车的规定报废，但小、微型非营运载客汽车和大型非营运轿车转为营运载客汽车按照附件二所列公式核算累计使用年限，且不得超过15年；

（二）不同类型的营运载客汽车相互转换，按照使用年限较严的规定报废；

（三）小、微型出租客运汽车和摩托车需要转出登记所属省、自治区、直辖市范围的，按照使用年限较严的规定报废；

（四）危险品运输载货汽车、半挂车与其他载货汽车、半挂车相互转换的，按照危险品运输载货车、半挂车的规定报废。

距本规定要求使用年限1年以内的机动车，不得变更使用性质、转移所有权或者转出登记地所属地市级行政辖区。

第七条 机动车达到下列行驶里程，以及自愿报废的机动车，其所有人可以将机动车交售给机动车回收拆解企业，由报废机动车回收拆解企业按规定登记、拆解、销毁，并将报废的机动车登记证书、号牌、行驶证交公安机关交通管理部门注销：

（一）小、微型出租客运汽车行驶60万km，中型出租客运汽车行驶50万km，大型出租客运汽车行驶60万km；

（二）租赁载客汽车行驶60万km；

（三）小型和中型教练载客汽车行驶50万km，大型教练载客汽车行驶60万km；

（四）公交客运汽车行驶40万km；

（五）其他小、微型及大型营运载客汽车行驶60万km，其他中型营运载客汽车行驶50万km；

（六）小、微型非营运载客汽车和大型非营运轿车行驶60万km，中型非营运载客汽车行驶50万km，大型非营运载客汽车行驶60万km；

（七）装用单缸以上发动机的低速货车行驶30万km，微型载货汽车行驶50万km，危险品运输载货汽车行驶40万km，其他载货汽车（包括半挂牵引车和全挂牵引车）行驶60万km；

（八）专项作业车、轮式专用机械车行驶50万km；

（九）正三轮摩托车行驶10万km，其他摩托车行驶12万km。

第八条 本规定所称机动车是指上道路行驶的汽车、挂车、摩托车和轮式专用机械车；非营运载客汽车是指个人或者单位不以获取利润为目的的自用载客汽车；危险品运输载货汽车是指专门用于运输剧毒化学品、爆炸品、放射性物品、腐蚀性物品等危险品的车辆；变更使用性质是指使用性质由营运转为非营运或者由非营运转为营运，小、微型出租、租赁、教练等不同类型的营运载客汽车之间的相互转换，以及危险品运输载货汽车转为其他载货汽车。本规定所称检验周期是指《中华人民共和国道路交通安全法实施条例》规定的机动车安全技术检验周期。

第九条 依据本规定第五条制定严于上述小、微型出租客运汽车或者摩托车使用年限标准的，省、自治区、直辖市人民政府有关部门应当及时向社会公布，并报国务院商务、公安、环保等部门备案。

第十条 上道路行驶拖拉机的报废标准规定另行制定。

第十一条 本规定自2011年 月 日起施行。2011年月日前已达到本规定所列报废标准的，应当在2012年 月 日前予以报废。原《关于发布〈汽车报废标准〉的通知》（国经贸经[1997]456号）、《关于调整轻型载货汽车报废标准的通知》（国经贸经[1998]407号）、《关于调整汽车报废标准若干规定的通知》（国经贸资源[2000]1202号）、《关于印发〈农用运输车报废标准〉的通知》（国经贸资源[2001]234号）、《摩托车报废标准暂行规定》(国家经贸委、发展计划委、公安部、环保总局令第33号)同时废止。

附件一:机动车使用年限及行驶里程汇总表

车辆类型与用途				使用年限/年	行驶里程参考值/万km
汽车	载客	营运	出租客运 小、微型	8	60
			出租客运 中型	10	50
			出租客运 大型	12	60
			租赁	15	60
			教练 小型	10	50
			教练 中型	12	50
			教练 大型	15	60
			公交客运	13	40
			其他 小、微型	10	60
			其他 中型	15	50
			其他 大型	15	60
		非营运	小、微型客车、大型轿车*	无	60
			中型	20	50
			大型	20	60
	载货		微型	12	50
			重、中、轻型	15	60
			危险品运输	10	40
			三轮汽车、装用单缸发动机的低速货车	9	无
			装用多缸发动机的低速货车	12	30
	专项作业		有载货功能	15	无
			无载货功能	30	50
挂车		半挂车	集装箱	20	无
			危险品运输	10	无
			其他	15	无
		全挂车		10	无
摩托车			正三轮	12	10
			其他	13	12
轮式专用机械车				无	50

注:1. 表中机动车依据《机动车类型 术语和定义》(GA 802—2008)进行分类。
　　2. 标注 * 车辆为乘用车。

附件二：

非营运小微型载客汽车和大型轿车变更使用性质后累计使用年限计算公式为

$$累计使用年 = 原状态已使用年 + \left(1 - \frac{原状态已使用年}{原状态使用年限}\right) \times 状态改变后年限$$

备注：公式中原状态已使用年中不足一年的按一年计算，例如，已使用 2.5 年按照 3 年计算；原状态使用年限数值取定值为 17；累计使用年限计算结果向下圆整为整数，且不超过 15 年。

附录二　二手车流通管理办法

商务部、公安部、工商总局、税务总局 2005 年第 2 号令
商务部条法司

第一章　总则

第一条　为加强二手车流通管理，规范二手车经营行为，保障二手车交易双方的合法权益，促进二手车流通健康发展，依据国家有关法律、行政法规，制定本办法。

第二条　在中华人民共和国境内从事二手车经营活动或者与二手车相关的活动，适用本办法。

本办法所称二手车，是指从办理完注册登记手续到达到国家强制报废标准之前进行交易并转移所有权的汽车（包括三轮汽车、低速载货汽车，即原农用运输车，下同）、挂车和摩托车。

第三条　二手车交易市场是指依法设立、为买卖双方提供二手车集中交易和相关服务的场所。

第四条　二手车经营主体是指经工商行政管理部门依法登记，从事二手车经销、拍卖、经纪、鉴定评估的企业。

第五条　二手车经营行为是指二手车经销、拍卖、经纪、鉴定评估等。

（一）二手车经销是指二手车经销企业收购、销售二手车的经营活动；

（二）二手车拍卖是指二手车拍卖企业以公开竞价的形式将二手车转让给最高应价者的经营活动；

（三）二手车经纪是指二手车经纪机构以收取佣金为目的，为促成他人交易二手车而从事居间、行纪或者代理等经营活动；

（四）二手车鉴定评估是指二手车鉴定评估机构对二手车技术状况及其价值进行鉴定评估的经营活动。

第六条　二手车直接交易是指二手车所有人不通过经销企业、拍卖企业和经纪机构将车辆直接出售给买方的交易行为。二手车直接交易应当在二手车交易市场进行。

第七条　国务院商务主管部门、工商行政管理部门、税务部门在各自的职责范围内负责二手车流通有关监督管理工作。

省、自治区、直辖市和计划单列市商务主管部门（以下简称省级商务主管部门）、工商行政管理部门、税务部门在各自的职责范围内负责辖区内二手车流通有关监督管理工作。

第二章　设立条件和程序

第八条　二手车交易市场经营者、二手车经销企业和经纪机构应当具备企业法人条件，并依法到工商行政管理部门办理登记。

第九条　二手车鉴定评估机构应当具备下列条件：

（一）是独立的中介机构；

（二）有固定的经营场所和从事经营活动的必要设施；

（三）有 3 名以上从事二手车鉴定评估业务的专业人员（包括本办法实施之前取得国家

职业资格证书的旧机动车鉴定估价师);

(四) 有规范的规章制度。

第十条 设立二手车鉴定评估机构,应当按下列程序办理:

(一) 申请人向拟设立二手车鉴定评估机构所在地省级商务主管部门提出书面申请,并提交符合本办法第九条规定的相关材料;

(二) 省级商务主管部门自收到全部申请材料之日起20个工作日内作出是否予以核准的决定,对予以核准的,颁发《二手车鉴定评估机构核准证书》;不予核准的,应当说明理由;

(三) 申请人持《二手车鉴定评估机构核准证书》到工商行政管理部门办理登记手续。

第十一条 外商投资设立二手车交易市场、经销企业、经纪机构、鉴定评估机构的申请人,应当分别持符合第八条、第九条规定和《外商投资商业领域管理办法》、有关外商投资法律规定的相关材料报省级商务主管部门。省级商务主管部门进行初审后,自收到全部申请材料之日起1个月内上报国务院商务主管部门。合资中方有国家计划单列企业集团的,可直接将申请材料报送国务院商务主管部门。国务院商务主管部门自收到全部申请材料3个月内会同国务院工商行政管理部门,作出是否予以批准的决定,对予以批准的,颁发或者换发《外商投资企业批准证书》;不予批准的,应当说明理由。

申请人持《外商投资企业批准证书》到工商行政管理部门办理登记手续。

第十二条 设立二手车拍卖企业(含外商投资二手车拍卖企业)应当符合《中华人民共和国拍卖法》和《拍卖管理办法》有关规定,并按《拍卖管理办法》规定的程序办理。

第十三条 外资并购二手车交易市场和经营主体及已设立的外商投资企业增加二手车经营范围的,应当按第十一条、第十二条规定的程序办理。

第三章 行为规范

第十四条 二手车交易市场经营者和二手车经营主体应当依法经营和纳税,遵守商业道德,接受依法实施的监督检查。

第十五条 二手车卖方应当拥有车辆的所有权或者处置权。二手车交易市场经营者和二手车经营主体应当确认卖方的身份证明,车辆的号牌、机动车登记证书、机动车行驶证,有效的机动车安全技术检验合格标志、车辆保险单、交纳税费凭证等。

国家机关、国有企事业单位在出售、委托拍卖车辆时,应持有本单位或者上级单位出具的资产处理证明。

第十六条 出售、拍卖无所有权或者处置权车辆的,应承担相应的法律责任。

第十七条 二手车卖方应当向买方提供车辆的使用、修理、事故、检验以及是否办理抵押登记、交纳税费、报废期等真实情况和信息。买方购买的车辆如因卖方隐瞒和欺诈不能办理转移登记,卖方应当无条件接受退车,并退还购车款等费用。

第十八条 二手车经销企业销售二手车时应当向买方提供质量保证及售后服务承诺,并在经营场所予以明示。

第十九条 进行二手车交易应当签订合同。合同示范文本由国务院工商行政管理部门制定。

第二十条 二手车所有人委托他人办理车辆出售的,应当与受托人签订委托书。

第二十一条 委托二手车经纪机构购买二手车时,双方应当按以下要求进行:

(一) 委托人向二手车经纪机构提供合法身份证明;

（二）二手车经纪机构依据委托人要求选择车辆，并及时向其通报市场信息；

（三）二手车经纪机构接受委托购买时，双方签订合同；

（四）二手车经纪机构根据委托人要求代为办理车辆鉴定评估，鉴定评估所发生的费用由委托人承担。

第二十二条 二手车交易完成后，卖方应当及时向买方交付车辆、号牌及车辆法定证明、凭证。车辆法定证明、凭证主要包括：

（一）机动车登记证书；

（二）机动车行驶证；

（三）有效的机动车安全技术检验合格标志；

（四）车辆购置税完税证明；

（五）养路费缴付凭证；

（六）车船使用税缴付凭证；

（七）车辆保险单。

第二十三条 下列车辆禁止经销、买卖、拍卖和经纪：

（一）已报废或者达到国家强制报废标准的车辆；

（二）在抵押期间或者未经海关批准交易的海关监管车辆；

（三）在人民法院、人民检察院、行政执法部门依法查封、扣押期间的车辆；

（四）通过盗窃、抢劫、诈骗等违法犯罪手段获得的车辆；

（五）发动机号码、车辆识别代码或者车架号码与登记号码不相符，或者有凿改迹象的车辆；

（六）走私、非法拼（组）装的车辆；

（七）不具有第二十二条所列证明、凭证的车辆；

（八）在本行政辖区以外的公安机关交通管理部门注册登记的车辆；

（九）国家法律、行政法规禁止经营的车辆。

二手车交易市场经营者和二手车经营主体发现车辆具有（四）、（五）、（六）情形之一的，应当及时报告公安机关、工商行政管理部门等执法机关。

对交易违法车辆的，二手车交易市场经营者和二手车经营主体应当承担连带赔偿责任和其他相应的法律责任。

第二十四条 二手车经销企业销售、拍卖企业拍卖二手车时，应当按规定向买方开具税务机关监制的统一发票。

进行二手车直接交易和通过二手车经纪机构进行二手车交易的，应当由二手车交易市场经营者按规定向买方开具税务机关监制的统一发票。

第二十五条 二手车交易完成后，现车辆所有人应当凭税务机关监制的统一发票，按法律、法规有关规定办理转移登记手续。

第二十六条 二手车交易市场经营者应当为二手车经营主体提供固定场所和设施，并为客户提供办理二手车鉴定评估、转移登记、保险、纳税等手续的条件。二手车经销企业、经纪机构应当根据客户要求，代办二手车鉴定评估、转移登记、保险、纳税等手续。

第二十七条 二手车鉴定评估应当本着买卖双方自愿的原则，不得强制进行；属国有资产的二手车应当按国家有关规定进行鉴定评估。

第二十八条 二手车鉴定评估机构应当遵循客观、真实、公正和公开原则，依据国家法律法规开展二手车鉴定评估业务，出具车辆鉴定评估报告；并对鉴定评估报告中车辆技术状况，包括是否属事故车辆等评估内容负法律责任。

第二十九条 二手车鉴定评估机构和人员可以按国家有关规定从事涉案、事故车辆鉴定等评估业务。

第三十条 二手车交易市场经营者和二手车经营主体应当建立完整的二手车交易购销、买卖、拍卖、经纪以及鉴定评估档案。

第三十一条 设立二手车交易市场、二手车经销企业开设店铺，应当符合所在地城市发展及城市商业发展有关规定。

第四章 监督与管理

第三十二条 二手车流通监督管理遵循破除垄断，鼓励竞争，促进发展和公平、公正、公开的原则。

第三十三条 建立二手车交易市场经营者和二手车经营主体备案制度。凡经工商行政管理部门依法登记，取得营业执照的二手车交易市场经营者和二手车经营主体，应当自取得营业执照之日起两个月内向省级商务主管部门备案。省级商务主管部门应当将二手车交易市场经营者和二手车经营主体有关备案情况定期报送国务院商务主管部门。

第三十四条 建立和完善二手车流通信息报送、公布制度。二手车交易市场经营者和二手车经营主体应当定期将二手车交易量、交易额等信息通过所在地商务主管部门报送省级商务主管部门。省级商务主管部门将上述信息汇总后报送国务院商务主管部门。国务院商务主管部门定期向社会公布全国二手车流通信息。

第三十五条 商务主管部门、工商行政管理部门应当在各自的职责范围内采取有效措施，加强对二手车交易市场经营者和经营主体的监督管理，依法查处违法违规行为，维护市场秩序，保护消费者的合法权益。

第三十六条 国务院工商行政管理部门会同商务主管部门建立二手车交易市场经营者和二手车经营主体信用档案，定期公布违规企业名单。

第五章 附则

第三十七条 本办法自2005年10月1日起施行，原《商务部办公厅关于规范旧机动车鉴定评估管理工作的通知》（商建字[2004]第70号）、《关于加强旧机动车市场管理工作的通知》（国经贸贸易[2001]1281号）、《旧机动车交易管理办法》（内贸机字[1998]第33号）及据此发布的各类文件同时废止。

附录三　二手车交易规范

商务部公告 2006 年第 22 号

为规范二手车交易行为，指导交易各方进行二手车交易及相关活动，根据《二手车流通管理办法》，制定《二手车交易规范》，现予发布，在行业内推广实施。

特此公告。

2006 年 3 月 24 日

二手车交易规范

第一章　总则

第一条　为规范二手车交易市场经营者和二手车经营主体的服务、经营行为，以及二手车直接交易双方的交易行为，明确交易规程，增加交易透明度，维护二手车交易双方的合法权益，依据《二手车流通管理办法》，制定本规范。

第二条　在中华人民共和国境内从事二手车交易及相关的活动适用于本规范。

第三条　二手车交易应遵循诚实、守信、公平、公开的原则，严禁欺行霸市、强买强卖、弄虚作假、恶意串通、敲诈勒索等违法行为。

第四条　二手车交易市场经营者和二手车经营主体应在各自的经营范围内从事经营活动，不得超范围经营。

第五条　二手车交易市场经营者和二手车经营主体应按下列项目确认卖方的身份及车辆的合法性：

（一）卖方身份证明或者机构代码证书原件合法有效；

（二）车辆号牌、机动车登记证书、机动车行驶证、机动车安全技术检验合格标志真实、合法、有效；

（三）交易车辆不属于《二手车流通管理办法》第二十三条规定禁止交易的车辆。

第六条　二手车交易市场经营者和二手车经营主体应核实卖方的所有权或处置权证明。车辆所有权或处置权证明应符合下列条件：

（一）机动车登记证书、机动车行驶证与卖方身份证明名称一致；国家机关、国有企事业单位出售的车辆，应附有资产处理证明；

（二）委托出售的车辆，卖方应提供车主授权委托书和身份证明；

（三）二手车经销企业销售的车辆，应具有车辆收购合同等能够证明经销企业拥有该车所有权或处置权的相关材料，以及原车主身份证明复印件。原车主名称应与机动车登记证、行驶证名称一致。

第七条　二手车交易应当签订合同，明确相应的责任和义务。交易合同包括收购合同、销售合同、买卖合同、委托购买合同、委托出售合同、委托拍卖合同等。

第八条　交易完成后，买卖双方应当按照国家有关规定，持下列法定证明、凭证向公安机关交通管理部门申办车辆转移登记手续：

（一）买方及其代理人的身份证明；

（二）机动车登记证书；

（三）机动车行驶证；

（四）二手车交易市场、经销企业、拍卖公司按规定开具的二手车销售统一发票；

（五）属于解除海关监管的车辆，应提供《中华人民共和国海关监管车辆解除监管证明书》；

车辆转移登记手续应在国家有关政策法规所规定的时间内办理完毕，并在交易合同中予以明确。

完成车辆转移登记后，买方应按国家有关规定，持新的机动车登记证书和机动车行驶证到有关部门办理车辆购置税、养路费变更手续。

第九条 二手车应在车辆注册登记所在地交易。二手车转移登记手续应按照公安部门有关规定在原车辆注册登记所在地公安机关交通管理部门办理。需要进行异地转移登记的，由车辆原属地公安机关交通管理部门办理车辆转出手续，在接收地公安机关交通管理部门办理车辆转入手续。

第十条 二手车交易市场经营者和二手车经营主体应根据客户要求提供相关服务，在收取服务费、佣金时应开具发票。

第十一条 二手车交易市场经营者、经销企业、拍卖公司应建立交易档案，交易档案主要包括以下内容：

（一）本规范第五条第二款规定的法定证明、凭证复印件；

（二）购车原始发票或者最近一次交易发票复印件；

（三）买卖双方身份证明或者机构代码证书复印件；

（四）委托人及授权代理人身份证或者机构代码证书以及授权委托书复印件；

（五）交易合同原件；

（六）二手车经销企业的《车辆信息表》（见附件一），二手车拍卖公司的《拍卖车辆信息》（见附件二）和《二手车拍卖成交确认书》（见附件三）；

（七）其他需要存档的有关资料。

交易档案保留期限不少于3年。

第十二条 二手车交易市场经营者、二手车经营主体发现非法车辆、伪造证照和车牌等违法行为，以及擅自更改发动机号、车辆识别代码（车架号码）和调整里程表等情况，应及时向有关执法部门举报，并有责任配合调查。

第二章 收购和销售

第十三条 二手车经销企业在收购车辆时，应按下列要求进行：

（一）按本规范第五条和第六条所列项目核实卖方身份以及交易车辆的所有权或处置权，并查验车辆的合法性；

（二）与卖方商定收购价格，如对车辆技术状况及价格存有异议，经双方商定可委托二手车鉴定评估机构对车辆技术状况及价值进行鉴定评估。达成车辆收购意向的，签订收购合同，收购合同中应明确收购方享有车辆的处置权；

（三）按收购合同向卖方支付车款。

第十四条 二手车经销企业将二手车销售给买方之前，应对车辆进行检测和整备。

二手车经销企业应对进入销售展示区的车辆按《车辆信息表》的要求填写有关信息，在显要位置予以明示，并可根据需要增加《车辆信息表》的有关内容。

第十五条 达成车辆销售意向的，二手车经销企业应与买方签订销售合同，并将《车辆信息表》作为合同附件。按合同约定收取车款时，应向买方开具税务机关监制的统一发票，并如实填写成交价格。

买方持本规范第八条规定的法定证明、凭证到公安机关交通管理部门办理转移登记手续。

第十六条 二手车经销企业向最终用户销售使用年限在3年以内或行驶里程在6万km以内的车辆（以先到者为准，营运车除外），应向用户提供不少于3个月或5 000km（以先到者为准）的质量保证。质量保证范围为发动机系统、转向系统、传动系统、制动系统、悬架系统等。

第十七条 二手车经销企业向最终用户提供售后服务时，应向其提供售后服务清单。

第十八条 二手车经销企业在提供售后服务的过程中，不得擅自增加未经客户同意的服务项目。

第十九条 二手车经销企业应建立售后服务技术档案。售后服务技术档案包括以下内容：

（一）车辆基本资料。主要包括车辆品牌型号、车牌号码、发动机号、车架号、出厂日期、使用性质、最近一次转移登记日期、销售时间、地点等；

（二）客户基本资料。主要包括客户名称（姓名）、地址、职业、联系方式等；

（三）维修保养记录。主要包括维修保养的时间、里程、项目等。

售后服务技术档案保存时间不少于3年。

第三章 经纪

第二十条 购买或出售二手车可以委托二手车经纪机构办理。委托二手车经纪机构购买二手车时，应按《二手车流通管理办法》第二十一条规定进行。

第二十一条 二手车经纪机构应严格按照委托购买合同向买方交付车辆、随车文件及本规范第五条第二款规定的法定证明、凭证。

第二十二条 经纪机构接受委托出售二手车，应按以下要求进行：

（一）及时向委托人通报市场信息；

（二）与委托人签订委托出售合同；

（三）按合同约定展示委托车辆，并妥善保管，不得挪作他用；

（四）不得擅自降价或加价出售委托车辆。

第二十三条 签订委托出售合同后，委托出售方应当按照合同约定向二手车经纪机构交付车辆、随车文件及本规范第五条第二款规定的法定证明、凭证。

车款、佣金给付按委托出售合同约定办理。

第二十四条 通过二手车经纪机构买卖的二手车，应由二手车交易市场经营者开具国家税务机关监制的统一发票。

第二十五条 进驻二手车交易市场的二手车经纪机构应与交易市场管理者签订相应的管理协议，服从二手车交易市场经营者的统一管理。

第二十六条 二手车经纪人不得以个人名义从事二手车经纪活动。

二手车经纪机构不得以任何方式从事二手车的收购、销售活动。

第二十七条 二手车经纪机构不得采取非法手段促成交易，以及向委托人索取合同约定佣金以外的费用。

第四章 拍卖

第二十八条 从事二手车拍卖及相关中介服务活动，应按照《拍卖法》及《拍卖管理办法》的有关规定进行。

第二十九条 委托拍卖时，委托人应提供身份证明、车辆所有权或处置权证明及其他相关材料。拍卖人接受委托的，应与委托人签订委托拍卖合同。

第三十条 委托人应提供车辆真实的技术状况，拍卖人应如实填写《拍卖车辆信息》。

如对车辆的技术状况存有异议，拍卖委托双方经商定可委托二手车鉴定评估机构对车辆进行鉴定评估。

第三十一条 拍卖人应于拍卖日7日前发布公告。拍卖公告应通过报纸或者其他新闻媒体发布，并载明下列事项：

（一）拍卖的时间、地点；

（二）拍卖的车型及数量；

（三）车辆的展示时间、地点；

（四）参加拍卖会办理竞买的手续；

（五）需要公告的其他事项。

拍卖人应在拍卖前展示拍卖车辆，并在车辆显著位置张贴《拍卖车辆信息》。车辆的展示时间不得少于2天。

第三十二条 进行网上拍卖，应在网上公布车辆的彩色照片和《拍卖车辆信息》，公布时间不得少于7天。

网上拍卖是指二手车拍卖公司利用互联网发布拍卖信息，公布拍卖车辆技术参数和直观图片，通过网上竞价，网下交接，将二手车转让给超过保留价的最高应价者的经营活动。

网上拍卖过程及手续应与现场拍卖相同。网上拍卖组织者应根据《拍卖法》及《拍卖管理办法》有关条款制定网上拍卖规则，竞买人则需要办理网上拍卖竞买手续。

任何个人及未取得二手车拍卖人资质的企业不得开展二手车网上拍卖活动。

第三十三条 拍卖成交后，买受人和拍卖人应签署《二手车拍卖成交确认书》。

第三十四条 委托人、买受人可与拍卖人约定佣金比例。

委托人、买受人与拍卖人对拍卖佣金比例未作约定的，依据《拍卖法》及《拍卖管理办法》有关规定收取佣金。

拍卖未成交的，拍卖人可按委托拍卖合同的约定向委托人收取服务费用。

第三十五条 拍卖人应在拍卖成交且买受人支付车辆全款后，将车辆、随车文件及本规范第五条第二款规定的法定证明、凭证交付给买受人，并向买受人开具二手车销售统一发票，如实填写拍卖成交价格。

第五章 直接交易

第三十六条 二手车直接交易方为自然人的，应具有完全民事行为能力。无民事行为能力的，应由其法定代理人代为办理，法定代理人应提供相关证明。

二手车直接交易委托代理人办理的，应签订具有法律效力的授权委托书。

第三十七条 二手车直接交易双方或其代理人均应向二手车交易市场经营者提供其合法身份证明，并将车辆及本规范第五条第二款规定的法定证明、凭证送交二手车交易市场经营者进行合法性验证。

第三十八条 二手车直接交易双方应签订买卖合同，如实填写有关内容，并承担相应的法律责任。

第三十九条 二手车直接交易的买方按照合同支付车款后，卖方应按合同约定及时将车辆及本规范第五条第二款规定的法定证明、凭证交付买方。

车辆法定证明、凭证齐全合法，并完成交易的，二手车交易市场经营者应当按照国家有关规定开具二手车销售统一发票，并如实填写成交价格。

第六章 交易市场的服务与管理

第四十条 二手车交易市场经营者应具有必要的配套服务设施和场地，设立车辆展示交易区、交易手续办理区及客户休息区，做到标识明显，环境整洁卫生。交易手续办理区应设立接待窗口，明示各窗口业务受理范围。

第四十一条 二手车交易市场经营者在交易市场内应设立醒目的公告牌，明示交易服务程序、收费项目及标准、客户查询和监督电话号码等内容。

第四十二条 二手车交易市场经营者应制定市场管理规则，对场内的交易活动负有监督、规范和管理责任，保证良好的市场环境和交易秩序。由于管理不当给消费者造成损失的，应承担相应的责任。

第四十三条 二手车交易市场经营者应及时受理并妥善处理客户投诉，协助客户挽回经济损失，保护消费者权益。

第四十四条 二手车交易市场经营者在履行其服务、管理职能的同时，可依法收取交易服务和物业等费用。

第四十五条 二手车交易市场经营者应建立严格的内部管理制度，牢固树立为客户服务、为驻场企业服务的意识，加强对所属人员的管理，提高人员素质。二手车交易市场服务、管理人员须经培训合格后上岗。

第七章 附则

第四十六条 本规范自发布之日起实施。

附件一：车辆信息表（略）

附件二：拍卖车辆信息（略）

附件三：二手车拍卖成交确认书（略）

附录四 机动车登记规定

中华人民共和国公安部令第 102 号

修订后的《机动车登记规定》已经 2008 年 4 月 21 日公安部部长办公会议通过，现予发布，自 2008 年 10 月 1 日起施行。

公安部部长 孟建柱
二〇〇八年五月二十七日

第一章 总则

第一条 根据《中华人民共和国道路交通安全法》及其实施条例的规定，制定本规定。

第二条 本规定由公安机关交通管理部门负责实施。

省级公安机关交通管理部门负责本省（自治区、直辖市）机动车登记工作的指导、检查和监督。直辖市公安机关交通管理部门车辆管理所、设区的市或者相当于同级的公安机关交通管理部门车辆管理所负责办理本行政辖区内机动车登记业务。

县级公安机关交通管理部门车辆管理所可以办理本行政辖区内摩托车、三轮汽车、低速载货汽车登记业务。条件具备的，可以办理除进口机动车、危险化学品运输车、校车、中型以上载客汽车以外的其他机动车登记业务。具体业务范围和办理条件由省级公安机关交通管理部门确定。

警用车辆登记业务按照有关规定办理。

第三条 车辆管理所办理机动车登记，应当遵循公开、公正、便民的原则。

车辆管理所在受理机动车登记申请时，对申请材料齐全并符合法律、行政法规和本规定的，应当在规定的时限内办结。对申请材料不齐全或者其他不符合法定形式的，应当一次告知申请人需要补正的全部内容。对不符合规定的，应当书面告知不予受理、登记的理由。

车辆管理所应当将法律、行政法规和本规定的有关机动车登记的事项、条件、依据、程序、期限以及收费标准、需要提交的全部材料的目录和申请表示范文本等在办理登记的场所公示。

省级、设区的市或者相当于同级的公安机关交通管理部门应当在互联网上建立主页，发布信息，便于群众查阅机动车登记的有关规定，下载、使用有关表格。

第四条 车辆管理所应当使用计算机登记系统办理机动车登记，并建立数据库。不使用计算机登记系统登记的，登记无效。

计算机登记系统的数据库标准和登记软件全国统一。数据库能够完整、准确记录登记内容，记录办理过程和经办人员信息，并能够实时将有关登记内容传送到全国公安交通管理信息系统。计算机登记系统应当与交通违法信息系统和交通事故信息系统实行联网。

第二章 登记

第一节 注册登记

第五条 初次申领机动车号牌、行驶证的，机动车所有人应当向住所地的车辆管理所申请注册登记。

第六条 机动车所有人应当到机动车安全技术检验机构对机动车进行安全技术检验，取得机动车安全技术检验合格证明后申请注册登记。但经海关进口的机动车和国务院机动车产品主管部门认定免予安全技术检验的机动车除外。

免予安全技术检验的机动车有下列情形之一的，应当进行安全技术检验：

（一）国产机动车出厂后两年内未申请注册登记的；

（二）经海关进口的机动车进口后两年内未申请注册登记的；

（三）申请注册登记前发生交通事故的。

第七条 申请注册登记的，机动车所有人应当填写申请表，交验机动车，并提交以下证明、凭证：

（一）机动车所有人的身份证明；

（二）购车发票等机动车来历证明；

（三）机动车整车出厂合格证明或者进口机动车进口凭证；

（四）车辆购置税完税证明或者免税凭证；

（五）机动车交通事故责任强制保险凭证；

（六）法律、行政法规规定应当在机动车注册登记时提交的其他证明、凭证。

不属于经海关进口的机动车和国务院机动车产品主管部门规定免予安全技术检验的机动车，还应当提交机动车安全技术检验合格证明。

车辆管理所应当自受理申请之日起二日内，确认机动车，核对车辆识别代码拓印膜，审查提交的证明、凭证，核发机动车登记证书、号牌、行驶证和检验合格标志。

第八条 车辆管理所办理消防车、救护车、工程救险车注册登记时，应当对车辆的使用性质、标志图案、标志灯具和警报器进行审查。

车辆管理所办理全挂汽车列车和半挂汽车列车注册登记时，应当对牵引车和挂车分别核发机动车登记证书、号牌和行驶证。

第九条 有下列情形之一的，不予办理注册登记：

（一）机动车所有人提交的证明、凭证无效的；

（二）机动车来历证明被涂改或者机动车来历证明记载的机动车所有人与身份证明不符的；

（三）机动车所有人提交的证明、凭证与机动车不符的；

（四）机动车未经国务院机动车产品主管部门许可生产或者未经国家进口机动车主管部门许可进口的；

（五）机动车的有关技术数据与国务院机动车产品主管部门公告的数据不符的；

（六）机动车的型号、发动机号码、车辆识别代码或者有关技术数据不符合国家安全技术标准的；

（七）机动车达到国家规定的强制报废标准的；

（八）机动车被人民法院、人民检察院、行政执法部门依法查封、扣押的；

（九）机动车属于被盗抢的；

（十）其他不符合法律、行政法规规定的情形。

第二节　变更登记

第十条 已注册登记的机动车有下列情形之一的，机动车所有人应当向登记地车辆管理所申请变更登记：

（一）改变车身颜色的；

（二）更换发动机的；

（三）更换车身或者车架的；

（四）因质量问题更换整车的；

（五）营运机动车改为非营运机动车或者非营运机动车改为营运机动车等使用性质改变的；

（六）机动车所有人的住所迁出或者迁入车辆管理所管辖区域的。

机动车所有人为两人以上，需要将登记的所有人姓名变更为其他所有人姓名的，可以向登记地车辆管理所申请变更登记。

属于本条第一款第（一）项、第（二）项和第（三）项规定的变更事项的，机动车所有人应当在变更后十日内向车辆管理所申请变更登记；属于本条第一款第（六）项规定的变更事项的，机动车所有人申请转出前，应当将涉及该车的道路交通安全违法行为和交通事故处理完毕。

第十一条 申请变更登记的，机动车所有人应当填写申请表，交验机动车，并提交以下证明、凭证：

（一）机动车所有人的身份证明；

（二）机动车登记证书；

（三）机动车行驶证；

（四）属于更换发动机、车身或者车架的，还应当提交机动车安全技术检验合格证明；

（五）属于因质量问题更换整车的，还应当提交机动车安全技术检验合格证明，但经海关进口的机动车和国务院机动车产品主管部门认定免予安全技术检验的机动车除外。

车辆管理所应当自受理之日起一日内，确认机动车，审查提交的证明、凭证，在机动车登记证书上签注变更事项，收回行驶证，重新核发行驶证。

车辆管理所办理本规定第十条第一款第（三）项、第（四）项和第（六）项规定的变更登记事项的，应当核对车辆识别代码拓印膜。

第十二条 车辆管理所办理机动车变更登记时，需要改变机动车号牌号码的，收回号牌、行驶证，确定新的机动车号牌号码，重新核发号牌、行驶证和检验合格标志。

第十三条 机动车所有人的住所迁出车辆管理所管辖区域的，车辆管理所应当自受理之日起三日内，在机动车登记证书上签注变更事项，收回号牌、行驶证，核发有效期为三十日的临时行驶车号牌，将机动车档案交机动车所有人。机动车所有人应当在临时行驶车号牌的有效期限内到住所地车辆管理所申请机动车转入。

申请机动车转入的，机动车所有人应当填写申请表，提交身份证明、机动车登记证书、机动车档案，并交验机动车。机动车在转入时已超过检验有效期的，应当在转入地进行安全技术检验并提交机动车安全技术检验合格证明和交通事故责任强制保险凭证。车辆管理所应当自受理之日起三日内，确认机动车，核对车辆识别代码拓印膜，审查相关证明、凭证和机动车档案，在机动车登记证书上签注转入信息，核发号牌、行驶证和检验合格标志。

第十四条　机动车所有人为两人以上，需要将登记的所有人姓名变更为其他所有人姓名的，应当提交机动车登记证书、行驶证、变更前和变更后机动车所有人的身份证明和共同所有的公证证明，但属于夫妻双方共同所有的，可以提供结婚证或者证明夫妻关系的居民户口簿。

变更后机动车所有人的住所在车辆管理所管辖区域内的，车辆管理所按照本规定第十一条第二款的规定办理变更登记。变更后机动车所有人的住所不在车辆管理所管辖区域内的，迁出地和迁入地车辆管理所按照本规定第十三条的规定办理变更登记。

第十五条　有下列情形之一的，不予办理变更登记：

（一）改变机动车的品牌、型号和发动机型号的，但经国务院机动车产品主管部门许可选装的发动机除外；

（二）改变已登记的机动车外形和有关技术数据的，但法律、法规和国家强制性标准另有规定的除外；

（三）有本规定第九条第（一）项、第（七）项、第（八）项、第（九）项规定情形的。

第十六条　有下列情形之一，在不影响安全和识别号牌的情况下，机动车所有人不需要办理变更登记：

（一）小型、微型载客汽车加装前后防撞装置；

（二）货运机动车加装防风罩、散热器、工具箱、备胎架等；

（三）增加机动车车内装饰。

第十七条　已注册登记的机动车，机动车所有人住所在车辆管理所管辖区域内迁移或者机动车所有人姓名（单位名称）、联系方式变更的，应当向登记地车辆管理所备案。

（一）机动车所有人住所在车辆管理所管辖区域内迁移、机动车所有人姓名（单位名称）变更的，机动车所有人应当提交身份证明、机动车登记证书、行驶证和相关变更证明。车辆管理所应当自受理之日起一日内，在机动车登记证书上签注备案事项，重新核发行驶证。

（二）机动车所有人联系方式变更的，机动车所有人应当提交身份证明和行驶证。车辆管理所应当自受理之日起一日内办理备案。

机动车所有人的身份证明名称或者号码变更的，可以向登记地车辆管理所申请备案。机动车所有人应当提交身份证明、机动车登记证书。车辆管理所应当自受理之日起一日内，在机动车登记证书上签注备案事项。

发动机号码、车辆识别代码因磨损、锈蚀、事故等原因辨认不清或者损坏的，可以向登记地车辆管理所申请备案。机动车所有人应当提交身份证明、机动车登记证书、行驶证。车辆管理所应当自受理之日起一日内，在发动机、车身或者车架上打刻原发动机号码或者原车辆识别代码，在机动车登记证书上签注备案事项。

第三节　转移登记

第十八条　已注册登记的机动车所有权发生转移的，现机动车所有人应当自机动车交付之日起三十日内向登记地车辆管理所申请转移登记。

机动车所有人申请转移登记前，应当将涉及该车的道路交通安全违法行为和交通事故处理完毕。

第十九条　申请转移登记的，现机动车所有人应当填写申请表，交验机动车，并提交以下证明、凭证：

（一）现机动车所有人的身份证明；
（二）机动车所有权转移的证明、凭证；
（三）机动车登记证书；
（四）机动车行驶证；
（五）属于海关监管的机动车，还应当提交《中华人民共和国海关监管车辆解除监管证明书》或者海关批准的转让证明；
（六）属于超过检验有效期的机动车，还应当提交机动车安全技术检验合格证明和交通事故责任强制保险凭证。

现机动车所有人住所在车辆管理所管辖区域内的，车辆管理所应当自受理申请之日起一日内，确认机动车，核对车辆识别代码拓印膜，审查提交的证明、凭证，收回号牌、行驶证，确定新的机动车号牌号码，在机动车登记证书上签注转移事项，重新核发号牌、行驶证和检验合格标志。

现机动车所有人住所不在车辆管理所管辖区域内的，车辆管理所应当按照本规定第十三条的规定办理。

第二十条　有下列情形之一的，不予办理转移登记：
（一）机动车与该车档案记载内容不一致的；
（二）属于海关监管的机动车，海关未解除监管或者批准转让的；
（三）机动车在抵押登记、质押备案期间的；
（四）有本规定第九条第（一）项、第（二）项、第（七）项、第（八）项、第（九）项规定情形的。

第二十一条　被人民法院、人民检察院和行政执法部门依法没收并拍卖，或者被仲裁机构依法仲裁裁决，或者被人民法院调解、裁定、判决机动车所有权转移时，原机动车所有人未向现机动车所有人提供机动车登记证书、号牌或者行驶证的，现机动车所有人在办理转移登记时，应当提交人民法院出具的未得到机动车登记证书、号牌或者行驶证的《协助执行通知书》，或者人民检察院、行政执法部门出具的未得到机动车登记证书、号牌或者行驶证的证明。车辆管理所应当公告原机动车登记证书、号牌或者行驶证作废，并在办理转移登记的同时，补发机动车登记证书。

第四节　抵押登记

第二十二条　机动车所有人将机动车作为抵押物抵押的，应当向登记地车辆管理所申请抵押登记；抵押权消灭的，应当向登记地车辆管理所申请解除抵押登记。

第二十三条　申请抵押登记的，机动车所有人应当填写申请表，由机动车所有人和抵押权人共同申请，并提交下列证明、凭证：
（一）机动车所有人和抵押权人的身份证明；
（二）机动车登记证书；
（三）机动车所有人和抵押权人依法订立的主合同和抵押合同。

车辆管理所应当自受理之日起一日内，审查提交的证明、凭证，在机动车登记证书上签注抵押登记的内容和日期。

第二十四条　申请解除抵押登记的，机动车所有人应当填写申请表，由机动车所有人和抵押权人共同申请，并提交下列证明、凭证：
（一）机动车所有人和抵押权人的身份证明；

（二）机动车登记证书。

人民法院调解、裁定、判决解除抵押的，机动车所有人或者抵押权人应当填写申请表，提交机动车登记证书、人民法院出具的已经生效的《调解书》、《裁定书》或者《判决书》，以及相应的《协助执行通知书》。

车辆管理所应当自受理之日起一日内，审查提交的证明、凭证，在机动车登记证书上签注解除抵押登记的内容和日期。

第二十五条　机动车抵押登记日期、解除抵押登记日期可以供公众查询。

第二十六条　有本规定第九条第（一）项、第（七）项、第（八）项、第（九）项或者第二十条第（二）项规定情形之一的，不予办理抵押登记。对机动车所有人提交的证明、凭证无效，或者机动车被人民法院、人民检察院、行政执法部门依法查封、扣押的，不予办理解除抵押登记。

第五节　注销登记

第二十七条　已达到国家强制报废标准的机动车，机动车所有人向机动车回收企业交售机动车时，应当填写申请表，提交机动车登记证书、号牌和行驶证。机动车回收企业应当确认机动车并解体，向机动车所有人出具《报废机动车回收证明》。报废的大型客、货车及其他营运车辆应当在车辆管理所的监督下解体。

机动车回收企业应当在机动车解体后七日内将申请表、机动车登记证书、号牌、行驶证和《报废机动车回收证明》副本提交车辆管理所，申请注销登记。

车辆管理所应当自受理之日起一日内，审查提交的证明、凭证，收回机动车登记证书、号牌、行驶证，出具注销证明。

第二十八条　除本规定第二十七条规定的情形外，机动车有下列情形之一的，机动车所有人应当向登记地车辆管理所申请注销登记：

（一）机动车灭失的；

（二）机动车因故不在我国境内使用的；

（三）因质量问题退车的。

已注册登记的机动车有下列情形之一的，登记地车辆管理所应当办理注销登记：

（一）机动车登记被依法撤销的；

（二）达到国家强制报废标准的机动车被依法收缴并强制报废的。

属于本条第一款第（二）项和第（三）项规定情形之一的，机动车所有人申请注销登记前，应当将涉及该车的道路交通安全违法行为和交通事故处理完毕。

第二十九条　属于本规定第二十八条第一款规定的情形，机动车所有人申请注销登记的，应当填写申请表，并提交以下证明、凭证：

（一）机动车登记证书；

（二）机动车行驶证；

（三）属于机动车灭失的，还应当提交机动车所有人的身份证明和机动车灭失证明；

（四）属于机动车因故不在我国境内使用的，还应当提交机动车所有人的身份证明和出境证明，其中属于海关监管的机动车，还应当提交海关出具的《中华人民共和国海关监管车辆进（出）境领（销）牌照通知书》；

（五）属于因质量问题退车的，还应当提交机动车所有人的身份证明和机动车制造厂或者经销商出具的退车证明。

车辆管理所应当自受理之日起一日内，审查提交的证明、凭证，收回机动车登记证书、号牌、行驶证，出具注销证明。

第三十条 因车辆损坏无法驶回登记地的，机动车所有人可以向车辆所在地机动车回收企业交售报废机动车。交售机动车时应当填写申请表，提交机动车登记证书、号牌和行驶证。机动车回收企业应当确认机动车并解体，向机动车所有人出具《报废机动车回收证明》。报废的大型客、货车及其他营运车辆应当在报废地车辆管理所的监督下解体。

机动车回收企业应当在机动车解体后七日内将申请表、机动车登记证书、号牌、行驶证和《报废机动车回收证明》副本提交报废地车辆管理所，申请注销登记。

报废地车辆管理所应当自受理之日起一日内，审查提交的证明、凭证，收回机动车登记证书、号牌、行驶证，并通过计算机登记系统将机动车报废信息传递给登记地车辆管理所。

登记地车辆管理所应当自接到机动车报废信息之日起一日内办理注销登记，并出具注销证明。

第三十一条 已注册登记的机动车有下列情形之一的，车辆管理所应当公告机动车登记证书、号牌、行驶证作废：

（一）达到国家强制报废标准，机动车所有人逾期不办理注销登记的；

（二）机动车登记被依法撤销后，未收缴机动车登记证书、号牌、行驶证的；

（三）达到国家强制报废标准的机动车被依法收缴并强制报废的；

（四）机动车所有人办理注销登记时未交回机动车登记证书、号牌、行驶证的。

第三十二条 有本规定第九条第（一）项、第（八）项、第（九）项或者第二十条第（一）项、第（三）项规定情形的之一的，不予办理注销登记。

第三章 其他规定

第三十三条 申请办理机动车质押备案或者解除质押备案的，由机动车所有人和典当行共同申请，机动车所有人应当填写申请表，并提交以下证明、凭证：

（一）机动车所有人和典当行的身份证明；

（二）机动车登记证书。

车辆管理所应当自受理之日起一日内，审查提交的证明、凭证，在机动车登记证书上签注质押备案或者解除质押备案的内容和日期。

有本规定第九条第（一）项、第（七）项、第（八）项、第（九）项规定情形之一的，不予办理质押备案。对机动车所有人提交的证明、凭证无效，或者机动车被人民法院、人民检察院、行政执法部门依法查封、扣押的，不予办理解除质押备案。

第三十四条 机动车登记证书灭失、丢失或者损毁的，机动车所有人应当向登记地车辆管理所申请补领、换领。申请时，机动车所有人应当填写申请表并提交身份证明，属于补领机动车登记证书的，还应当交验机动车。车辆管理所应当自受理之日起一日内，确认机动车，审查提交的证明、凭证，补发、换发机动车登记证书。

启用机动车登记证书前已注册登记的机动车未申领机动车登记证书的，机动车所有人可以向登记地车辆管理所申领机动车登记证书。但属于机动车所有人申请变更、转移或者抵押登记的，应当在申请前向车辆管理所申领机动车登记证书。申请时，机动车所有人应当填写申请表，交验机动车并提交身份证明。车辆管理所应当自受理之日起五日内，确认机动车，核对车辆识别代码拓印膜，审查提交的证明、凭证，核发机动车登记证书。

第三十五条　机动车号牌、行驶证灭失、丢失或者损毁的，机动车所有人应当向登记地车辆管理所申请补领、换领。申请时，机动车所有人应当填写申请表并提交身份证明。

车辆管理所应当审查提交的证明、凭证，收回未灭失、丢失或者损毁的号牌、行驶证，自受理之日起一日内补发、换发行驶证，自受理之日起十五日内补发、换发号牌，原机动车号牌号码不变。

补发、换发号牌期间应当核发有效期不超过十五日的临时行驶车号牌。

第三十六条　机动车具有下列情形之一，需要临时上道路行驶的，机动车所有人应当向车辆管理所申领临时行驶车号牌：

（一）未销售的；

（二）购买、调拨、赠予等方式获得机动车后尚未注册登记的；

（三）进行科研、定型试验的；

（四）因轴荷、总质量、外廓尺寸超出国家标准不予办理注册登记的特型机动车。

第三十七条　机动车所有人申领临时行驶车号牌应当提交以下证明、凭证：

（一）机动车所有人的身份证明；

（二）机动车交通事故责任强制保险凭证；

（三）属于本规定第三十六条第（一）项、第（四）项规定情形的，还应当提交机动车整车出厂合格证明或者进口机动车进口凭证；

（四）属于本规定第三十六条第（二）项规定情形的，还应当提交机动车来历证明，以及机动车整车出厂合格证明或者进口机动车进口凭证；

（五）属于本规定第三十六条第（三）项规定情形的，还应当提交书面申请和机动车安全技术检验合格证明。

车辆管理所应当自受理之日起一日内，审查提交的证明、凭证，属于本规定第三十六条第（一）项、第（二）项规定情形，需要在本行政辖区内临时行驶的，核发有效期不超过十五日的临时行驶车号牌；需要跨行政辖区临时行驶的，核发有效期不超过三十日的临时行驶车号牌。属于本规定第三十六条第（三）项、第（四）项规定情形的，核发有效期不超过九十日的临时行驶车号牌。

因号牌制作的原因，无法在规定时限内核发号牌的，车辆管理所应当核发有效期不超过十五日的临时行驶车号牌。

对具有本规定第三十六条第（一）项、第（二）项规定情形之一，机动车所有人需要多次申领临时行驶车号牌的，车辆管理所核发临时行驶车号牌不得超过三次。

第三十八条　机动车所有人发现登记内容有错误的，应当及时要求车辆管理所更正。车辆管理所应当自受理之日起五日内予以确认。确属登记错误的，在机动车登记证书上更正相关内容，换发行驶证。需要改变机动车号牌号码的，应当收回号牌、行驶证，确定新的机动车号牌号码，重新核发号牌、行驶证和检验合格标志。

第三十九条　已注册登记的机动车被盗抢的，车辆管理所应当根据刑侦部门提供的情况，在计算机登记系统内记录，停止办理该车的各项登记和业务。被盗抢机动车发还后，车辆管理所应当恢复办理该车的各项登记和业务。

机动车在被盗抢期间，发动机号码、车辆识别代码或者车身颜色被改变的，车辆管理所应当凭有关技术鉴定证明办理变更备案。

第四十条　机动车所有人可以在机动车检验有效期满前三个月内向登记地车辆管理所

申请检验合格标志。

申请前，机动车所有人应当将涉及该车的道路交通安全违法行为和交通事故处理完毕。申请时，机动车所有人应当填写申请表并提交行驶证、机动车交通事故责任强制保险凭证、机动车安全技术检验合格证明。

车辆管理所应当自受理之日起一日内，确认机动车，审查提交的证明、凭证，核发检验合格标志。

第四十一条 除大型载客汽车以外的机动车因故不能在登记地检验的，机动车所有人可以向登记地车辆管理所申请委托核发检验合格标志。申请前，机动车所有人应当将涉及机动车的道路交通安全违法行为和交通事故处理完毕。申请时，应当提交机动车登记证书或者行驶证。

车辆管理所应当自受理之日起一日内，出具核发检验合格标志的委托书。

机动车在检验地检验合格后，机动车所有人应当按照本规定第四十条第二款的规定向被委托地车辆管理所申请检验合格标志，并提交核发检验合格标志的委托书。被委托地车辆管理所应当自受理之日起一日内，按照本规定第四十条第三款的规定核发检验合格标志。

第四十二条 机动车检验合格标志灭失、丢失或者损毁的，机动车所有人应当持行驶证向机动车登记地或者检验合格标志核发地车辆管理所申请补领或者换领。车辆管理所应当自受理之日起一日内补发或者换发。

第四十三条 办理机动车转移登记或者注销登记后，原机动车所有人申请办理新购机动车注册登记时，可以向车辆管理所申请使用原机动车号牌号码。

申请使用原机动车号牌号码应当符合下列条件：

（一）在办理转移登记或者注销登记后六个月内提出申请；

（二）机动车所有人拥有原机动车三年以上；

（三）涉及原机动车的道路交通安全违法行为和交通事故处理完毕。

第四十四条 确定机动车号牌号码采用计算机自动选取和由机动车所有人按照机动车号牌标准规定自行编排的方式。

第四十五条 机动车所有人可以委托代理人代理申请各项机动车登记和业务，但申请补领机动车登记证书的除外。对机动车所有人因死亡、出境、重病、伤残或者不可抗力等原因不能到场申请补领机动车登记证书的，可以凭相关证明委托代理人代理申领。

代理人申请机动车登记和业务时，应当提交代理人的身份证明和机动车所有人的书面委托。

第四十六条 机动车所有人或者代理人申请机动车登记和业务，应当如实向车辆管理所提交规定的材料和反映真实情况，并对其申请材料实质内容的真实性负责。

第四章 法律责任

第四十七条 有下列情形之一的，由公安机关交通管理部门处警告或者二百元以下罚款：

（一）重型、中型载货汽车及其挂车的车身或者车厢后部未按照规定喷涂放大的牌号或者放大的牌号不清晰的；

（二）机动车喷涂、粘贴标识或者车身广告，影响安全驾驶的；

（三）载货汽车、挂车未按照规定安装侧面及后下部防护装置、粘贴车身反光标识的；

（四）机动车未按照规定期限进行安全技术检验的；

（五）改变车身颜色、更换发动机、车身或者车架，未按照本规定第十条规定的时限办理变更登记的；

（六）机动车所有权转移后，现机动车所有人未按照本规定第十八条规定的时限办理转移登记的；

（七）机动车所有人办理变更登记、转移登记，机动车档案转出登记地车辆管理所后，未按照本规定第十三条规定的时限到住所地车辆管理所申请机动车转入的。

第四十八条 除本规定第十条和第十六条规定的情形外，擅自改变机动车外形和已登记的有关技术数据的，由公安机关交通管理部门责令恢复原状，并处警告或者五百元以下罚款。

第四十九条 以欺骗、贿赂等不正当手段取得机动车登记的，由公安机关交通管理部门收缴机动车登记证书、号牌、行驶证，撤销机动车登记；申请人在三年内不得申请机动车登记。对涉嫌走私、盗抢的机动车，移交有关部门处理。

以欺骗、贿赂等不正当手段办理补、换领机动车登记证书、号牌、行驶证和检验合格标志等业务的，由公安机关交通管理部门处警告或者二百元以下罚款。

第五十条 省、自治区、直辖市公安厅、局可以根据本地区的实际情况，在本规定的处罚幅度范围内，制定具体的执行标准。

对本规定的道路交通安全违法行为的处理程序按照《道路交通安全违法行为处理程序规定》执行。

第五十一条 交通警察违反规定为被盗抢、走私、非法拼（组）装、达到国家强制报废标准的机动车办理登记的，按照国家有关规定给予处分，经教育不改又不宜给予开除处分的，按照《公安机关组织管理条例》规定予以辞退；对聘用人员予以解聘。构成犯罪的，依法追究刑事责任。

第五十二条 交通警察有下列情形之一的，按照国家有关规定给予处分；对聘用人员予以解聘。构成犯罪的，依法追究刑事责任：

（一）不按照规定确认机动车和审查证明、凭证的；

（二）故意刁难，拖延或者拒绝办理机动车登记的；

（三）违反本规定增加机动车登记条件或者提交的证明、凭证的；

（四）违反本规定第四十四条的规定，采用其他方式确定机动车号牌号码的；

（五）违反规定跨行政辖区办理机动车登记和业务的；

（六）超越职权进入计算机登记系统办理机动车登记和业务，或者不按规定使用机动车登记系统办理登记和业务的；

（七）向他人泄漏、传播计算机登记系统密码，造成系统数据被篡改、丢失或者破坏的；

（八）利用职务上的便利索取、收受他人财物或者谋取其他利益的；

（九）强令车辆管理所违反本规定办理机动车登记的。

第五十三条 公安机关交通管理部门有本规定第五十一条、第五十二条所列行为之一的，按照国家有关规定对直接负责的主管人员和其他直接责任人员给予相应的处分。

公安机关交通管理部门及其工作人员有本规定第五十一条、第五十二条所列行为之一，给当事人造成损失的，应当依法承担赔偿责任。

第五章 附则

第五十四条 机动车登记证书、号牌、行驶证、检验合格标志的种类、式样,以及各类登记表格式样等由公安部制定。机动车登记证书由公安部统一印制。

机动车登记证书、号牌、行驶证、检验合格标志的制作应当符合有关标准。

第五十五条 本规定下列用语的含义:

(一)进口机动车是指:

1. 经国家限定口岸海关进口的汽车;

2. 经各口岸海关进口的其他机动车;

3. 海关监管的机动车;

4. 国家授权的执法部门没收的走私、无合法进口证明和利用进口关键件非法拼(组)装的机动车。

(二)进口机动车的进口凭证是指:

1. 进口汽车的进口凭证,是国家限定口岸海关签发的《货物进口证明书》;

2. 其他进口机动车的进口凭证,是各口岸海关签发的《货物进口证明书》;

3. 海关监管的机动车的进口凭证,是监管地海关出具的《中华人民共和国海关监管车辆进(出)境领(销)牌照通知书》;

4. 国家授权的执法部门没收的走私、无进口证明和利用进口关键件非法拼(组)装的机动车的进口凭证,是该部门签发的《没收走私汽车、摩托车证明书》。

(三)机动车所有人是指拥有机动车的个人或者单位。

1. 个人是指我国内地的居民和军人(含武警)以及香港、澳门特别行政区、台湾地区居民、华侨和外国人;

2. 单位是指机关、企业、事业单位和社会团体以及外国驻华使馆、领馆和外国驻华办事机构、国际组织驻华代表机构。

(四)身份证明是指:

1. 机关、企业、事业单位、社会团体的身份证明,是该单位的《组织机构代码证书》、加盖单位公章的委托书和被委托人的身份证明。机动车所有人为单位的内设机构,本身不具备领取《组织机构代码证书》条件的,可以使用上级单位的《组织机构代码证书》作为机动车所有人的身份证明。上述单位已注销、撤销或者破产,其机动车需要办理变更登记、转移登记、解除抵押登记、注销登记、解除质押备案、申领机动车登记证书和补、换领机动车登记证书、号牌、行驶证的,已注销的企业的身份证明,是工商行政管理部门出具的注销证明。已撤销的机关、事业单位、社会团体的身份证明,是其上级主管机关出具的有关证明。已破产的企业的身份证明,是依法成立的财产清算机构出具的有关证明;

2. 外国驻华使馆、领馆和外国驻华办事机构、国际组织驻华代表机构的身份证明,是该使馆、领馆或者该办事机构、代表机构出具的证明;

3. 居民的身份证明,是居民身份证或者临时居民身份证。在暂住地居住的内地居民,其身份证明是居民身份证或者临时居民身份证,以及公安机关核发的居住、暂住证明;

4. 军人(含武警)的身份证明,是居民身份证或者临时居民身份证。在未办理居民身份证前,是指军队有关部门核发的军官证、文职干部证、士兵证、离休证、退休证等有效军人身份证件,以及其所在的团级以上单位出具的本人住所证明;

5. 香港、澳门特别行政区居民的身份证明，是其入境时所持有的港澳居民来往内地通行证或者港澳同胞回乡证、香港、澳门特别行政区居民身份证和公安机关核发的居住、暂住证明；

6. 台湾地区居民的身份证明，是其所持有的有效期六个月以上的公安机关核发的台湾居民来往大陆通行证或者外交部核发的中华人民共和国旅行证和公安机关核发的居住、暂住证明；

7. 华侨的身份证明，是中华人民共和国护照和公安机关核发的居住、暂住证明；

8. 外国人的身份证明，是其入境时所持有的护照或者其他旅行证件、居（停）留期为六个月以上的有效签证或者居留许可，以及公安机关出具的住宿登记证明；

9. 外国驻华使馆、领馆人员、国际组织驻华代表机构人员的身份证明，是外交部核发的有效身份证件。

（五）住所是指：

1. 单位的住所为其主要办事机构所在地的地址；

2. 个人的住所为其身份证明记载的地址。在暂住地居住的内地居民的住所是公安机关核发的居住、暂住证明记载的地址。

（六）机动车来历证明是指：

1. 在国内购买的机动车，其来历证明是全国统一的机动车销售发票或者二手车交易发票。在国外购买的机动车，其来历证明是该车销售单位开具的销售发票及其翻译文本，但海关监管的机动车不需提供来历证明；

2. 人民法院调解、裁定或者判决转移的机动车，其来历证明是人民法院出具的已经生效的《调解书》、《裁定书》或者《判决书》，以及相应的《协助执行通知书》；

3. 仲裁机构仲裁裁决转移的机动车，其来历证明是《仲裁裁决书》和人民法院出具的《协助执行通知书》；

4. 继承、赠予、中奖、协议离婚和协议抵偿债务的机动车，其来历证明是继承、赠予、中奖、协议离婚、协议抵偿债务的相关文书和公证机关出具的《公证书》；

5. 资产重组或者资产整体买卖中包含的机动车，其来历证明是资产主管部门的批准文件；

6. 机关、企业、事业单位和社会团体统一采购并调拨到下属单位未注册登记的机动车，其来历证明是全国统一的机动车销售发票和该部门出具的调拨证明；

7. 机关、企业、事业单位和社会团体已注册登记并调拨到下属单位的机动车，其来历证明是该单位出具的调拨证明。被上级单位调回或者调拨到其他下属单位的机动车，其来历证明是上级单位出具的调拨证明；

8. 经公安机关破案发还的被盗抢且已向原机动车所有人理赔完毕的机动车，其来历证明是《权益转让证明书》。

（七）机动车整车出厂合格证明是指：

1. 机动车整车厂生产的汽车、摩托车、挂车，其出厂合格证明是该厂出具的《机动车整车出厂合格证》；

2. 使用国产或者进口底盘改装的机动车，其出厂合格证明是机动车底盘生产厂出具的《机动车底盘出厂合格证》或者进口机动车底盘的进口凭证和机动车改装厂出具的《机动车整车出厂合格证》；

3. 使用国产或者进口整车改装的机动车，其出厂合格证明是机动车生产厂出具的《机动车整车出厂合格证》或者进口机动车的进口凭证和机动车改装厂出具的《机动车整车出厂合格证》；

4. 人民法院、人民检察院或者行政执法机关依法扣留、没收并拍卖的未注册登记的国产机动车，未能提供出厂合格证明的，可以凭人民法院、人民检察院或者行政执法机关出具的证明替代。

（八）机动车灭失证明是指：

1. 因自然灾害造成机动车灭失的证明是，自然灾害发生地的街道、乡、镇以上政府部门出具的机动车因自然灾害造成灭失的证明；

2. 因失火造成机动车灭失的证明是，火灾发生地的县级以上公安机关消防部门出具的机动车因失火造成灭失的证明；

3. 因交通事故造成机动车灭失的证明是，交通事故发生地的县级以上公安机关交通管理部门出具的机动车因交通事故造成灭失的证明。

（九）本规定所称"一日"、"二日"、"三日"、"五日"、"七日"、"十日"、"十五日"，是指工作日，不包括节假日。

临时行驶车号牌的最长有效期"十五日"、"三十日"、"九十日"，包括工作日和节假日。

本规定所称以下、以上、以内，包括本数。

第五十六条 本规定自2008年10月1日起施行。2004年4月30日公安部发布的《机动车登记规定》（公安部令第72号）同时废止。本规定实施前公安部发布的其他规定与本规定不一致的，以本规定为准。

附录五 汽车贸易政策

《汽车贸易政策》已经商务部部务会审议通过，二OO五年八月十日中华人民共和国商务部令 2005 年第 16 号发布，自发布之日起施行。《汽车贸易政策》由八章、四十九条，外加一个附件组成，其内容涵盖总则、政策目标、汽车销售、二手车流通、汽车配件流通、汽车报废与报废汽车回收、汽车对外贸易、其他等。附件中主要包括汽车贸易政策使用术语说明。

第一章　总则

第一条　为建立统一、开放、竞争、有序的汽车市场，维护汽车消费者合法权益，推进我国汽车产业健康发展，促进消费，扩大内需，特制定本政策。

第二条　国家鼓励发展汽车贸易，引导汽车贸易业统筹规划，合理布局，调整结构，积极运用现代信息技术、物流技术和先进的经营模式，推进电子商务，提高汽车贸易水平，实现集约化、规模化、品牌化及多样化经营。

第三条　为创造公平竞争的汽车市场环境，发挥市场在资源配置中的基础性作用，坚持按社会主义市场经济规律，进一步引入竞争机制，扩大对内对外开放，打破地区封锁，促进汽车商品在全国范围内自由流通。

第四条　引导汽车贸易企业依法、诚信经营，保证商品质量和服务质量，为消费者提供满意的服务。

第五条　为提高我国汽车贸易整体水平，国家鼓励具有较强的经济实力、先进的商业经营管理经验和营销技术以及完善的国际销售网络的境外投资者投资汽车贸易领域。

第六条　充分发挥行业组织、认证机构、检测机构的桥梁纽带作用，建立和完善独立公正、规范运作的汽车贸易评估、咨询、认证、检测等中介服务体系，积极推进汽车贸易市场化进程。

第七条　积极建立、完善相关法规和制度，加快汽车贸易法制化建设。设立汽车贸易企业应当具备法律、行政法规规定的有关条件，国务院商务主管部门会同有关部门研究制定和完善汽车品牌销售、二手车流通、汽车配件流通、报废汽车回收等管理办法、规范及标准，依法管理、规范汽车贸易的经营行为，维护公平竞争的市场秩序。

第二章　政策目标

第八条　通过本政策的实施，基本实现汽车品牌销售和服务，形成多种经营主体与经营模式并存的二手车流通发展格局，汽车及二手车销售和售后服务功能完善、体系健全；汽车配件商品来源、质量和价格公开、透明，假冒伪劣配件商品得到有效遏制，报废汽车回收拆解率显著提高，形成良好的汽车贸易市场秩序。

第九条　到 2010 年，建立起与国际接轨并具有竞争优势的现代汽车贸易体系，拥有一批具有竞争实力的汽车贸易企业，贸易额有较大幅度增长，贸易水平显著提高，对外贸易能力明显增强，实现汽车贸易与汽车工业的协调发展。

第三章　汽车销售

第十条　境内外汽车生产企业凡在境内销售自产汽车的，应当尽快建立完善的汽车品牌销售和服务体系，确保消费者在购买和使用过程中得到良好的服务，维护其合法权益。汽车生产企业可以按国家有关规定自行投资或授权汽车总经销商建立品牌销售和服务体系。

第十一条 实施汽车品牌销售和服务。自2004年4月1日起，乘用车实行品牌销售和服务；自2005年12月1日起，除专用作业车外，所有汽车实行品牌销售和服务。

从事汽车品牌销售活动应当先取得汽车生产企业或经其授权的汽车总经销商授权。汽车（包括二手车）经销商应当在工商行政管理部门核准的经营范围内开展汽车经营活动。

第十二条 汽车供应商应当制订汽车品牌销售和服务网络规划。为维护消费者的利益，汽车品牌销售和与其配套的配件供应、售后服务网点相距不得超过150km。

第十三条 汽车供应商应当加强品牌销售和服务网络的管理，规范销售和服务，在国务院工商行政管理部门备案并向社会公布后，要定期向社会公布其授权和取消授权的汽车品牌销售和服务企业名单，对未经品牌授权或不具备经营条件的经销商不得提供汽车资源。汽车供应商有责任及时向社会公布停产车型，并采取积极措施在合理期限内保证配件供应。

第十四条 汽车供应商和经销商应当通过签订书面合同明确双方的权利和义务。汽车供应商要对经销商提供指导和技术支持，不得要求经销商接受不平等的合作条件，以及强行规定经销数量和进行搭售，不应随意解除与经销商的合作关系。

第十五条 汽车供应商应当按国家有关法律法规以及向消费者的承诺，承担汽车质量保证义务，提供售后服务。

汽车经销商应当在经营场所向消费者明示汽车供应商承诺的汽车质量保证和售后服务，并按其授权经营合同的约定和服务规范要求，提供相应的售后服务。

汽车供应商和经销商不得供应和销售不符合机动车国家安全技术标准、未获国家强制性产品认证、未列入《道路机动车辆生产企业及产品公告》的汽车。进口汽车未按照《中华人民共和国进出口商品检验法》及其实施条例规定检验合格的，不准销售使用。

第四章 二手车流通

第十六条 国家鼓励二手车流通。建立竞争机制，拓展流通渠道，支持有条件的汽车品牌经销商等经营主体经营二手车，以及在异地设立分支机构开展连锁经营。

第十七条 积极创造条件，简化二手车交易、转移登记手续，提高车辆合法性与安全性的查询效率，降低交易成本，统一规范交易发票；强化二手车质量管理，推动二手车经销商提供优质售后服务。

第十八条 加快二手车市场的培育和建设，引导二手车交易市场转变观念，强化市场管理，拓展市场服务功能。

第十九条 实施二手车自愿评估制度。除涉及国有资产的车辆外，二手车的交易价格由买卖双方商定，当事人可以自愿委托具有资格的二手车鉴定评估机构进行评估，供交易时参考。除法律、行政法规规定外，任何单位和部门不得强制或变相强制对交易车辆进行评估。

第二十条 积极规范二手车鉴定评估行为。二手车鉴定评估机构应当本着"客观、真实、公正、公开"的原则，依据国家有关法律法规，开展二手车鉴定评估经营活动，出具车辆鉴定评估报告，明确车辆技术状况（包括是否属事故车辆等内容）。

第二十一条 二手车经营、拍卖企业在销售、拍卖二手车时，应当向买方提供真实情况，不得有隐瞒和欺诈行为。所销售和拍卖的车辆必须具有机动车号牌、机动车登记证书、机动车行驶证、有效的机动车安全技术检验合格标志、车辆保险单和交纳税费凭证等。

第二十二条 二手车经营企业销售二手车时，应当向买方提供质量保证及售后服务承诺。在产品质量责任担保期内的，汽车供应商应当按国家有关法律法规以及向消费者的承诺，承担汽车质量保证和售后服务。

第二十三条 从事二手车拍卖和鉴定评估经营活动应当经省级商务主管部门核准。

第五章 汽车配件流通

第二十四条 国家鼓励汽车配件流通采取特许、连锁经营的方式向规模化、品牌化、网络化方向发展，支持配件流通企业进行整合，实现结构升级，提高规模效应及服务水平。

第二十五条 汽车及配件供应商和经销商应当加强质量管理，提高产品质量及服务质量。

汽车及配件供应商和经销商不得供应和销售不符合国家法律、行政法规、强制性标准及强制性产品认证要求的汽车配件。

第二十六条 汽车及配件供应商应当定期向社会公布认可和取消认可的特许汽车配件经销商名单。

汽车配件经销商应当明示所销售的汽车配件及其他汽车用品的名称、生产厂家、价格等信息，并分别对原厂配件、经汽车生产企业认可的配件、报废汽车回用件及翻新件予以注明。汽车配件产品标识应当符合《中华人民共和国产品质量法》的要求。

第二十七条 加快规范报废汽车回用件流通，报废汽车回收拆解企业对按有关规定拆解的可出售配件，必须在配件的醒目位置标明"报废汽车回用件"。

第六章 汽车报废与报废汽车回收

第二十八条 国家实施汽车强制报废制度。根据汽车安全技术状况和不同用途，修订现行汽车报废标准，规定不同的强制报废标准。

第二十九条 报废汽车所有人应当将报废汽车及时交售给具有合法资格的报废汽车回收拆解企业。

第三十条 地方商务主管部门要按《报废汽车回收管理办法》（国务院令第307号）的有关要求，对报废汽车回收拆解行业统筹规划，合理布局。

从事报废汽车回收拆解业务，应当具备法律法规规定的有关条件。国务院商务主管部门应当将符合条件的报废汽车回收拆解企业向社会公告。

第三十一条 报废汽车回收拆解企业必须严格按国家有关法律、法规开展业务，及时拆解回收的报废汽车。拆解的发动机、前后桥、变速器、转向机、车架五大总成应当作为废钢铁，交售给钢铁企业作为冶炼原料。

第三十二条 各级商务主管部门要会同公安机关建立报废汽车回收管理信息交换制度，实现报废汽车回收过程实时控制，防止报废汽车及其"五大总成"流入社会。

第三十三条 为合理和有效利用资源，国家适时制定报废汽车回收利用的管理办法。

第三十四条 完善老旧汽车报废更新补贴资金管理办法，鼓励老旧汽车报废更新。

第三十五条 报废汽车回收拆解企业拆解的报废汽车零部件及其他废弃物、有害物（如油、液、电池、有害金属等）的存放、转运、处理等必须符合《中华人民共和国环境保护法》、《中华人民共和国大气污染防治法》等法律、法规的要求，确保安全、无污染（或使污染降至最低）。

第七章 汽车对外贸易

第三十六条 自2004年1月1日起，国家实施汽车自动进口许可管理，所有汽车进口口岸保税区不得存放以进入国内市场为目的的汽车。

第三十七条 国家禁止以任何贸易方式进口旧汽车及其总成、配件和右置方转盘汽车（用于开发出口产品的右置转向盘样车除外）。

第三十八条 进口汽车必须获得国家强制性产品认证证书，贴有认证标志，并须经检验检疫机构抽查检验合格，同时附有中文说明书。

第三十九条 禁止汽车及相关商品进口中的不公平贸易行为。国务院商务主管部门依法对汽车产业实施反倾销、反补贴和保障措施，组织有关行业协会建立和完善汽车产业损害预警系统，并开展汽车产业竞争力调查研究工作。汽车供应商和经销商有义务及时准确地向国务院有关部门提供相关信息。

第四十条 鼓励发展汽车及相关商品的对外贸易。支持培育和发展国家汽车及零部件出口基地，引导有条件的汽车供应商和经销商采取多种方式在国外建立合资、合作、独资销售及服务网络，优化出口商品结构，加大开拓国际市场的力度。

第四十一条 利用中央外贸发展基金支持汽车及相关商品对外贸易发展。

第四十二条 汽车及相关商品的出口供应商和经销商应当根据出口地区相关法规建立必要的销售和服务体系。

第四十三条 加强政府间磋商，支持汽车及相关商品出口供应商参与反倾销、反补贴和保障措施的应诉，维护我国汽车及相关商品出口供应商的合法权益。

第四十四条 汽车行业组织要加强行业自律，建立竞争有序的汽车及相关商品对外贸易秩序。

第八章 其他

第四十五条 设立外商投资汽车贸易企业，除符合相应的资质条件外，还应当符合外商投资有关法律法规，并经省级商务主管部门初审后报国务院商务主管部门审批。

第四十六条 加快发展和扩大汽车消费信贷，支持有条件的汽车供应商建立面向全行业的汽车金融公司，引导汽车金融机构与其他金融机构建立合作机制，使汽车消费信贷市场规模化、专业化程度显著提高，风险管理体系更加完善。

第四十七条 完善汽车保险市场，鼓励汽车保险品种向个性化与多样化方向发展，提高汽车保险服务水平，初步实现汽车保险业专业化、集约化经营。

第四十八条 各地政府制定的与汽车贸易相关的各种政策、制度和规定要符合本政策要求并做到公开、透明，不得对非本地生产和交易的汽车在流通、服务、使用等方面实施歧视政策，坚决制止强制或变相强制本地消费者购买本地生产汽车，以及以任何方式干预经营者选择国家许可生产、销售的汽车的行为。

第四十九条 本政策自发布之日起施行，由国务院商务主管部门负责解释。

附件

汽车贸易政策使用术语说明

一、"汽车贸易"包括新车销售、二手车流通、汽车配件流通、汽车报废与报废汽车回收、汽车对外贸易等方面。

二、除涉及汽车品牌销售外，本政策所称"汽车"包括低速载货汽车、三轮汽车(原农用运输车)、挂车和摩托车。

三、"二手车"是指从办理完注册登记手续到达到国家强制报废标准之前进行交易并转移所有权的汽车。

四、"供应商"是指汽车或汽车配件生产企业及其总经销商。

五、"经销商"是指汽车或配件零售商。

附录六　二手车买卖合同

《二手车买卖合同》
（示范文本）
国家工商行政管理总局制定
使用说明

一、本合同文本是依据《中华人民共和国合同法》、《二手车流通管理办法》等有关法律、法规和规章制定的示范文本，供当事人约定使用。

二、本合同所称二手车，是指从办理完注册登记手续到达到国家强制报废标准之前进行交易并转移所有权的汽车(包括三轮汽车、低速载货汽车，即原农用运输车)、挂车和摩托车。

三、本合同签订前，买卖双方应充分了解合同的相关内容。卖方应向买方提供车辆的使用、修理、事故、检验以及是否办理抵押登记、缴纳税费、报废期等真实情况和信息；买方应了解、查验车辆的状况。

四、双方当事人应结合具体情况选择本合同协议条款中所提供的选择项，空格处应以文字形式填写完整。

五、本合同"其他约定"条款，供双方当事人自行约定。

六、本合同示范文本由国家工商行政管理总局负责解释，并在全国范围内推行使用。

二手车买卖合同

合同编号：

卖方：
住所：　　　　　　　　　　　　　　法定代表人：
(如为自然人)身份证号码：　　　　　电话号码：
买方：
住所：　　　　　　　　　　　　　　法定代表人：
(如为自然人)身份证号码：　　　　　电话号码：

根据《中华人民共和国合同法》、《二手车流通管理办法》等有关法律、法规、规章的规定，就二手车的买卖事宜，买卖双方在平等、自愿、协商一致的基础上签订本合同。

第一条　车辆基本情况

1. 车主名称：　　　　；车牌号码：　　　　；
厂牌型号：
2. 车辆状况说明见附件一。
3. 车辆相关凭证见附件二。

第二条　车辆价款、过户手续费及支付时间、方式

1. 车辆价款及过户手续费

本车价款(不含税费或其他费用)为人民币：　　　　元
(小写：　　元)。

过户手续费(包含税费)为人民币：　　　　　　　元
(小写：　　元)。

2. 支付时间、方式

待本车过户、转籍手续办理完成后　个工作日内，买方向卖方支付本车价款。(采用分期付款方式的可另行约定)

过户手续费由　方承担。　方应于本合同签订之日起　个工作日内，将过户手续费支付给双方约定的过户手续办理方。

第三条　车辆的过户、交付及风险承担

　方应于本合同签订之日起　个工作日内，将办理本车过户、转籍手续所需的一切有关证件、资料的原件及复印件交给　方，该方为过户手续办理方。

卖方应于本车过户、转籍手续办理完成后　个工作日内在　　　(地点)向买方交付车辆及相关凭证(见附件一)。

在车辆交付买方之前所发生的所有风险由卖方承担和负责处理；在车辆交付买方之后所发生的所有风险由买方承担和负责处理。

第四条　双方的权利和义务

1. 卖方应按照合同约定的时间、地点向买方交付车辆。
2. 卖方应保证合法享有车辆的所有权或处置权。
3. 卖方保证所出示及提供的与车辆有关的一切证件、证明及信息合法、真实、有效。
4. 买方应按照合同约定支付价款。
5. 对转出本地的车辆，买方应了解、确认车辆能在转入所在地办理转入手续。

第五条　违约责任

1. 卖方向买方提供的有关车辆信息不真实，买方有权要求卖方赔偿因此造成的损失。
2. 卖方未按合同的约定将本车及其相关凭证交付买方的，逾期每日按本车价款总额的　％向买方支付违约金。
3. 买方未按照合同约定支付本车价款的，逾期每日按本车价款总额　％向卖方支付违约金。
4. 因卖方原因致使车辆不能办理过户、转籍手续的，买方有权要求卖方返还车辆价款并承担一切损失；因买方原因致使车辆不能办理过户、转籍手续的，卖方有权要求买方返还车辆并承担一切损失。
5. 任何一方违反合同约定的，均应赔偿由此给对方造成的损失。

第六条　合同争议的解决方式

因本合同发生的争议，由当事人协商或调解解决；协商或调解不成的，按下列第　种方式解决：

1. 提交　　　　　裁委员会仲裁；
2. 依法向人民法院起诉。

第七条　合同的生效

本合同一式　份，经双方当事人签字或盖章之日起生效。

第八条　其他约定

附件一：车辆状况说明书(车辆信息表)

附件二：车辆相关凭证
1. 机动车登记证书
2. 机动车行驶证
3. 有效的机动车安全技术检验合格标志
4. 车辆购置税完税证明
5. 车船使用税缴付凭证
6. 车辆养路费缴付凭证
7. 车辆保险单
8. 购车发票

（此页无正文）

卖方：　　　　　　　　（签章）　　　　卖方开户银行：
账号：
户名：
买方：　　　　　　　　（签章）　　　　买方开户银行：
账号：
户名：
签订地点：
签订日期：　　　年　　　月

填写说明

一、车辆基本信息：

（一）"表征里程"项的内容，按照车辆里程表实际显示总里程数填写。

（二）"其他法定凭证、证明"项的内容，根据实际提交证明文件，在对应项前"□"内打"√"，未列明的填入"其他"项中。

二、重要技术配置及参数：

"其他重要参数"：根据实际情况如实填写相关配置信息。

三、是否为事故车：

如实明示是否为事故车，在对应项前"□"内打"√"。如果"是"，需在"损伤位置及损伤状况"项中描述损伤位置及损伤状况。损伤位置为可以影响到车辆整体结构的位置，主要为A、B、C、D柱，翼子板内板、前纵梁、地板等。损伤状况包括变形、烧焊、扭曲、锈蚀、褶皱、更换过等。

如果"否"，则无需填写后项内容。

四、车辆状况描述：

仅描述静态状况，应包括如下内容：

（一）车身外观状况：需描述外观的损伤位置及损伤状况。

损伤位置包括翼子板、车门、行李箱盖、行李箱内侧、车顶、保险杠、格栅、玻璃、轮胎、备胎等。

损伤状况包括状态和程度两部分。

损伤状态包括伤痕、凹陷、弯曲、波纹、锈斑、腐蚀、裂纹、小孔、调换、做漆、痕迹、条纹等。

损伤程度包括一元硬币可覆盖、10cm×10cm 纸 20cm×20cm 可覆盖、A4 纸可覆盖、

A4 纸无法覆盖、花纹深度少于 1.6mm(轮胎损伤)。

（二）发动机舱内状况：需描述发动机外观状态，各液面状态、线路状况。

（三）车内及电器状况：需描述内饰是否有破损，车内是否清洁，仪表是否正常，各部分电器是否工作正常，车窗密封及工作状况是否正常等。

（四）底盘状况：发动机油底壳、变速器、减振器是否有渗漏油现象，转向臂球销、三角臂球销是否松动，传动轴防尘罩是否有破损。

以上部分，如果无任何问题，填写"车辆状况良好"。有任何问题均需明确注明。

五、质量保证：

明示车辆是否提供质量保证，在对应项前"□"内打"√"。如果"是"，需在"质保范围"项中填写质保内容。如果"否"，则无需填写后项内容。

附录七 二手车居间合同

二手车居间合同

合同编号：

签订时间： 年 月 日

委托出让方(简称甲方)：

居间方：

委托买入方(简称乙方)：

第一条 目的

依据国家有关法律、法规和本市有关规定，三方在自愿、平等和协商一致的基础上，就居间方接受甲、乙双方的委托，促成甲、乙双方二手车交易，并完成其他委托的服务事项达成一致，订立本合同。

第二条 当事人及车辆情况

一、甲方基本情况：

(1) 单位代码证号　　　　　　，经办人

身份证号码　　　　　　，

单位地址　　　　　　，联系电话

(2) 自然人身份证号码　　　　　　，

现常住地址　　　　　　，联系电话

二、乙方基本情况：

(1) 单位代码证号　　　　　　，经办人

身份证号码　　　　　　，

单位地址　　　　　　，联系电话

(2) 自然人身份证号码，

现常住地址　　　　　　，联系电话

车辆牌号　　　　　　，车辆类别

厂牌型号　　　　　　，颜色

初次登记时间　　　　　　，登记证号

发动机号码　　　　　　，车架号码

行驶里程　　　　　　km，允许使用年限至 年 月 日，

车辆年检签证有效期至 年 月，

车辆购置费完税交纳证号　　　　　　/免税交纳(有 W 无证)，

车辆养路费交讫截止日期　　　 年 月(证号　　　　)，

车辆保险险种：1.　　2.　　3.　　4.

保险有效期截止日期： 年 月 日；

配置：

其他情况：

第三条 车辆价款

经协商一致，本车价款定为人民币　　　　元(大写：　　　　元)，上述价款包括车辆、备胎及_____。

第四条 付款及交付、过户

1. 乙方于合同签订后(当日/　　日)内支付价款％,(人民币　　元,大写：　　元)作为定金支付给甲方；支付方式：(现金/指定账户)。

2. 甲方于合同签订(当日/　　　日)内，将本车辆存放于居间方指定地点，由居间方和乙方查验认可，出具查验单后，由居间方代为保管或三方约定由甲方继续使用本车。甲方于合同签订后　　　日内将本车辆有关证件原件及复印件交付给乙方，并协助乙方办理过户手续。

3. 乙方于(过户/转籍)事项完成后(当日/　　　日)内向甲方支付剩余价款(人民币　　元，大写：　　　元)；支付方式：(现金/指定账户)。

第五条 佣金标准、数额、收取方式和退赔

(一)居间方已完成本合同约定的委托人甲方委托的事项，委托人甲方按照下列第　　种方式计算支付佣金(任选一种)：

1. 按照该二手车成交价　　　　的　　　％，具体数额为人民币　　　元作为佣金支付给居间方。

2. 按双方约定，佣金为人民币　　　　元，支付给居间方。

(二)居间方已完成本合同约定的委托人乙方委托的事项，委托人乙方按照下列第　　种方式计算支付佣金(任选一种)：

1. 按照该二手车成交价　　　　的　　　％，具体数额为人民币　　　　元作为佣金支付给居间方。

2. 按双方约定，佣金为人民币　　　　元，支付给居间方。

(三)居间方未完成本合同委托事项的，按照下列约定退还佣金：

1. 居间方未完成委托人甲方委托的事项，将本合同约定收取佣金的　　　％，具体数额为人民币　　元退还给委托人甲方，已发生费用由居间方承担；

2. 居间方未完成委托人乙方委托的事项，将本合同约定收取佣金的　　　％，具体数额为人民币　　元退还给委托人乙方，已发生费用由居间方承担。

第六条 甲方的权利和义务

甲方承诺车辆出让时不存在任何权属上的法律问题和各类尚未处理完毕的交通违章记录，所提供的证件、证明均真实、有效，无伪造情况；否则，致使出让车辆不能过户、转籍的，乙方有权单方解除本合同或终止本合同的履行，甲方应接受退回的车辆，全额退回车款，向居间方支付佣金和实际发生的费用，并承担赔偿责任。

本合同有效期内，甲方委托出让的车辆根据本合同约定将本车存放在指定的地点，并按规定支付停车费，因保管不善造成车辆毁损、灭失的，由责任方承担赔偿责任。

甲方不提供相关文件、证明，或未按本合同第四条第二款的约定将本车存放于指定地点，除非有正当理由或不可抗力，否则乙方有权终止本合同并要求双倍返还定金。

第七条 乙方的权利和义务

本合同签订后，乙方应向居间方预付定金(人民币　　　　元，大写：　　　　元)。

乙方履行合同后，定金抵作乙方应当支付给居间方的佣金。如乙方违约，乙方无权要求返还定金并支付实际发生的费用；如居间方违约，应当双倍返还定金。

乙方如未按本合同规定的时间支付定金，甲方有权单方解除本合同，并要求乙方赔偿相应的经济损失。

乙方如拒绝接受甲方提供的文件、证明，除非有正当理由或不可抗力，否则甲方可单方终止本合同，并不返还定金。

乙方如在收取有关文件、证明后　　　日内未办理(过户/转籍)手续或由于乙方的过失导致(过户/转籍)手续不能办理或不能在合理期限内完成(双方约定该合理期限为收取文件、证明后的　　　日内)，除非有正当理由或不可抗力，否则甲方可单方终止本合同，并不返还定金，已经发生的费用应由乙方承担。

第八条　居间方的权利和义务

居间方应向甲、乙双方出示营业执照等有效证件。

居间方的执业经纪人应向甲、乙双方出示经纪执业证书，并应亲自处理委托事务，未经甲、乙双方同意，不得转委托。

居间方应按照甲、乙双方的要求处理委托事务，报告委托事务处理情况，为甲、乙双方保守商业秘密。

居间方应按约定或依规定收取甲、乙双方支付的款项并开具收款凭证。

居间方不得采取胁迫、欺诈、贿赂和恶意串通等手段，促成交易。

居间方不得伪造、涂改、买卖交易文件、证明和凭证。

第九条　合同在履行中的变更及处理

本合同在履行期间，任何一方要求变更合同条款的，应及时书面通知相对方，并征得相对方的同意后，在约定的时限　　　天内，签订补充条款，注明变更事项。未书面告知相对方，并征得相对方同意，擅自变更造成的经济损失，由责任方承担。

本合同履行期间，三方因履行本合同而签署的补充协议及其他书面文件，均为本合同不可分割的一部分，具有同等效力。

第十条　违约责任

1. 三方商定，居间方有下列情况之一的，应承担违约责任：

（1）无正当理由解除合同的；

（2）与他人私下串通，损害委托人甲、乙双方利益的；

（3）其他过失影响委托人甲、乙双方交易的。

2. 三方商定，委托人甲、乙双方有下列情况之一的，应承担违约责任：

（1）无正当理由解除合同的；

（2）未能按照合同提供必要的文件、证明和配合，造成居间方无法履行合同的；

（3）相互或与他人私下串通，损害居间方利益的；

（4）其他造成居间方无法完成委托事项的行为。

3. 三方商定，发生上述违约行为的，按照合同约定佣金总数的　　　%，计人民币　　　元作为违约金支付给各守约方。违约方给各守约方造成的其他经济损失，由守约方按照法律、法规的有关规定追偿。

第十一条　风险承担

本车在过户、转籍手续完成前由甲方作为所有人承担一切风险责任；本车在过户、转籍手续完成后乙方作为所有人承担一切风险责任。

第十二条 其他规定

本合同未约定的事项,按照《中华人民共和国合同法》以及有关法律、法规的规定执行。

第十三条 发生争议的解决办法

三方在履行本合同过程中发生争议,由三方协商解决;协商不成的,提请二手车交易市场和二手车交易管理协会调解。调解成功的,三方应当履行调解协议;调解不成的,按本合同约定的下列第　项进行解决:

1. 向仲裁委员会申请仲裁;
2. 向法院提起诉讼。

第十四条 合同效力和订立数量

本合同内,空格部分填写的文字,其效力优于印刷文字的效力。本合同所称"日",均指工作日。

本合同经三方当事人签字、盖章后生效;本合同一式四份,由甲方、乙方、居间方、二手车交易市场各执一份,均具有同等的法律效力。

委托出售方(甲方):

法定代表人/自然人:(签章)

经办人:(签章)

开户银行:

账号:

居间方(名称):

营业执照注册号:

法定代表人:(签章)

执业经纪人:(签章)

执业经纪证书:(编号)

开户银行:

账号:

委托买入方(乙方):

法定代表人/自然人:(签章)

经办人:(签章)

开户银行:

账号:

参 考 文 献

[1] 李萌，袁野. 二手车评估 [M]. 北京：北京理工大学出版社，2010.
[2] 郭新华. 旧机动车鉴定及评估 [M]. 北京：电子工业出版社，2009.
[3] 明光星，杨洪庆，王彦光. 二手车鉴定与评估 [M]. 北京：中国人民大学出版社，2010.
[4] 张南峰，陈述官，黄军辉. 二手车评估与交易 [M]. 北京：人民邮电出版社，2010.
[5] 鲁植雄. 汽车评估 [M]. 北京：北京大学出版社，2009.
[6] 庞昌乐. 二手车评估与交易实务 [M]. 北京：北京理工大学出版社，2007.
[7] 明光星，厉承玉. 二手车鉴定评估实用教程 [M]. 北京：机械工业出版社，2011.

北京大学出版社汽车类教材书目

序号	书　名	标准书号	著作者	定价	出版日期
1	汽车构造(第2版)	978-7-301-19907-7	肖生发，赵树朋	56	2014.1
2	汽车构造学习指导与习题详解	978-7-301-22066-5	肖生发	26	2014.1
3	汽车发动机原理(第2版)	978-7-301-21012-3	韩同群	55	2013.5
4	汽车设计	978-7-301-12369-0	刘涛	45	2008.1
5	汽车运用基础	978-7-301-13118-3	凌永成，李雪飞	26	2008.1
6	现代汽车系统控制技术	978-7-301-12363-8	崔胜民	36	2008.1
7	汽车电气设备实验与实习	978-7-301-12356-0	谢在玉	29	2008.2
8	汽车试验测试技术（第2版）	978-7-301-25436-3	王丰元，邹旭东	36	2015.3
9	汽车运用工程基础(第2版)	978-7-301-21925-6	姜立标	34	2016.3
10	汽车制造工艺（第2版）	978-7-301-22348-2	赵桂范，杨娜	40	2013.4
11	车辆制造工艺	978-7-301-24272-8	孙建民	45	2014.6
12	汽车工程概论	978-7-301-12364-5	张京明，江浩斌	36	2008.6
13	汽车运行材料（第2版）	978-7-301-22525-7	凌永成	45	2015.6
14	汽车运动工程基础	978-7-301-25017-4	赵英勋，宋新德	38	2014.10
15	汽车试验学	978-7-301-12358-4	赵立军，白欣	28	2014.7
16	内燃机构造	978-7-301-12366-9	林波，李兴虎	26	2014.12
17	汽车故障诊断与检测技术	978-7-301-13634-8	刘占峰，林丽华	34	2013.8
18	汽车维修技术与设备（第2版）	978-7-301-25846-0	凌永成	36	2015.6
19	热工基础（第2版）	978-7-301-25537-7	于秋红，鞠晓丽等	45	2015.3
20	汽车检测与诊断技术	978-7-301-12361-4	罗念宁，张京明	30	2009.1
21	汽车评估（第2版）	978-7-301-26615-1	鲁植雄	38	2016.1
22	汽车车身设计基础	978-7-301-15619-3	王宏雁，陈君毅	28	2009.9
23	汽车车身轻量化结构与轻质材料	978-7-301-15620-9	王宏雁，陈君毅	25	2009.9
24	车辆自动变速器构造原理与设计方法	978-7-301-15609-4	田晋跃	30	2009.9
25	新能源汽车技术（第2版）	978-7-301-23700-7	崔胜民	39	2015.4
26	工程流体力学	978-7-301-12365-2	杨建国，张兆营等	35	2011.12
27	高等工程热力学	978-7-301-16077-0	曹建明，李跟宝	30	2010.1
28	汽车电气设备（第3版）	978-7-301-27275-6	凌永成	47	2016.8
29	汽车电气设备	978-7-301-24947-5	吴焕芹，卢彦群	42	2014.10
30	汽车电器与电子设备	978-7-301-25295-6	唐文初，张春花	26	2015.2
31	现代汽车发动机原理	978-7-301-17203-2	赵丹平，吴双群	35	2013.8
32	现代汽车新技术概论（第2版）	978-7-301-24114-1	田晋跃	42	2016.1
33	现代汽车排放控制技术	978-7-301-17231-5	周庆辉	32	2012.6
34	汽车服务工程（第2版）	978-7-301-24120-2	鲁植雄	42	2015.4
35	汽车使用与管理	978-7-301-18761-6	郭宏亮，张铁军	39	2013.6
36	汽车数字开发技术	978-7-301-17598-9	姜立标	40	2010.8
37	汽车人机工程学	978-7-301-17562-0	任金东	35	2015.4
38	专用汽车结构与设计	978-7-301-17744-0	乔维高	45	2014.6
39	汽车空调	978-7-301-18066-2	刘占峰，宋力等	28	2013.8
40	汽车空调技术	978-7-301-23996-4	麻友良	36	2014.4
41	汽车CAD技术及Pro/E应用	978-7-301-18113-3	石沛林，李玉善	32	2015.4
42	汽车振动分析与测试	978-7-301-18524-7	周长城，周金宝等	40	2011.3
43	新能源汽车概论（第2版）	978-7-301-25633-6	崔胜民	37	2016.3
44	新能源汽车基础	978-7-301-25882-8	姜顺明	38	2015.7
45	汽车空气动力学数值模拟技术	978-7-301-16742-7	张英朝	45	2011.6

序号	书 名	标准书号	著作者	定价	出版日期
46	汽车电子控制技术(第3版)	978-7-301-27262-6	凌永成	46	2017.1
47	车辆液压传动与控制技术	978-7-301-19293-1	田晋跃	28	2015.4
48	车辆悬架设计及理论	978-7-301-19298-6	周长城	48	2011.8
49	汽车电器及电子控制技术	978-7-301-17538-5	司景萍,高志鹰	58	2012.1
50	汽车车身计算机辅助设计	978-7-301-19889-6	徐家川,王翠萍	35	2012.1
51	现代汽车新技术	978-7-301-20100-8	姜立标	49	2016.1
52	电动汽车测试与评价	978-7-301-20603-4	赵立军	35	2012.7
53	电动汽车结构与原理	978-7-301-20820-5	赵立军,佟钦智	35	2015.1
54	二手车鉴定与评估	978-7-301-21291-2	卢 伟,韩 平	45	2015.4
55	汽车微控制器结构原理与应用	978-7-301-22347-5	蓝志坤	45	2013.4
56	汽车振动学基础及其应用	978-7-301-22583-7	潘公宇	29	2015.2
57	车辆优化设计理论与实践	978-7-301-22675-9	潘公宇,商高高	32	2015.2
58	汽车专业英语	978-7-301-23187-6	姚 嘉,马丽丽	36	2013.8
59	车辆底盘建模与分析	978-7-301-23332-0	顾 林,朱 跃	30	2014.1
60	汽车安全辅助驾驶技术	978-7-301-23545-4	郭 烈,葛平淑等	43	2014.1
61	汽车安全	978-7-301-23794-6	郑安文	45	2015.4
62	汽车安全概论	978-7-301-22666-7	郑安文,郭健忠	35	2015.10
63	汽车系统动力学与仿真	978-7-301-25037-2	崔胜民	42	2014.11
64	汽车营销学	978-7-301-25747-0	都雪静,安惠珠	50	2015.5
65	车辆工程专业导论	978-7-301-26036-4	崔胜民	39	2015.8
66	汽车保险与理赔	978-7-301-26409-6	吴立勋,陈立辉	32	2016.1
67	汽车理论	978-7-301-26758-5	崔胜民	32	2016.1
68	新能源汽车动力电池技术	978-7-301-26866-7	麻友良	42	2016.3
69	汽车车身控制系统	978-7-301-27023-3	杭卫星	28	2016.5
70	汽车发动机管理系统	978-7-301-27083-7	贝绍轶	28	2016.6
71	汽车底盘控制系统	978-7-301-27693-8	赵景波	32	2016.11
72	汽车底盘机械系统	978-7-301-27270-1	李国庆	28	2016.7
73	现代汽车新技术(第2版)	978-7-301-27425-5	姜立标	57	2016.8
74	汽车新能源与排放控制(双语教学版)	978-7-301-27589-4	周庆辉	35	2016.10
75	汽车新技术	978-7-301-27692-1	邹乃威,周大帅	46	2016.11
76	汽车发动机机械系统	978-7-301-27786-7	李国庆	28	2016.12

如您需要更多教学资源如电子课件、电子样章、习题答案等,请登录北京大学出版社第六事业部官网 www.pup6.cn 搜索下载。

如您需要浏览更多专业教材,请扫下面的二维码,关注北京大学出版社第六事业部官方微信(微信号:pup6book),随时查询专业教材、浏览教材目录、内容简介等信息,并可在线申请纸质样书用于教学。

感谢您使用我们的教材,欢迎您随时与我们联系,我们将及时做好全方位的服务。联系方式:010-62750667,童编辑,13426433315@163.com,pup_6@163.com,lihu80@163.com,欢迎来电来信。客户服务 QQ 号:1292552107,欢迎随时咨询。